面向"十三五"教学课程改革立项教材
会计与财务管理专业规划系列教材

财务会计

主　编　刘　颖　王　斌
副主编　叶　红　陈旭东　洪小艳
参　编　孟　卉　牛香美　郭树严　邱文霞

中国商业出版社

图书在版编目(CIP)数据

财务会计/刘颖,王斌编著. —北京:中国商业出版社,2017.2
ISBN 978-7-5044-6265-7

Ⅰ.财… Ⅱ.①刘…②王… Ⅲ.财会会计—教材
Ⅳ.F234.4

中国版本图书馆 CIP 数据核字(2008)第 132159 号

责任编辑:龚凯进

中国商业出版社出版发行
010-63180647　www.c-cbook.com
(100053　北京广安门内报国寺1号)
新华书店经销
涿州市华建印刷有限公司印刷
*　*　*　*
787 毫米×1092 毫米　1/16　18 印张　350 千字
2017 年 2 月第 1 版　2017 年 2 月第 1 次印刷
定价:39.80 元
*　*　*　*
(如有印装质量问题可更换)

编写说明

本教材共分12章,主要内容为:总论、货币资金、应收和预付款项、存货、投资、固定资产、无形资产及其他资产、流动负债、非流动负债、所有者权益、收入、费用和利润、财务会计报告等。教材每章都附有复习思考题,方便同学学习和加强练习。

本教材的特点:实用性、适用性、先进性和可操作性。

《财务会计》教材及其配套习题册全书由刘颖、王斌统稿。

具体分工情况如下:

1. 徐州技师学院:刘颖第1章1、2、3节教材及其配套习题;第5章教材及其配套习题。

2. 四川省商贸学校:王斌第1章第4节教材及配套习题;第11章第2节教材及其配套习题。

3. 太原市财贸学校:洪小艳第4章教材及其配套习题;第6章教材及其配套习题;第8章教材及其配套习题。

4. 徐州技师学院:叶红 第7章教材及其配套习题。

5. 北京市黄庄职业高中:邱文霞第12章教材及其配套习题;第11章第3节教材及其配套习题。

6. 徐州技师学院:陈旭东 第9章教材及其配套习题。

7. 徐州技师学院:孟卉 第10章教材及其配套习题。

8. 北京市黄庄职业高中:牛香美第2章教材及其配套习题。

9. 兰州市商业学校:郭树严第3章教材及其配套习题;第11章第1节教材及其配套习题。

本教材可作为高等院校及其他相关专业的教材。

由于时间仓促和水平所限,书中难免有不妥之处,敬请读者批评指正。

编者
2017年2月

总 序

当今世界科学技术在高速发展,随着我国新会计准则、新税法的颁布和实施,我国的会计与国际会计惯例基本接轨,我国即将建立起社会主义经济体制和与它相适应的中国会计核算规范体系。从会计教育改革与发展的大环境考虑,现在许多老版的会计教材都不能适应当前教学所需,改革和建立会计教育的教学内容与课程体系,不仅非常紧迫而且十分重要,它关系到我们应培养什么样的会计人才,才能适应我国快速发展及对世界开放不断扩大的需要。为此,我们及时组织全国三十多所会计专业教学实力比较强的院校代表齐聚北京,针对当前会计人才的需求,对会计专业职业教育进行了研讨,与会代表决定就中小企业人才需要的教育目标和人才培养定位编写了这套教材。本套教材特点:

第一,"新":该套系列教材,在内容和体系上立意新、整体性强,不仅是按新会计准则编写,而且又专门针对中小企业会计的需要设计了一门课程——《中小企业会计实务》,这是过去会计类教材很少有的。

第二,"强":该套教材具有较强的前瞻性,由于中国经济改革越来越深入,金融、证券等资本市场越来越规范,财务与会计改革的节奏日益加快,会计专业教材的"经济寿命"越来越短的因素影响,本套教材在课程设计时,尽量使课程之间相互递进、相得益彰,符合教学规律,并且有一定的后续性。

第三,"巧":该套教材总体结构比较巧妙,本着"必需、够用、可教、可学"的原则构思,以案例模块的方式编写,同时穿插具有趣味的会计小知识,力求改变会计教学中的"数字教学"方式,提高学生的学习兴趣,丰富教学内容。

新会计专业教材编写组

目　录

第1章　总论 …………………………………………………………… (1)
　1.1　会计概述 …………………………………………………………… (1)
　1.2　会计信息质量要求 ………………………………………………… (5)
　1.3　会计计量 …………………………………………………………… (7)
　1.4　财务会计规范 ……………………………………………………… (8)

第2章　货币资金 ……………………………………………………… (16)
　2.1　库存现金 …………………………………………………………… (16)
　2.2　银行存款 …………………………………………………………… (22)
　2.3　其他货币资金核算 ………………………………………………… (33)

第3章　应收和预付款项 ……………………………………………… (39)
　3.1　应收票据 …………………………………………………………… (39)
　3.2　应收账款 …………………………………………………………… (42)
　3.3　预付账款及其他应收款 …………………………………………… (44)
　3.4　坏账及其核算 ……………………………………………………………………………………………………… (45)

第4章　存货 …………………………………………………………… (50)
　4.1　存货概述 …………………………………………………………… (50)
　4.2　原材料 ……………………………………………………………… (56)
　4.3　商品 ………………………………………………………………… (66)
　4.4　其他存货 …………………………………………………………… (71)
　4.5　存货清查结果的处理 ……………………………………………… (79)
　4.6　存货的期末计量 …………………………………………………… (81)

第5章　投资 ………………………………………………………………… (85)

5.1 投资概述 …………………………………………………………… (85)

5.2 交易性金融资产投资 ……………………………………………… (86)

5.3 持有至到期投资 …………………………………………………… (91)

5.4 可供出售金融资产 ………………………………………………… (99)

5.5 长期股权投资 ……………………………………………………… (103)

第6章　固定资产 …………………………………………………………… (118)

6.1 固定资产概述 ……………………………………………………… (118)

6.2 固定资产的取得 …………………………………………………… (122)

6.3 固定资产折旧 ……………………………………………………… (126)

6.4 固定资产的后续支出 ……………………………………………… (132)

6.5 固定资产的处置 …………………………………………………… (135)

6.6 固定资产的清查 …………………………………………………… (137)

6.7 固定资产的期末计价 ……………………………………………… (138)

第7章　无形资产及其他资产 ……………………………………………… (142)

7.1 无形资产 …………………………………………………………… (142)

7.2 其他资产 …………………………………………………………… (154)

第8章　流动负债 …………………………………………………………… (157)

8.1 流动负债概述 ……………………………………………………… (157)

8.2 短期借款 …………………………………………………………… (159)

8.3 应付票据 …………………………………………………………… (160)

8.4 应付账款及预收账款 ……………………………………………… (161)

8.5 应交税费 …………………………………………………………… (164)

8.6 应付股利 …………………………………………………………… (175)

8.7 应付职工薪酬 ……………………………………………………… (176)

第9章　非流动负债 ………………………………………………………… (183)

9.1 非流动负债 ………………………………………………………… (183)

9.2 长期借款 …………………………………………………………… (184)

9.3 应付债券 …………………………………………………………… (186)
9.4 长期应付款 ………………………………………………………… (195)

第10章 所有者权益 ……………………………………………………… (204)
10.1 所有者权益概述 …………………………………………………… (204)
10.2 实收资本 …………………………………………………………… (206)
10.3 资本公积 …………………………………………………………… (212)
10.4 留存收益 …………………………………………………………… (215)

第11章 收入、费用和利润 ……………………………………………… (221)
11.1 收入 ………………………………………………………………… (221)
11.2 费用 ………………………………………………………………… (231)
11.3 利润 ………………………………………………………………… (241)

第12章 财务会计报告 …………………………………………………… (254)
12.1 财务会计报告概述 ………………………………………………… (254)
12.2 资产负债表 ………………………………………………………… (256)
12.3 利润表 ……………………………………………………………… (263)
12.4 现金流量表 ………………………………………………………… (266)
12.5 所有者权益变动表 ………………………………………………… (275)
12.6 会计报表附注 ……………………………………………………… (277)

第1章 总 论

本章主要内容
- 会计概述
- 会计信息质量要求
- 会计计量
- 财务会计规范

1.1 会计概述

会计是随着社会生产的发展和经济管理的要求而产生、发展并不断完善起来的。在人类社会的早期，人们只是凭借头脑来记忆经济活动过程中的所得与所费，但随着生产活动的日益纷繁复杂，大脑记忆已无法满足上述需要，于是，便产生了专门记录和计算经济活动过程中所得与所费的会计。会计最初表现为人类对经济活动的计量与记录行为。如我国的结绳记事、简单刻记的出现就是会计产生的萌芽阶段。这些简单的计量与记录行为，主要计算劳动成果，为劳动成果的分配服务。随着社会经济的不断发展，生产力的不断提高，剩余的大量出现，会计作为生产经营过程的附带职能，逐步成为独立职能，会计核算内容、方法等也发生了很大的变化，会计技术获得了较大的发展。会计已由简单的计量与记录，逐步发展成为一门有完整的方法体系的学科，从仅仅对财产记录、为财产的分配服务，发展到对经济活动的所得与所费进行比较，计算和反映经营活动的盈亏损益情况。

会计是以货币为主要计量单位，以凭证为依据，借助于专门的技术方法，对一定主体的经济活动进行全面、综合、连续、系统的核算与监督，并向有关方面提供会计信息的一种经济管理活动。按会计的内容，可分为财务会计与管理会计。财务会计主要是对企业已经发生的交易或事项，通过确认、计量、记录和报告等主要程序进行加工处理，并借助于以报表为主的财务报告形式，向企业的利益攸关方面（包括外部与内部）提供以财务信息为主的经济信息的过程。管理会计则根据管理部门计划、评价和控制一个组织经营的需要,认定、计量、分析和提供信息。财务会计是基础,是会计的主要内容,因而有人也称它为传统会计。

1.1.1 会计对象与会计要素

1.1.1.1 会计对象

会计对象是指会计核算和监督的内容。企业、事业单位的经营活动或业务活动,在市场经济条件下,总是表现和反映为一定的资金运动。资金运动及其所反映的经营活动或业务活动就是会计核算和会计监督的内容,也就是会计对象。

1.1.1.2 会计要素

会计要素是会计对象的基本分类,是会计核算对象的具体化。会计要素作为反映企业财务状况和经营成果的基本单位,又是会计报表的基本构件。我国《企业会计准则》列示了资产、负债、所有者权益、收入、费用和利润六大会计要素。这六大会计要素划分为反映财务状况的会计要素和反映经营成果的会计要素两大类。反映财务状况的会计要素包括资产、负债和所有者权益;反映经营成果的会计要素包括收入、费用和利润。

1. 反映财务状况的会计要素

(1)资产。资产是指过去的交易、事项形成并由企业拥有或控制的资源,该资源预期会给企业带来经济利益。资产具有如下基本特征:

①资产是由于过去交易或者事项所产生形成的。也就是说,资产是由于过去已经发生的交易所产生的结果,资产必须是现实的资产,而不能是预期的资产。至于未来交易或未来事项以及未发生的交易或事项可能产生的结果,则不属于现在的资产,不得作为资产确认。

②资产是企业拥有或者控制的。一般来说,一项资源要作为企业的资产予以确认,对于企业来说要拥有所有权,可以按照自己的意愿使用或处置。对于一些特殊方式形成的资产,企业虽然对其不拥有所有权,但能够实际控制的,如融资租入固定资产,按照实质重于形式原则的要求,也应当将其作为企业资产予以确认。

③资产预期会给企业带来经济利益,即资产具有直接或间接导致现金和现金等价物流入企业的潜力。资产必须具有交换价值和使用价值,没有交换价值和使用价值的物品,不能给企业带来经济利益的物品,则不作为资产确认。

(2)负债。负债是指过去的交易、事项形成的现时义务,履行该义务预期会导致经济利益流出企业。负债具有如下特征:

①负债是由于过去交易或事项所形成的当前的债务。也就是说,导致负债的交易或事项必须已经发生。企业预期在将来要发生的交易或事项可能产生的债务,不能作为会计上的负债处理。如企业与供货单位签订的供货合同,对此企业就不能将其作为一项负债。

②负债是企业承担的现时义务。也就是说,负债作为企业的一种业务,是由企业过去的交易或事项形成的现已承担的义务。如银行借款是因为企业接受了银行贷款形成的,如果没有接受贷款就不会发生银行借款这项负债。

③负债需要企业在将来以转移资产或提供劳务加以清偿。负债在大多数的情况下,要用现金进行清偿;在有的情况下,也可以用商品和其他资产或者通过提供劳务的方式进行清偿;有些负债还可以通过举借新债来抵补。负债的清偿,将导致企业未来经济利益的流出。

(3)所有者权益。所有者权益是指所有者在企业资产中享有的经济利益,其金额为资产减去负债后的余额。不同组织形式的企业,其所有者权益构成项目的名称及包含的具体内容均有所差异。但不论何种形式的企业,其所有者权益的基本构成情况也有相似之处。一般地,所有者权益都应包括投入资本、资本公积、盈余公积和未分配利润这几个部分。

所有者权益与负债有着本质的不同。负债是企业所承担的现时义务。履行该义务预期会导致经济利益流出企业,而所有者权益在一般的情况下企业不需要归还其投资者;使用负债所形成的资金通常需要企业支付费用,如支出借款利息等,而使用所有者权益所形成的资金则不需要支付费用;在企业清算时,债权人拥有优先清偿权,在清偿所有的负债后才返还给投资者;投资者可以参与企业利润分配,而债权人则不能参与利润分配,只能按照预先约定的条件取得利息收入。

2. 反映经营成果的会计要素

(1)收入。收入是指企业在销售商品、提供劳务及让渡资产使用权等日常活动中所形成的经济利益的总流入。收入不包括为第三方或者客户代收的款项。这种总流入表现为资产的增加或债务的清偿。收入也不包括处置固定资产净收益、出售无形资产所得等。

收入是企业持续经营的基本条件。企业要持续经营下去,必须在销售商品或者提供劳务等经营业务中取得收入,以便能补偿经营活动中的耗费,重新购买商品(或原材料)、支付工资和费用,从而保证生产经营活动不间断进行。收入是企业获得利润,实现盈利的前提条件。企业只有取得收入,并补偿在生产经营活动中已消耗的各种支出,才有可能形成利润。

(2)费用。费用是指企业销售商品、提供劳务等日常活动中所发生的经济利益的流出。费用是经营成果的扣除要素,不包括非流动资产处置损失、非货币性资产交换损失、债务重组损失、公益性捐赠支出、非常损失、盘亏损失等。

(3)利润。利润是企业在一定会计期间的经营成果。利润金额取决于收入和费用、直接计入当期利润的利得和损失金额的计量。它是反映经营成果的最终要素。

1.1.2 会计等式

会计等式是指表明各项会计要素之间基本关系的恒等式,也称会计平衡公式。

1. 资产 = 负债 + 所有者权益

这是最基本的会计等式,通常称为第一会计等式。企业要开始生产经营活动,必须从投资者和债权人那里取得一定的经营资金或一定的实物,只有占用一定的资财才能开始生产经营活动。这些资财就形成企业的资产,在会计核算上以货币形式表现并确认为资产。另一方面,这些资产或来源于债权人提供的资金,形成企业的负债;或来源于所有者的资本投入,形成企业的所有者权益。资产与负债、所有者权益,表明企业的资产占用在哪些方面,资金从哪些方面取得。资产与负债、所有者权益,实质上也是同一价值运动的两个方面的表现,从数量上来说,其来源必然等于占用。在所有者权益数额一定的情况下,从债权人手中取得多少数额的资金,必然使资金按同一数额增加;在负债数额一定的情况下,所有者向企业投入多少数额的资金,也必然使资金按同一数额增加。所以,资产的价值量必然等于负债与所有者权益之和。

企业的生产经营活动就是不断地取得、使用、生产和销售不同资财的过程。从静态上看,企业开始生产经营活动后,在某一时点上总是表现为占用一定的资财,即占用一定的资产。这些资财同样也只能是来源于债权人的债务和所有者的投资。企业的资产价值总量也必然等于企业的负债和所有者对企业投资额及其增值额的总和。企业经济活动的发生,只是表现在数量上影响企业资产总额与负债和所有者权益总额的同时增减变化,并不能也不会破坏这一基本的恒等关系。

这一会计等式,表明某一会计主体在某一特定时点所拥有的各种资产、债权人和所有者对企业资产要求权的基本状况,表明资产、负债和所有者权益之间的基本关系。

这一会计等式,还是会计复式记账、会计核算和编制会计报表的基础。只有在这一会计等式的基础上,才能运用复式记账法记录某一会计主体资金运动的来龙去脉,反映会计主体的资产、负债和所有者权益情况,并通过编制资产负债表提供企业财务状况的信息。

2. 收入 – 费用 = 利润

企业经营的目标就是从生产经营活动中获取收入,实现盈利。企业在取得收入的同时,也必然要发生相应的费用。企业通过收入与费用的比较,才能计算确定一定会计期间的盈利水平,确定当期实现的利润总额。

由于收入不包括非流动资产处置利得、非货币性资产交换利得、债务重组利得、政府补助、盘盈利得和捐赠利得等,费用也不包括非流动资产处置损失、非货币性资产交换损失、债务重组损失、公益性捐赠支出、非常损失、盘亏损失等。因此,收入减去费用,并经过调整后,才等于利润。如果不考虑调整因素,收入减去费用,等于利润。

这一会计等式称为第二会计等式,表明经营成果与相应期间的收入和费用的关系,是资金运动的动态表现,是编制利润表的依据。

1.2 会计信息质量要求

为了规范企业的会计核算行为,提高会计信息质量,涉及会计信息利益的各方为了自身的经济利益,对会计信息提出一列的要求。主要有八个方面:

1.2.1 客观性

客观性要求企业应当以实际发生的交易或者事项为依据进行会计确认、计量和报告,如实反映符合确认和计量要求的各项会计要素及其他相关信息,保证会计信息真实可靠、内容完整。企业提供会计信息的目的是为了满足会计信息使用者的决策需要,会计信息要值得使用者信赖,应当是全面、完整,而不能有所遗漏、隐瞒。

1.2.2 相关性

相关性要求企业提供的会计信息应当与财务会计报告使用者的经济决策需要相关,有助于财务会计报告使用者对企业过去、现在或者未来的情况作出评价或者预测。信息的价值在于其与决策相关,有助于决策。在会计核算工作中坚持这一原则,就要求在收集、加工、处理和提供会计信息过程中,充分考虑会计信息使用者的要求。

如果会计信息提供以后,没有满足会计信息使用者的需要,对会计信息使用者的决策没有什么作用,就不具有相关性。

1.2.3 明晰性

明晰性要求企业提供的会计信息应当清晰明了,便于财务会计报告使用者理解和使用。提供会计信息的目的在于使用,要使用会计信息首先必须了解会计信息的内涵,弄懂会计信息的内容,这就要求会计核算和财务会计报告必须清晰明了。在会计核算工作中坚持明晰性原则,会计记录应当准确、清晰、填制会计凭证、登记会计账簿必须做到依据合法、账户对应关系清楚、文字摘要完整;在编制会计报表时,项目勾稽关系清楚、项目完整、数字准确。

如果企业的会计核算和编制的财务会计报告不能做到清晰明了、便于理解和利用,就不符合清晰性原则的要求,不能满足会计信息使用者的决策需求。

1.2.4 可比性

可比性要求企业的会计核算按照规定的会计处理方法进行,会计指标应当口径一致、相互可比。

同一企业不同时期发生的相同或者相似的交易或者事项,应当采用一致的会计政策,不得随意变更。确需变更的,应当在附注中说明。不同企业发生的相同或者相似的交易或者事项,应当采用规定的会计政策,确保会计信息口径一致、相互可比。

1.2.5 实质重于形式

实质重于形式要求企业应当按照交易或者事项的经济实质进行会计确认、计量和报告,不应仅以交易或者事项的法律形式为依据。

在实际工作中,交易或事项的外在法律形式并不总能完全真实地反映其实质内容。所以,会计信息要想反映其拟反映的交易或事项,就必须根据交易或事项的实质和经济现实,而不能仅仅根据它们的法律形式进行核算和反映。如,销售商品的售后回购,如果企业已将商品所有权上的主要风险和报酬转移给购货方,并同时满足收入确认的其他条件,则销售实现,应当确认收入;如果企业没有将商品所有权上的主要风险和报酬转移给购货方,或没有满足收入确认的其他条件,即使企业已将商品交付购货方,销售也没有实现,不应当确认收入。

如果企业的会计核算仅仅按照交易或事项的法律形式进行,而法律形式又没有反映其经济实质和经济现实,那么,会计核算的最终结果不仅不会有助于会计信息使用者的决策,反而会对其产生误导。

1.2.6 重要性

重要性要求企业提供的会计信息应当反映与企业财务状况、经营成果和现金流量等有关的所有重要交易或者事项。对资产、负债、损益等有较大影响,并进而影响财务会计报告使用者据以作出合理判断的重要会计事项,必须按照规定的会计方法和程序进行处理,并在财务会计报告中予以充分、准确地披露;对于次要的会计事项,在不影响会计信息真实性和不至于误导财务会计报告使用者做出正确判断的前提下,可适当简化处理。

重要性要求与会计信息的成本效益直接相关。坚持重要性原则,就能够使提供会计信息的收益大于成本;反之,就会使提供会计信息的成本大于收益。在评价某些项目的重要性时,很大程度上取决于会计人员的职业判断。一般来说,应当从质和量两个方面进行分析。从性质来说,当某一事项有可能对决策产生一定影响时,就属于重要项目;从数量方面来说,当某一项目的数量达到一定规模时,就可能对决策产生影响。

1.2.7 谨慎性

谨慎性要求企业对交易或者事项进行会计确认、计量和报告应当保持应有的谨慎,不应高估资产或者收益、低估负债或者费用。例如,要求企业定期或者至少于每年年度终了,对可能发生的各项资产损失计提资产减值准备等,就充分体现了谨慎性要求。

需要注意的是,谨慎性要求并不意味着企业可以任意设置各种秘密准备,否则,就属于滥用谨慎性要求,并视同重大会计差错来处理。

1.2.8 及时性

及时性要求企业对于已经发生的交易或者事项,应当及时进行会计确认、计量和报告,不得提前或者延后。

会计信息的价值在于帮助所有者或其他方面作出经济决策,在会计核算过程中坚持这一要求:一是及时收集会计信息,即在经济业务发生后,及时收集整理各种原始单据;二是及时处理会计信息,即在国家统一的会计制度规定的时限内,及时编制出财务会计报告;三是及时传递会计信息,即在国家统一的会计制度规定的时限内,及时将编制出的财务会计报告传递给财务会计报告使用者。

如果企业的会计核算不能及时进行,会计信息不能及时提供,就无助于经济决策,就不符合及时性原则的要求。

1.3 会计计量

1.3.1 会计计量的要求

企业在将符合确认条件的会计要素登记入账并列报于会计报表及其附注(又称财务报表)时,应当按照规定的会计计量属性进行计量,确定其金额。

1.3.2 会计计量的属性

1.3.2.1 历史成本

在历史成本计量下,资产按照购置时支付的现金或者现金等价物的金额,或者按照购置资产时所付出的对价的公允价值计量。负债按照因承担现时义务而实际收到的款项或者资产的金额,或者承担现时义务的合同金额,或者按照日常活动中为偿还负债预期需要支付的现金或者现金等价物的金额计量。

1.3.2.2 重置成本

在重置成本计量下,资产按照现在购买相同或者相似资产所需支付的现金或者现金等价物的金额计量。负债按照现在偿付该项债务所需支付的现金或者现金等价物的金额计量。

1.3.2.3 可变现净值

在可变现净值计量下,资产按照其正常对外销售所能收到现金或者现金等价物的金额扣减该资产至完工时估计将要发生的成本、估计的销售费用以及相关税费后的金额计量。

1.3.2.4 现值

在现值计量下,资产按照预计从其持续使用和最终处置中所产生的未来净现金流入量的折现金额计量。负债按照预计期限内需要偿还的未来净现金流出量的折现金额计量。

1.3.2.5 公允价值

在公允价值计量下,资产和负债按照在公平交易中,熟悉情况的交易双方自愿进行资产交换或者债务清偿的金额计量。

1.3.3 会计计量的标准

企业在对会计要素进行计量时,一般应当采用历史成本,采用重置成本、可变现净值、现值、公允价值计量的,应当保证所确定的会计要素金额能够取得并可靠计量。

1.4 财务会计规范

1.4.1 企业财务会计规范体系的构成内容

企业财务会计规范,是指企业的财务会计工作所应遵循的有关规定、准绳和要求。它是企业开展财务会计工作的行为标准和处理财务会计事项的把握尺度。从广义上说,企业财务会计规范包括了国家有关法律对企业开展财务会计工作所作出的相关规定和约束,企业在设置财务会计机构、配备财务会计人员、处理财务会计事务时,都必须严格遵守和认真执行。从狭义上说,企业财务会计规范主要是指企业在具体进行财务会计事务处理时所应遵循的法律、条例、准则、规章和办法等。

我国的企业财务会计规范是由众多的法规、准则等组成的一个规范体系,它具有丰富的内涵。这个体系是以《会计法》为中心,企业会计准则为基础。一般把它可分为三个层次,即会计法、会计行政法规和会计准则。其基本内容的构成经历了一个由少到多,由简单到复杂,由分散到系统的发展过程。并且,随着经济形势的发展和管理要求的提高,企业财务会计规范的内容将日益丰富和完善。这个规范体系包括以下几个内容:

1. 有关法律法规中关于企业财务会计工作的规定

它们是国家在进行社会经济管理过程中所颁布的一些法律法规,其中涉及到企业财务会计工作方面的一些有关规定。如《公司法》、《企业破产法》、《税收征管法》等法律法规中有关企业财务会计工作方面的规定。

2. 《中华人民共和国会计法》

它是我国于1985年5月1日开始施行的有关企业财务会计工作的基本规范,它于1993年12月和1999年10月经全国人民代表大会常委会进行了两次修订,内容日益完善。它是我国会计工作的根本大法,是从事会计工作、制定其他各种会计法规的依据。它规定了会计工作的基本目的、会计管理权限、会计责任主体、会计核算和会计监督的基本要求、会计人员和会计机构的职责权限,并对会计法律责任作了详细规定。

3.《企业会计准则》

我国于1993年首次由财政部发布《企业会计准则——基本准则》,经过不断地探索和完善,同时借鉴国际会计准则的经验,于2006年2月由财政部颁布了全新的企业会计准则体系,并于2007年1月1日首先在上市公司施行。新的会计准则体系包括1项基本准则和38项具体准则。它是约束和规范企业财务会计行为,指导财务报表的基本依据。

4.《会计基础工作规范》

该规范是为了加强会计基础工作,建立规范的会计工作秩序,不断提高会计工作水平而制定的,目的在于规范机关、团体和企事业单位等会计机构和人员、会计核算、会计监督、内部会计管理制度等会计基础工作。

5.《会计档案管理办法》

该办法是为了加强会计档案管理,统一会计档案管理制度而制定的,是对机关、团体和企事业单位等的会计档案管理工作所作出的具体规定和要求。

除上述内容外,企业财务会计规范的内容还包括行业和企业内部制定的有关会计工作的制度、管理办法和会计人员岗位责任制等,它们也是财务会计规范体系中不可缺少的组成部分。

1.4.2 企业执行财务会计规范的基本要求

国家制定颁布有关的企业财务会计规范,其目的就是为了保证企业财务会计信息质量,不断提高企业财务会计工作的水平,最大限度地发挥企业财务会计工作在经济管理中的作用。作为企业在组织开展财务会计工作时,应当严肃认真地贯彻执行这些规范,但也应当注意规范的一般要求与财务会计事项处理的具体情形相协调。也就是说,企业在执行这些规范时,应当做到统一性与灵活性相结合,在不违背国家统一财务会计规范精神的前提下,可以结合企业自身的具体情况和业务特点,制定出企业具体明确的会计操作细则,在规定有多种操作细则和会计核算方法时,企业可以灵活地选择使用,并按有关规定程序进行适当的调整。

1.4.3 企业会计准则

1.企业会计准则的演变进程

企业会计准则就是约束和规范企业财务会计行为、指导财务会计报表的规范。企业会计准则的产生是市场经济发展的需要,企业所有权和经营权的分离,导致财务会计信息提供者与使用者的分离。这是要求通过企业会计准则来规范各企业财务报表的根本动因。

我国会计准则的发展进程,整体上经历了三个历史阶段:

第一阶段是改革开放之初到1993年,我国会计改革处于摸索阶段。

第二阶段是1993年至1996年,属于我国会计改革的会计模式转换阶段。财政部首次发布了《企业会计准则——基本准则》,要求企业从1993年7月1日实施,此举标志着我国自改革开放以来,为了实现与国际惯例接轨,在会计方面实行的重大举措,在我国会计改革中具有划时代的意义。

第三阶段是1997年后我国进行的会计改革,该阶段称为市场经济条件下会计准则体系的完善阶段。1997年前后我国进行了预算改革,同时,会计准则发布以后,对我国会计业形成了一定的推动和挑战,十几年间,随着改革的不断深入,尤其是加入WTO之后,世界经济一体化进程不断加快,迫切要求建立完整的会计准则体系。在这种背景下,财政部于2006年2月发布了新的《企业会计准则》,对原基本准则进行了修改,重新发布了一系列的具体会计准则;2006年10月,又在此基础上发布了《企业会计准则——应用指南》。至此,一套完整的、全新的会计准则体系终于诞生了。此次会计准则体系的修订和完善,是我国财政部适应新形势下国内外经济环境发展变化的需要而作出的重大会计改革决策,会计改革范围之广,程度之深史无前例;是我国适应市场经济条件下对会计信息需求多元化的需要,适应经济全球化下会计准则国际趋同的世界潮流,落实科学发展观,推进和谐社会建设而发布实施的新会计准则体系。

从我国会计准则结构体系的建设规划来看,可以把新颁布的企业会计准则体系分为三个层次,第一层次为基本准则,第二层次为具体准则,第三层次为具体准则的应用指南。同时,该准则体系还对实施范围作出了界定:基本准则主要适用于在我国境内设立的企业(包括公司)、上市公司和其他企业,它们均应从2007年1月1日起施行;38项具体准则将从2007年1月1日起首先在上市公司推行,并鼓励其他企业提前执行,力争在不久的将来涵盖我国的所有大中型企业。对于小企业会计核算,国家将在最快的时间内发布《小企业会计准则》。

2. 基本准则

《企业会计准则——基本准则》,它是根据《会计法》和其他有关法律、行政法规而制定的用于规范企业会计确认、计量和报告行为,保证会计信息质量的基本性准则。它直接约束和规范旗下的38项具体会计准则,以便通过各个专门化准则来分门别类地规范各会计要素的确认、计量和相关信息披露。

基本准则由总则、会计信息质量要求、资产、负债、所有者权益、收入、费用、利润、会计计量、财务会计报告、附则等十一章,共五十条组成。

3. 具体准则

新发布的具体准则共计38项,可以将其分为七个大类。第一类:基本类准则,即第38号——首次执行企业会计准则(配合基本准则);第二类:资产类准则,包括8项,即第1号——存货,第2号——长期股权投资,第3号——投资性房地产,第4号——固定资产,第5号——生物资产,第6号——无形资产,第7号——非货币性资产交换,第8号——资产减值;第三类:负债类准则,包括5项,即第9号——职工薪酬,第10号——企业年金基金,第11

号——股份支付,第12号——债务重组,第13号——或有事项;第四类:损益类准则,包括6项,即第14号——收入,第15号——建造合同,第16号——政府补助,第17号——借款费用,第18号——所得税,第19号——外币折算;第五类:特殊业务类,包括3项,即第20号——企业合并,第21号——租赁,第27号——石油天然气开采;第六类:金融类,包括6项,即第22号——金融工具确认和计量,23号——金融资产转移,24号——套期保值,25号——原保险合同,26号——再保险合同,37号——金融工具列报;第七类:报表类,包括9项,即第28号——会计政策、会计估计变更和差错更正,29号——资产负债表日后事项,30号——财务报表列报,31号——现金流量表,32号——中期财务报告,33号——合并财务报表,34号——每股收益,35号——分部报告,36号——关联方披露。

4. 具体准则应用指南

《企业会计准则——应用指南》(以下简称《应用指南》)是以财政部文件形式下发的,是新会计准则体系的重要组成部分。由于企业会计准则主要侧重于框架性与方向性,对会计处理与会计报表编制的具体指导,客观上需要有配套文件的支持。如果说企业会计准则是一部法律,那么,如何对其解释用以指导具体执行,这就是《应用指南》的任务和目标所在。《应用指南》主要是对会计准则作出具体的解释,并就会计科目和主要账务处理作出统一规范,用以指导企业的具体实施。

《应用指南》由两部分组成,第一部分为会计准则解释,第二部分为会计科目和主要账务处理。

1)企业会计准则解释,它主要是对32项具体准则中的重点、难点和关键性问题作出解释性规定,详细讲述各准则的具体操作方法。但对准则15号、准则25号、准则26号、准则29号、准则32号和准则36号等6项具体准则未作出解释。在32项解释中对财务报表及其附注等的解释成了一个重要的方面,那是因为财务报表是综合反映企业实施会计准则形成的最终会计信息,会计信息使用者主要是通过财务报表来了解企业的财务状况、经营成果和现金流量情况的,以便作出决策。

2)会计科目和主要账务处理,主要是根据具体准则中涉及确认和计量的要求,规定了162个会计科目及其主要账务处理,基本涵盖了所有企业的各类交易或事项。此次规定的会计科目不仅涉及到一般的工商企业,还涉及到商业银行、保险公司和证券公司的专用科目以及金融企业的共用科目;此次发布的会计科目共分为六大类:资产类科目、负债类科目、所有者权益类科目、成本类科目、损益类科目和共同类科目。具体列示见表1-1"企业会计科目表"(只列示工商企业使用的会计科目)。

应用指南在要求各企业按照规定设置会计科目并使用统一的会计核算指标、口径的同时,也允许企业在不违背统一规定的前提下,根据自身情况自行增设、分拆、合并会计科目,不存在的交易或者事项,可以不设置相关的会计科目。

另外,会计科目和主要账务处理还规定了会计的确认、计量、记录和报告,这部分规定也赋予了企业一定的灵活性,即在不违反准则及其解释的前提下,企业可根据实际需要设置会计科目及明细科目。

表 1-1　　　　　　　　　　　　会计科目表

顺序号	编号	会计科目名称	备注
		一、资产类	
1	1001	库存现金	
2	1002	银行存款	
3	1012	其他货币资金	
4	1121	应收票据	
5	1122	应收账款	
6	1123	预付账款	
7	1131	应收股利	
8	1132	应收利息	
9	1221	其他应收款	
10	1231	坏账准备	
11	1401	材料采购	
12	1402	在途物资	
13	1403	原材料	
14	1404	材料成本差异	
15	1405	库存商品	
16	1406	发出商品	
17	1407	商品进销差价	
18	1408	委托加工物资	
19	1411	周转材料	可单设"包装物"和"低值易耗品"科目
20	1471	存货跌价准备	
21	1501	持有至到期投资	
22	1502	持有至到期投资减值准备	
23	1503	可供出售金融资产	
24	1511	长期股权投资	
25	1512	长期股权投资减值准备	
26	1521	投资性房地产	
27	1531	长期应收款	
28	1532	未实现融资收益	

续表

顺序号	编号	会计科目名称	备 注
29	1601	固定资产	
30	1602	累计折旧	
31	1603	固定资产减值准备	
32	1604	在建工程	还应设"在建工程减值准备"
33	1605	工程物资	
34	1606	固定资产清理	
35	1701	无形资产	
36	1702	累计摊销	
37	1703	无形资产减值准备	
38	1711	商誉	还应设"商誉减值准备"科目
39	1801	长期待摊费用	
40	1811	递延所得税资产	
41	1901	待处理财产损益	
		二、负债类	
42	2001	短期借款	
43	2201	应付票据	
44	2202	应付账款	
45	2203	预收账款	
46	2211	应付职工薪酬	
47	2221	应交税费	
48	2231	应付利息	
49	2232	应付股利	
50	2241	其他应付款	
51	2401	递延收益	
52	2501	长期借款	
53	2502	应付债券	
54	2701	长期应付款	
55	2702	未确认融资费用	
56	2711	专项应付款	
57	2801	预计负债	

续表

顺序号	编号	会计科目名称	备注
58	2901	递延所得税负债	
		三、共同类	
59	3101	衍生工具	
60	3201	套期工具	
61	3202	被套期项目	
		四、所有者权益类	
62	4001	实收资本	
63	4002	资本公积	
64	4101	盈余公积	
65	4103	本年利润	
66	4104	利润分配	
67	4201	库存股	
		五、成本类	
68	5001	生产成本	
69	5101	制造费用	
70	5201	劳务成本	
71	5301	研发支出	
		六、损益类	
72	6001	主营业务收入	
73	6051	其他业务收入	
74	6101	公允价值变动损益	
75	6111	投资收益	
76	6301	营业外收入	
77	6401	主营业务成本	
78	6402	其他业务成本	
79	6403	营业税金及附加	
80	6601	销售费用	
81	6602	管理费用	
82	6603	财务费用	
83	6701	资产减值损失	
84	6711	营业外支出	
85	6801	所得税费用	
86	6901	以前年度损益调整	

思考与练习：

1. 财务会计与管理会计相比有哪些区别？
2. 简述会计六大要素的内容及各自含义。
3. 简述会计信息质量要求的基本内容。
4. 企业财务会计规范体系的构成内容。
5. 新颁布的企业会计准则体系包括哪些层次？

参考阅读资料：

刘永泽、陈立军主编.中级财务会计.大连东北财经大学出版社,2007.2

银祥军主编.财务会计.上海.立信会计出版社

何卫红主编.财务会计新编.北京.清华大学出版社,2007.6

企业会计准则编审委员会编.企业会计准则及其应用指南.立信会计出版社

第 2 章　货币资金

本章主要内容
- 库存现金的使用范围和现金收支的账务处理
- 银行转账的结算方式
- 银行存款业务的账务处理及清查
- 其他货币资金的内容与核算

货币资金是指企业再生产过程中处于货币形态的资金。包括库存现金、银行存款和其他货币资金。货币资金具有流动性强、变现速度快的特点。

按用途和存放地点的不同,货币资金可分为:

1) 库存现金。库存现金是直接使用的货币,包括人民币和外币;

2) 银行存款。银行存款是存款放在银行的货币资金;

3) 其他货币资金。其他货币资金包括外埠存款、银行汇票存款、银行本票存款和在途货币资金等。

对于货币资金,由于具备高度的流动性,极不易控制,所以企业财会部门应该按照国家有关制度,加强对货币资金收支业务的管理监督。

2.1 库存现金

2.1.1 库存现金的概念与管理

1. 库存现金的概念

库存现金是指存放于企业财会部门由出纳人员经管的货币,它是企业流动性最强的一项资产。本节所说的库存现金指的是狭义的"现金"概念,是企业的库存现金。

2. 库存现金管理的内容

库存现金是企业流动性最强的货币资金,也是最容易受到侵吞和挪用的货币性资产。因此,企业必须加强对库存现金日常收支的管理,严格执行国务院的《现金管理条例》,建立和完

善库存现金内部管理制度,确保库存现金的完好无损。库存现金管理内容包括如下:

(1) 规定库存现金的开支范围

根据国务院颁发的《现金管理条例》,企业可以在以下范围内使用库存现金支付:

①职工工资、津贴。

②个人劳务报酬。

③根据国家规定颁发给个人的科学技术、文化艺术、体育等方面的各种奖金。

④各种劳保、福利费用以及国家规定的对个人的其他支出等。

⑤向个人收购农副产品和其他物资的价款。

⑥出差人员必须随身携带的差旅费。

⑦结算起点(1000元)以下的零星开支。

⑧中国人民银行确定需要支付现金的其他支出。

企业与其他单位之间的经济往来,除在规定的范围内可使用库存现金外,必须通过开户银行进行转账结算。

(2) 控制库存现金限额

库存现金限额是指企业保留库存现金的最高数额。根据我国现行规定,企业日常零星开支所需库存现金数额,由开户银行根据企业的规模大小、日常库存现金开支的多少、企业距离银行的远近以及交通是否便利等实际情况来核定。库存现金限额一般为3~5天的日常零星开支,边远地区和交通不便地区,限额可以多于5天,但最多不得超过15天的需要量。库存现金限额一经开户银行核定,企业必须严格遵守。超过限额规定的库存现金应及时存入银行。在库存现金限额不足以保证日常零星开支时,企业应当及时向开户银行提出申请,经开户银行核定后进行库存限额的调整。

(3) 不得坐支现金

坐支现金是指企业用经营业务收入的现金直接支付自身的支出。企业支付现金时,可以从本企业的库存现金限额中支付,也可从银行存款账户中提取现金支付,但不能用经营业务收入的现金直接支付,即不得坐支现金。企业的经营业务收入的现金应及时送存银行,因特殊情况需要坐支现金的,应事先报经开户银行审查批准。由开户银行核定其坐支范围和限额。企业应该按规定定期向开户银行报告其坐支现金情况。

(4) 库存现金管理的内部控制制度

①钱账分管制度。企业应配备专职的出纳员,办理库存现金收复和结算业务、登记库存现金和银行存款日记账、保管库存现金和各种有价证券、空白支票和空白收据,出纳员不得兼管稽核、会计档案保管和收入、费用、债权债务科目的登记工作。

②库存现金开支审批制度。明确企业库存现金开支范围;明确各种报销凭证,规定各种库存现金支付业务的报销手续和办法;确定各种库存现金支出的审批权限。

③库存现金日清月结制度。日清是指企业出纳员应对当日的库存现金收付业务全部登记

库存现金日记账,结出账面余额,并与库存现金核对相符;月结是指出纳员必须对库存现金日记账按月结账;并定期进行库存现金清查。

④库存现金的保管制度。超过库存现金限额的部分下班前送存银行;除工作时间的少量备用金可放在出纳员抽屉内,其余的应放在保险柜内,不得随意存放;限额内的库存现金,一律存放在保险柜内,不得存放在办公室内过夜;库存的纸币和铸币应实行分类保管。

⑤库存现金管理的其他规定

● 不得挪用库存现金,不得用不符合财务手续的原始凭证(俗称"白条")抵库。
● 不得公款私存,将单位收入的现金存入个人储蓄账户。
● 不得私设小金库,企业一切现金收入都必须入账,不得保留账外现金。
● 不准私人借用公款。
● 不准单位之间套换现金。
● 不准编造、谎报用途套取现金。
● 不准用银行账户代其他单位、个人存入或支取现金等。

企业应当定期或不定期地进行库存现金盘点,确保库存现金账面余额与实际库存现金余额相符。

2.1.2 库存现金的核算

1. 库存现金核算的凭证

库存现金的日常收支必须有严格的规章制度来加以约束。出纳人员在办理库存现金的收付业务时,应以经过审核无误的会计凭证为依据,及时登记有关账簿,以便于及时反映和检查库存现金的收支结存情况。同时,为企业财务管理和事后分析检查提供依据。

企业每一项库存现金收支业务都要有合法的原始凭证,作为库存现金收付款的书面证明和核算的依据。例如:向银行提取现金,应该填制现金支票;用库存现金借支差旅费,要有经过有关负责人审批同意并由借款人签章的借款单;报销差旅费时,应该由出差人员签章的差旅费报销单、车船费单据;用库存现金支付零星购料款时,需要有供货单位的有效发票;出售物品、废旧材料取得的库存现金收入,应有本单位开具的发票;用库存现金支付职工劳务报酬时,应有经领款人签收的工资结算凭证或领款单;将库存现金送存银行,应有现金缴款单等等。

库存现金收支的原始凭证,必须经过审核后才能填制记账凭证。为了保证会计记录真实、准确,充分发挥会计监督作用,对反映库存现金收支业务的原始凭证的审核,企业会计人员一般要从原始凭证的真实性、合法性和原始凭证的准确性、完整性两个方面进行。对于不合法、不真实的原始凭证不予受理;对于记载不准确、不完整的原始凭证应予以退回,要求出具单位予以更正、补充。经过审核后的原始凭证,即可据以编制收款凭证和付款凭证,并办理库存现金的收付。出纳人员在收付库存现金以后,还应在原始凭证上加盖"收讫"或"付讫"的戳记,表示款项已经收妥或支付。经过审核无误的记账凭证方可据以记账。

如企业按照经济业务的内容分别填制收款凭证、付款凭证的,其收、付款凭证格式如表2-1、2-2所示。

收款凭证格式如表2-1:

表2-1　　　　　　　　　　　收 款 凭 证

借方科目:库存现金　　　　2008年9月1日　　　　　　　收字第1号

摘要	应贷科目		金　　　额									√ 附件 壹 张
	一级科目	明细科目	亿	千	百	十	万	千	百	十	元	角	分	
出售材料	其他业务收入	材料销售						3	5	6	0	0	
合计								¥	3	5	6	0	0	

会计主管　　　　　记账　　　　出纳　　　复核　　　制单

付款凭证格式如下表2-2:

表2-2　　　　　　　　　　　付 款 凭 证

贷方科目:库存现金　　　　2008年9月1日　　　　　　　付字第1号

摘要	应借科目		金　　　额									√ 附件 壹 张
	一级科目	明细科目	亿	千	百	十	万	千	百	十	元	角	分	
借差旅费	其他应收款	齐山						1	5	0	0	0	0
合计								¥	1	5	0	0	0	0

会计主管　　　　　记账　　　　出纳　　　复核　　　制单

　　对于将库存现金存入银行或从银行提取现金的这类业务,属于货币资金内部的划转,一般只填制付款凭证,不填制收款凭证,以免重复登账。

2．库存现金的核算的方法

库存现金的核算包括库存现金的总分类核算和序时核算。库存现金的总分类核算,即由企业会计人员根据反映库存现金收付款业务的记账凭证,或根据其他会计核算形式所规定的登记总账的依据,登记"库存现金总账",以提供企业库存现金增减变动的总括性核算指标所进行的核算。库存现金的序时核算则由企业出纳人员依据反映库存现金收付款业务的记账凭证,按照经济业务发生的先后顺序逐日逐笔登记"库存现金日记账",以提供企业库存现金增减变动的序时指标所进行的核算。

1）总分类核算

为了总括反映企业库存现金的收入、支出和结存情况,应该设置"库存现金"总分类账户。该账户的借方记录企业库存现金收入的数额,贷方记录企业库存现金支出的数额,余额在借方,表示企业库存现金的数额。

收到现金时,借记"库存现金"科目,贷记有关科目;支付现金时,应借记有关科目,贷记"库存现金"科目。

[例2-1]公司从银行提取现金6 000元,备作零星开支。根据现金支票存根所表明的金额,会计分录如下:

借:库存现金　　　　　　　　　6 000
　　贷:银行存款　　　　　　　　　6 000

[例2-2]公司采购员齐山出差预借款项1 500元,凭有效的借款单支付现金。会计分录如下:

借:其他应收款——齐山　　　　1 500
　　贷:库存现金　　　　　　　　　1 500

[例2-3]公司出售废旧材料,收回现金356元。凭本公司开出的收款收据收取现金,会计分录如下:

借:库存现金　　　　　　　　　356
　　贷:其他业务收入——材料销售收入　　356

[例2-4]将上述收取的现金送存银行。根据银行盖章退回的缴款单,会计分录如下:

借:银行存款　　　　　　　　　356
　　贷:库存现金　　　　　　　　　356

[例2-5]公司采购员齐山出差回来凭差旅费票据报销差旅费1 346元,退回余款。会计分录如下:

借:管理费用——差旅交通费　　1346
　　库存现金　　　　　　　　　154
　　贷:其他应收款——齐山　　　　1500

2）库存现金的序时核算

库存现金的序时核算是通过序时账簿也称日记账进行的。企业应当设置"库存现金日记账",由出纳人员根据收付款凭证,按照经济业务发生的先后顺序逐日逐笔登记。每日终了,应当计算当日的库存现金收入合计、库存现金支出合计和结存数,并将结余数与实际库存数核对,做到账款相符。

有外币现金业务的企业,需要分别以货币种类设置"库存现金日记账"进行明细核算。

库存现金三栏式日记账的格式如表2-3:

表 2-3　　　　　　　　　　　库 存 现 金 日 记 账

第 1 页

05 年		凭证		摘 要	对方科目	账页	借方	贷方	结存
月	日	种类	号数						
9	1			月初余额					1 000
	1	银付	1	提取现金	银行存款	1	6 000		7 000
	1	现付	1	借差旅费	其他应收款	3		1 500	5 500
	1	现收	1	出售废料	其他业务收入	2	356		5 856
	2	现付	2	送存银行	银行存款	1		356	5 500
	2	现收	2	退回余款	管理费用	1	154		5 654
	30			本月合计			……	……	5 654

2.1.3 库存现金的清查

为了保证企业的库存现金做到账款相符,应对库存现金进行清查,以确定库存现金的安全、完整。

库存现金的清查主要是采用实地盘点方法,内容有:出纳人员的每日的清点核对、账款核对和清查小组定期或不定期的清查与核对。库存现金清查结束后,应根据清查的结果与库存现金日记账核对的情况填制"库存现金查点报告表"。"库存现金查点报告表"应由清查人员和出纳员共同签章方能生效。

根据《企业会计制度》规定,每日终了结算库存现金收支、财产清查等发现的有待查明原因的库存现金短缺或溢余,应通过"待处理财产损益——待处理流动资产损益"账户核算。

1. 库存现金短缺即盘亏时的账务处理

企业如发生库存现金短缺时,应借记"待处理财产损益——待处理流动资产损益"账户,贷记"库存现金"账户,待查明原因后,分别作以下处理:

1) 如属于应由责任人赔偿的部分,借记"其他应收款——应收现金短缺款(XX责任人)"或"库存现金"账户,贷记"待处理财产损益——待处理流动资产损益"账户。

2) 属于应由保险公司赔偿的部分,借记"其他应收款——应收保险赔款"账户,贷记"待处理财产损益——待处理流动资产损益"账户。

3) 属于无法查明的其他原因,根据管理权限,经过批准应记入管理费用。借记"管理费用——现金短缺"账户,贷记"待处理财产损益——待处理流动资产损益"账户。

[例 2-6] 公司进行库存现金盘点,发现短款 75 元。

① 根据库存现金清查盘点表,作如下分录:

借:待处理财产损益——待处理流动资产损益　75

　　　　贷：库存现金　　　　　　　　　　　　　　　75

　　②经查，如果属于无法查明的原因，经批准后结转。
　　借：管理费用——现金短缺　　　　　　　　　75
　　　　贷：待处理财产损益——待处理流动资产损益　75
　　③经查，如果属于出纳员的责任，则由出纳员赔偿：
　　借：其他应收款——出纳员XX　　　　　　　75
　　　　贷：待处理财产损益——待处理流动资产损益　75
　　出纳员交回赔偿款时：
　　借：库存现金　　　　　　　　　　　　　　　75
　　　　贷：其他应收款——出纳员XX　　　　　　75

　　2．库存现金溢余即盘盈时的账务处理

　企业如发生库存现金溢余时，应借记"库存现金"，贷记"待处理财产损益——待处理流动资产损益"账户，待查明原因后，分别作以下处理：

　（1）如属于应支付给有关人员或单位的，应借记"待处理财产损益——待处理流动资产损益"账户，贷记"其他应付款——应付现金溢余款（XX个人或单位）"账户。

　（2）属于无法查明原因的库存现金溢余，经过批准应记入营业外收入。借记"待处理财产损益——待处理流动资产损益"，贷记"营业外收入"账户。

　　[例2-7]公司盘点发现库存现金余额大于账存余额150元。
　　①根据库存现金清查盘点表，作如下分录：
　　借：库存现金　　　　　　　　　　　　　　　150
　　　　贷：待处理财产损益——待处理流动资产损益　150
　　②经查，属于少付职工赵瑜的款项。
　　借：待处理财产损益——待处理流动资产损益　150
　　　　贷：其他应付款——应付现金溢余（职工赵瑜）　150

2.2　银行存款

　　银行存款是企业存放在银行或其他金融机构的货币资金。按照国家《银行结算办法》的规定，企业应当开立账户，以办理存款、取款和转账等结算。企业收入的款项，除国家另有规定的以外，均应解交银行；企业的支出，除按规定的可以用库存现金支付的以外，应按银行的有关结算规定，通过银行存款账户进行结算。其目的在于：加强企业经济核算，加速资金的周转，维护企业正常的生产经营活动；减少现金的流通，节约人力和物力以及能够有效地利用闲置资金。

2.2.1 银行存款的管理

1. 银行存款开户的有关规定

银行存款账户就其用途而言分为基本存款账户、一般存款账户、临时存款账户和专用存款账户。

基本存款户是企业办理日常结算和现金收付的账户。企业的工资、奖金等现金的支取,只能通过基本存款户办理;

一般存款户是企业在基本存款户以外的银行借款转存账户,企业可通过此账户办理转账结算和现金缴存,但不能办理现金的支取;

临时存款户是企业因临时经营活动需要开立的账户,企业可通过本账户办理转账结算和根据国家现金管理的规定办理现金收付;

专用存款户是企业因特定用途需要开立的账户,如建筑施工企业因代管的房屋共用部分维修基金和共用设施设备维修基金专户等。

企业在银行开立银行存款基本账户时,必须填制开户申请书,提供当地工商行政管理机关核发的《企业法人营业执照》或《营业执照》正本等有关证件,以及盖有公司印章的印鉴卡片,经银行审核同意,并凭中国人民银行当地分支机构核发的开户许可证开立账户。企业申请开立一般存款账户、临时存款账户和专用存款账户,应填制开户申请书,提供基本存款户的企业同意其所属的独立核算单位开户的证明等证件,送交盖有企业印章的卡片,银行审核同意后开立账户。企业在银行开立账户后,可到开户银行购买各种银行往来使用凭证(送款簿、进账单、现金支票、转账支票等),用以办理银行存款的收付结算业务。

2. 银行结算纪律

企业除了按规定保留限额范围内的现金以外,所有的货币资金都必须存入银行,企业与其他单位之间的一切收付款项,都必须通过银行办理转账结算。

中国人民银行《支付结算办法》规定:单位和个人办理支付结算,不准签发没有资金保证的票据和远期支票,套取银行信用;不准签发、取得和转让没有真实交易和债权债务的票据,套取银行和他人资金;不准无理拒绝付款,任意占用他人资金;不准违反规定开立和使用账户。

2.2.2 银行存款的结算方式

根据《银行结算办法》和《票据法》有关规定,现行转账结算方式主要有银行汇票、商业汇票、银行本票、支票、汇兑、委托收款、异地托收承付、信用卡等。

如图2-1所示:

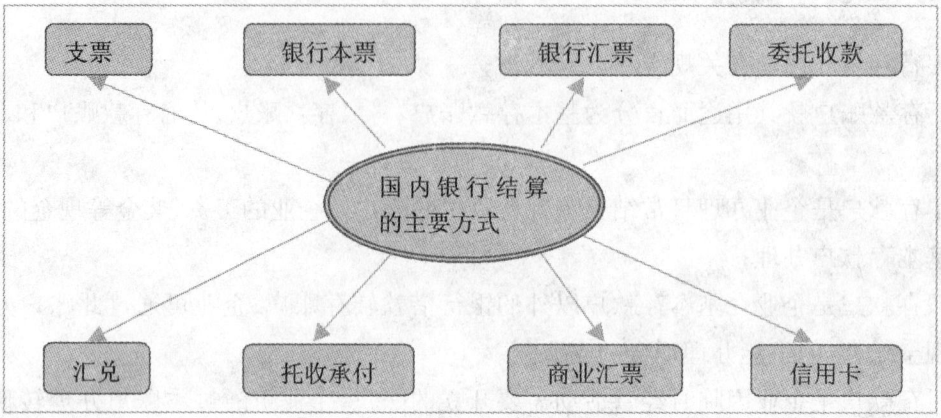

图 2-1 国内银行结算的主要方式

1. 银行汇票结算方式

(1) 银行汇票的概念及有关规定

银行汇票是汇款人将款项交存当地银行,由银行签发的,由其在见票时按照实际金额无条件支付给收款人或者持票人款项的票据。银行汇票一律记名,付款期为1个月(不分大月、小月,一律按次月对日计算;到期如遇节假日顺延),逾期的汇票,兑付银行不予受理,但汇票人可持银行汇票或解讫通知到出票银行办理退款手续。适用于先收款后发货或钱货两清的商品交易。银行汇票具有使用方便,票随人到,兑付性强等特点。同城、异地均可使用,单位、个体经济户和个人都可使用银行汇票办理结算业务。银行汇票可以用于转账,填明"现金"字样的银行汇票也可以用于支取现金。

(2) 银行汇票结算的程序如图2-2所示:

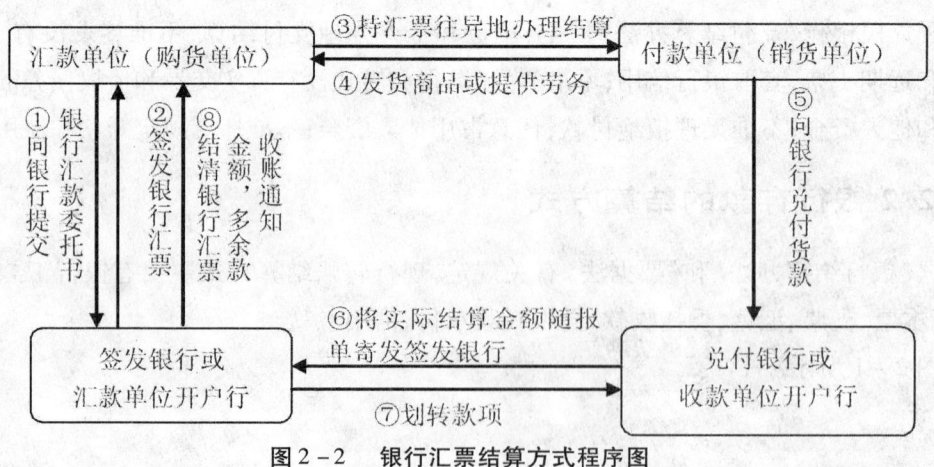

图 2-2 银行汇票结算方式程序图

2. 商业汇票结算方式

(1) 商业汇票的概念及有关规定

商业汇票是指收款人或付款人(或承兑申请人)签发,由承兑人承兑,并于到期日无条件支付确定金额给收款人或持票人的票据。商业汇票适用于企业先收货后付款或者双方约定延期付款的商品交易,同城或异地均可使用。商业汇票必须以真实的商品交易为基础,禁止签发无商品交易的商业汇票。商业汇票一律记名,付款期最长为6个月,允许背书转让,承兑人即付款人到期必须无条件付款。

(2) 商业汇票的种类

商业汇票按承兑人不同,分为商业承兑汇票和银行承兑汇票。前者指由银行以外的付款人承兑的商业汇票。商业承兑汇票可由收款人签发,经过付款人承兑,也可由付款人签发并由付款人承兑。后者是指由银行承兑的商业汇票。银行承兑汇票应由在承兑银行开立账户的存款人或承兑申请人签发,并由承兑申请人向开户银行申请,经银行审查同意承兑的票据。

(3) 商业汇票结算的程序如图 2-3 所示:

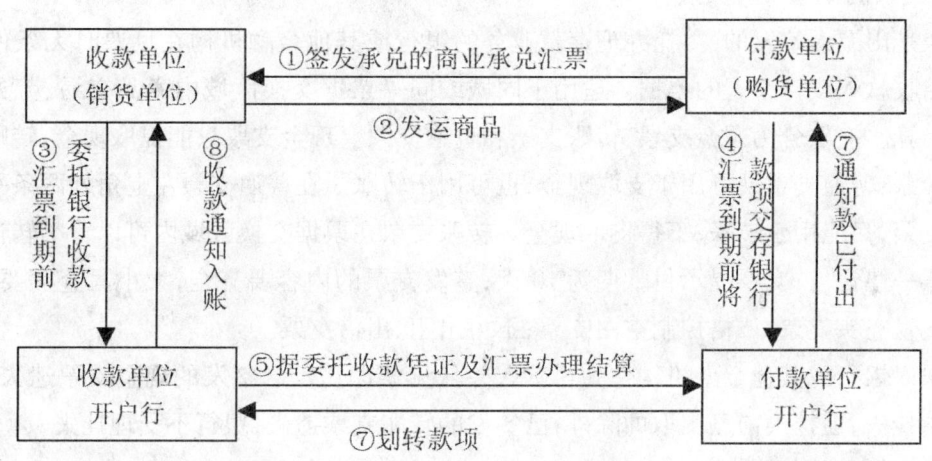

图 2-3 商业汇票结算方式程序图

3. 银行本票结算方式

(1) 银行本票的概念及有关规定

银行本票是申请人将款项交存银行,由银行签发的,承诺自己在见票时无条件支付确定金额给收款人或者持票人款项的票据。单位或个人在同城范围内的商品交易等款项的结算可采用银行本票。银行本票一律记名,可以背书转让,不予挂失。银行本票的提示付款期限最长不能超过2个月。付款期内银行见票即付,逾期兑付银行不予受理,但可办理退款手续。银行本票分为定额本票和不定额本票。定额本票面额分别为 1 000 元、5 000 元、10 000 元和 50 000 元。不定额的银行本票是指凭证上金额栏是空白的,签发是根据实际需要填写金额,并用压数机压印金额的银行本票。

(2) 银行本票结算的程序如图 2-4 所示:

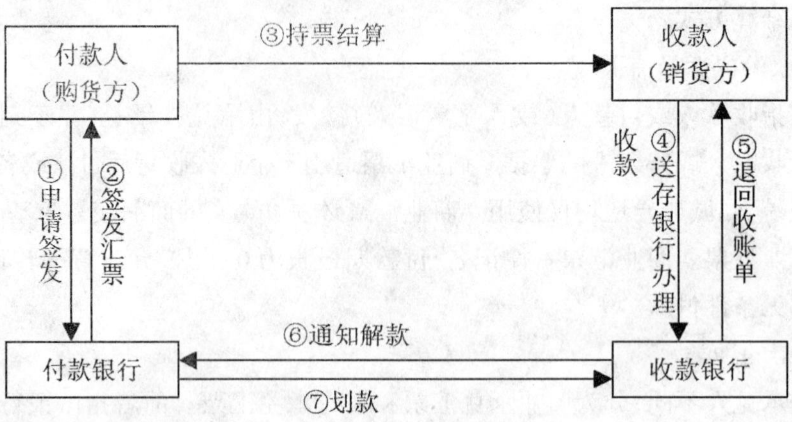

图 2-4 银行本票结算方式程序图

4. 支票结算方式

(1) 支票的概念及有关规定

支票是出票人签发的,委托办理存款业务的银行或其他金融机构在见票时无条件支付确定金额给收款人或持票人的票据。适用于同城或同一票据交换区域内商品交易、劳务供应等款项的结算。支票分为现金支票、转账支票和普通支票。现金支票只能提取现金;转账支票只能用于转账;普通支票既可用于支取现金,也可用于转账。在普通支票左上角划两条平行线的为划线支票,只能用于转账,不得支取现金。转账支票在票据交换区域内可以背书转让。

支票一律记名;支票提示付款期为10天;签发支票的内容要齐全,大小写金额要相符;企业不得签发空头支票,严格控制空白支票;不得出租、出借支票。

支票以银行或其他金融机构作为付款人并且见票即付。已签发的现金支票遗失的,可向银行申请挂失,但挂失前已支取的除外;已签发的转账支票遗失,银行不受理挂失。

(2) 支票结算的程序

① 转账支票的结算程序如图 2-5 所示

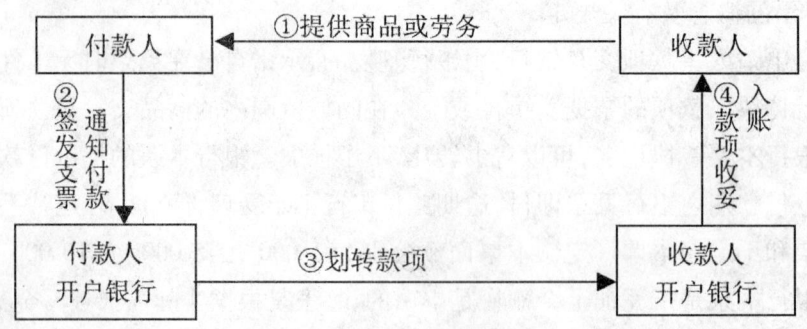

图 2-5 转账支票的结算程序图

②现金支票的结算程序如图2-6所示

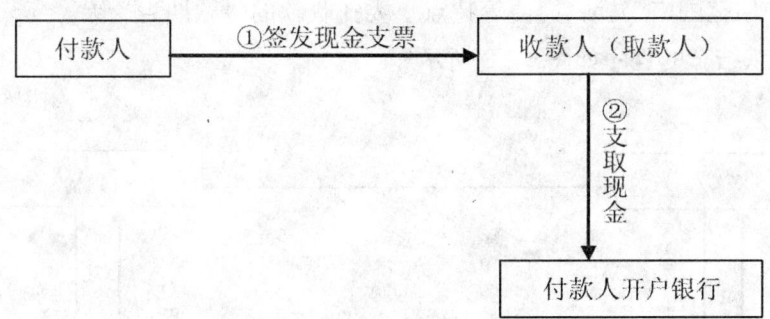

图2-6 现金支票的结算程序图

5. 汇兑结算方式

(1) 汇兑的概念及有关规定

汇兑是指汇款人委托银行将款项汇给收款人的一种结算方式。

汇兑分为信汇和电汇两种。信汇是指汇款人委托银行以邮寄方式将款项划转给收款人;电汇则是指汇款人委托银行通过电报方式将款项划转给收款人。后者的汇款速度比前者迅速。

汇兑适用于单位和个人在同城或异地之间的清理结算尾款、自提自运的商品交易以及汇给个人的差旅费或采购资金等的结算,其手续简便,方式灵活,便于汇款人主动付款;收付双方不需要事先订立合同;应用范围广泛。

(2) 汇兑结算的程序如图2-7所示

如图2-7 汇兑结算的程序图

6. 委托收款结算方式

(1) 委托收款的概念及有关规定

委托收款是收款人委托银行向付款人收取款项的结算方式。委托收款按款项划回方式可分为邮寄划回和电报划回两种,企业可根据需要选择不同方式。同域、异地均可使用。

委托收款只适用于已承兑的商业汇票、债券、存单等付款人的债务证明办理款项的结算;委托收款具有使用范围广、灵活、简便等特点。委托收款的付款期为3天。

(2)委托收款结算的程序如图2-8所示

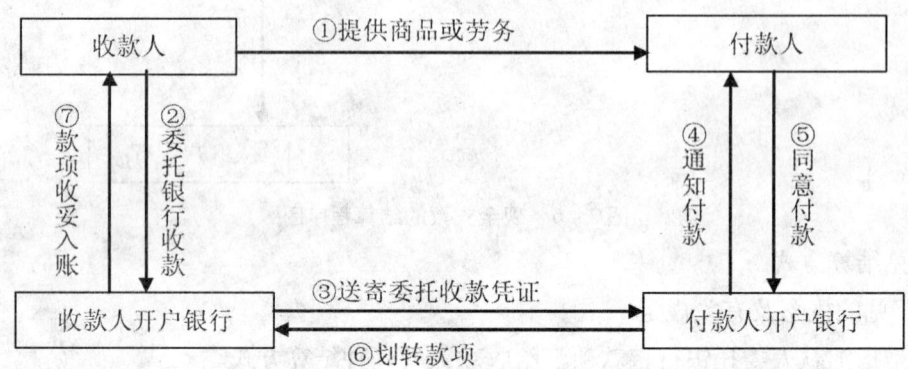

如图2-8 委托收款的结算程序图

7. 异地托收承付结算方式

(1)异地托收承付结算的概念及有关规定

异地托收承付是指根据购销合同由收款人发货后委托银行向异地付款人收取款项,由付款人向银行承认付款的一种结算方式。

托收承付结算起点为1万元;新华书店系统每笔金额起点为1000元。按款项划回方式的不同,托收承付可分为邮寄和电报两种,由收款人选用。

异地托收承付结算的付款期限为验单付款承付期为3天,验货付款承付期是10天。付款人可在承付期内根据实际情况提出全部或部分拒付理由,并填制"拒付理由书",经过银行审查同意后,办理全部拒付或部分拒付。

(2)异地托收承付结算的程序如图2-9所示:

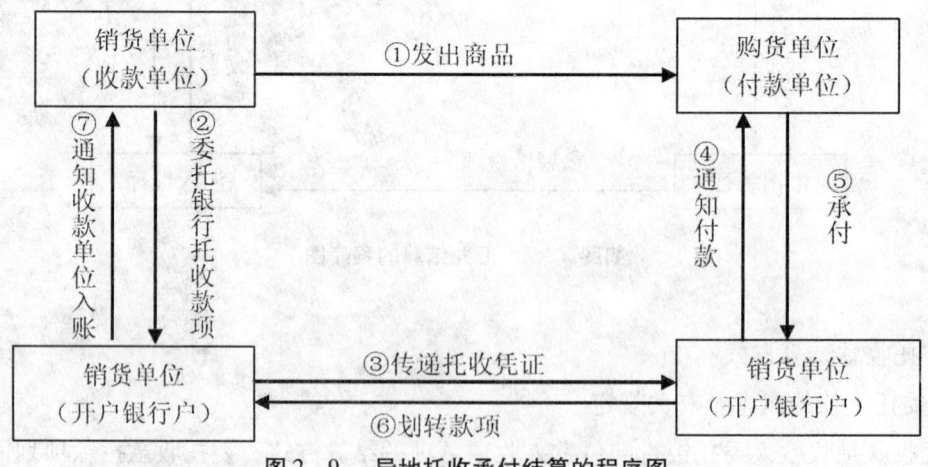

图2-9 异地托收承付结算的程序图

8. 信用卡结算方式

信用卡是指商业银行向个人和单位发行的,凭以向特约单位购物、消费和向银行存取现金,具有消费信用的特制载体卡片。

信用卡按使用对象分为单位卡和个人卡;按信誉等级分为金卡和普通卡。

信用卡的基本规定和主要特点是:凡在中国境内金融机构开立基本存款账户的单位可申领单位卡,单位卡不得用于10万元以上的商品交易、劳务供应款项的结算;持卡人使用信用卡可透支;信用卡仅限于持卡人本人使用,不得出借或出租;信用卡丢失时可挂失,但挂失前被冒用,由持卡人自己负责。

信用卡透支的规定:金卡最高不得超过1万元,普通卡最高不超过5 000元,透支期限最长为60天;信用卡透支利息,自签单日或银行记账日起15日内按日息万分之五计算;超过15日按日利息万分之十计算;超过30日或透支金额超过规定限额的,按日息万分之十五计算,透支计算不分段,按最后期限或最高透支额的最高利率档次计息。

2.2.3 银行存款的核算

企业按照国家有关支付结算办法,正确地进行银行存款收支业务的结算。银行存款核算的依据是企业会计人员根据不同的银行结算方式的规定,填制或取得银行印发的收款或付款结算凭证,会计主管或指定人员必须认真审核收付款的结算凭证;经过审核正确的各项银行结算凭证,才能据以填制反映企业银行存款收付业务的记账凭证(收款凭证或付款凭证),并据以登账。

企业银行存款的核算包括银行存款的总分类核算和序时核算。银行存款的总分类核算即由企业会计人员根据反映银行存款收付业务的记账凭证或根据其他会计核算形式所规定的登记总账的依据登记"银行存款"总账,以提供企业银行存款增减变动的总括性指标所进行的核算。银行存款的序时核算则由企业出纳人员依据反映银行存款收付业务的会计凭证,按照经济业务发生的时间顺序逐日逐笔登记"银行存款日记账",以提供企业银行存款增减变动的序时指标所进行的核算。

1. 总分类核算

为了总括反映企业银行存款的增加、减少和结存情况,应该设置"银行存款"总分类账户。该账户的借方记录企业存入的款项,贷方记录企业提取或支出的款项,余额在借方,表示企业实际存在银行或其他金融机构的款项。

[例2-8]9月1日,填制现金缴库单,将库存多余的现金1 200元,送存银行。

借:银行存款　　　　　　　　　　　　　1 200
　　贷:库存现金　　　　　　　　　　　　　　1 200

[例2-9]9月5日,接到银行收账通知,收到上月出售给望洋公司预制构件的货款23 000元。

借:银行存款　　　　　　　　　　　　23 000
　　贷:应收账款——望洋公司　　　　　　　23 000

[例2-10]9月15日,根据需要并经过审核批准,企业从银行获得为期三年的贷款500 000元,存入银行。

借:银行存款　　　　　　　　　　　　500 000
　　贷:长期借款　　　　　　　　　　　　500 000

[例2-11]9月18日,通过银行转账支付上月购入市钢材公司的钢材款项120 000元。

借:应付账款——市钢材公司　　　　　120 000
　　贷:银行存款　　　　　　　　　　　　120 000

[例2-12]9月20日,开出现金支票,从银行提取现金35 000元,备发工资。

借:库存现金　　　　　　　　　　　　35 000
　　贷:银行存款　　　　　　　　　　　　35 000

[例2-13]9月28日,通过银行转账归还已到期的银行六个月的贷款100 000元。

借:短期借款　　　　　　　　　　　　100 000
　　贷:银行存款　　　　　　　　　　　　100 000

[例2-14]9月30日,通过银行转账支付企业应交的营业税60 000元。

借:应交税费——营业税　　　　　　　60 000
　　贷:银行存款　　　　　　　　　　　　60 000

[例2-15]9月30日,通过银行转账支付企业的律师咨询费5 500元。

借:管理费用——咨询费　　　　　　　5 500
　　贷:银行存款　　　　　　　　　　　　5 500

2.银行存款的序时核算

为了加强对银行存款的核算和管理,及时掌握银行存款收付动态以及结存情况,企业应当设置"银行存款日记账",进行银行存款的序时核算。企业出纳人员根据收付款凭证,按照经济业务发生的先后顺序逐日逐笔登记,并随时结出余额。

银行存款三栏式日记账的格式如表2-4:

表2-4　　　　　　　　　　　银 行 存 款 日 记 账　　　　　　　　第1页

03年		凭证		摘要	结算凭证		对方账户	账页	借方	贷方	余额
月	日	种类	号数		种类	号数					
9	1			月初余额							500 000
9	1	银付	1	提取现金	现支		库存现金	1		1 200	498 800
9	5	银收	1	收回货款	进账		应收账款	3	23 000		521 800
9	15	银收	2	借款			长期借款	2	500 000		1 021 800
9	18	银付	2	付钢材款			应付账款	3		120 000	901 800
9	20	银付	3	提取现金			库存现金	1		35 000	866 800
9	28	银付	4	还借款			短期借款	2		100 000	766 800
9	30	银付	5	交纳税金			应交税费	1		60 000	706 800
	30	银付	6	付咨询费			管理费用	1		5 500	701 300
	30			本月合计					523 000	321 700	701 300

银行存款日记账应该定期与开户银行送达的对账单进行核对(每月至少核对一次)。期末,银行存款日记账与银行存款总账的余额核对相符。银行存款的核算,必须做到账证相符、账账相符、账实相符。

有外币存款的企业,需要分别以货币种类设置"银行存款日记账"进行序时核算。

2.2.4 银行存款的清查

1. 银行存款清查方法

企业为了保证银行存款的安全、完整,杜绝各种记账错误和不法行为的发生,必须对银行存款定期进行清查。银行存款的清查是采用与开户银行核对账目的方法进行的,即将企业登记的"银行存款日记账"与开户银行送来的对账单逐笔进行核对。通过核对,若发现双方账目不一致时,其因有二:一是双方账目可能发生错账、漏账;二是由于未达账项所致。

2. 未达账项

(1)未达账项的内容

未达账项是指企业与银行对同一笔收付款业务,由于结算凭证在传递时间上的差异,使得一方先得到结算凭证已经入账,另一方尚未取得结算凭证故而尚未入账的项目。未达账项的情况有以下四种:

①银行已经收款入账,而企业尚未收款入账;
②银行已经付款入账,而企业尚未付款入账;
③企业已经收款入账,而银行尚未收款入账;
④企业已经付款入账,而银行尚未付款入账。

(2)未达账项的处理方法

企业在进行银行存款日记账与开户银行对账单核对发生未达账项时,可以通过编制银行存款余额调节表的形式作余额的核对。即根据银行存款日记账与开户银行对账单的记录发生的未达账项填制在"银行存款余额调节表"内,若调节后双方余额一致。则表明记账正确;否则,则需要进一步检查。"银行存款余额调节表"的编制方法举例如下:

[例2-16]资料:5月30日,WD公司"银行存款日记账"的账面余额为:701 300元;开户银行对账单余额为:715 300元。经逐笔核对,发现有下列未达账项:

①公司收到客户支付货款23 000元的转账支票,银行尚未入账;
②银行已代公司支付到期货款20 000元,公司尚未入账;
③银行已收到外单位汇来产品货款52 000元,公司尚未入账;
④公司开出转账支票支付咨询费5 000元,持票人尚未到银行办理转账手续。

要求:根据上述资料编制"银行存款余额调节表"见表2-5。

表2-5　　　　　　　　　　银行存款余额调节表

××年5月30日　　　　　　　　　　金额单位:元

项目	金额	项目	金额
公司银行存款日记账余额	701 300	银行对账单余额	715 300
加:银行已收,企业未收	52 000	加:企业已收,银行未收	23 000
减:银行已付,企业未付	20 000	减:企业已付,银行未付	5 000
调节后余额	733 300	调节后余额	733 300

需要说明的是:"银行存款余额调节表"只能是用来与开户银行对账单余额进行核对,检查其账户记录是否一致的,不能据此来更改企业"银行存款日记账"或更改开户银行对账单的记录。对于未达账项的入账只有当结算凭证达到并具有相关的记账凭证后才能进行。

3.银行存款清查损失的处理

企业需要定期对存放银行或其他金融机构的款项进行检查,以掌握其安全、完整情况或可能出现的损失因素。根据会计准则的有关规定,如果有确凿证据表明存放在银行或其他金融机构的款项已经部分不能收回或全部不能收回的,例如,吸收存款的单位已宣告破产,其破产财产不足以清偿的部分,或全部不能清偿的,应当作为当期损失处理,计入"营业外支出"账户。

[例2-17]经查明公司存在市某金融机构的款项有45 000元,已经不能收回。

借:营业外支出　　　　　　　　　　45 000
　　贷:银行存款　　　　　　　　　　　　　45 000

2.3 其他货币资金核算

在企业的经营资金中有些货币资金的存放地点和用途与库存现金和银行存款不同,如外埠存款、银行汇票存款、银行本票存款、信用卡存款、信用证保证金存款、存出投资款及在途资金等。这些资金在会计核算上统称为"其他货币资金"。

为了核算其他货币资金的收支和结存的情况,应设置"其他货币资金"账户,按"外埠存款"、"银行汇票"、"银行本票"、"信用卡"、"信用证保证金""存出投资款"、"在途资金"等进行明细核算。企业增加其他货币资金,借记"其他货币资金"账户,贷记"银行存款"账户;支付其他货币资金,借记"有关科目",贷记"其他货币资金",期末余额在借方,表示其他货币资金的结存数。

2.3.1 外埠存款的核算

外埠存款是指企业到外地进行临时采购或零星采购时,汇往采购地银行开立采购专户的款项。

企业汇出款项时,必须填写汇款委托书,加盖"采购资金"字样。汇入银行对汇入的采购款项以采购单位名义开立采购账户。采购资金存款不计利息,除采购员差旅费可以支取少量现金外,一律转账。采购专户只付不收,款项付完后或将剩余款项汇回本企业的银行存款账户后,此账户便结束。

企业将款项委托当地银行汇往采购地开立专户时,根据汇出款项凭证,编制付款凭证,进行账务处理,借记"其他货币资金——外埠存款"科目,贷记"银行存款"科目。

外出采购人员报销用外埠存款支付材料的采购货款等款项时,企业应根据供应单位发票账单等报销凭证,编制付款凭证,借记"材料采购"、"应交税费——应交增值税(进项税额)"等科目,贷记"其他货币资金——外埠存款"科目。

[例2-18]北京振源有限公司委托当地开户银行将60 000元采购款项汇往上海市开立采购专户。

(1)开立采购专户时,会计分录如下:

借:其他货币资金——外埠存款　　　60 000
　　贷:银行存款　　　　　　　　　　　　60 000

(2)数日后,采购员交来购料发票,支付材料价款为50 000元,增值税8 500元,会计分录如下:

借:材料采购(或在途物资)　　　　　　　50 000
　　应交税费——应交增值税(进项税额)
　　　　　　　　　　　　　　　　　　 8 500
　　贷:其他货币资金——外埠存款　　　　58 500

(3)采购完毕,接到银行退回剩余款项的收账通知。收回剩余款项时,会计分录如下:

借:银行存款　　　　　　　　　　　　　1 500
　　贷:其他货币资金——外埠存款　　　　 1 500

2.3.2 银行汇票存款

银行汇票存款是指企业为取得银行汇票按规定存入银行的款项。企业向银行提交"银行汇票申请书"将款项交存开户银行,取得银行汇票后,根据银行盖章的申请书存根联,编制付款凭证,借记"其他货币资金——银行汇票"科目,贷记"银行存款"科目。

企业使用银行汇票支付汇款时,应根据发票账单及开户银行转来的银行汇票有关凭证,经核对无误后,编制会计分录,借记"材料采购"、"应交税费——应交增值税(进项税额)"等科目,贷记"其他货币资金——银行汇票"科目。银行汇票使用完毕,应转销"其他货币资金——银行汇票"科目,如实际采购付款后银行汇票有多余,多余部分应借记"银行存款"科目,贷记"其他货币资金——银行汇票"科目。

[例2-19]北京振源有限公司向开户银行申请办理银行汇票,交付款项200 000元,取得银行汇票。

(1)北京振源有限公司取得银行汇票时,会计分录如下:

借:其他货币资金——银行汇票　　　　200 000
　　贷:银行存款　　　　　　　　　　　　200 000

(2)企业使用银行汇票后,应根据发票账单(增值税专用发票上注明价款160 000元,增值税额27 200元)及开户银行转来的银行汇票有关凭证,编制会计分录如下:

借:材料采购(或在途物资)　　　　　　160 000
　　应交税费——应交增值税(进项税额)　27 200
　　贷:其他货币资金——银行汇票　　　　187 200

(3)通过银行收到银行汇票结算的多余款项划回的收账通知,收回多余款项时,会计分录如下:

借:银行存款　　　　　　　　　　　　　12 800
　　贷:其他货币资金——银行汇票　　　　 12 800

2.3.3 银行本票存款

银行本票存款是指企业为取得银行本票,按规定存入银行的款项。企业向银行提交"银行本票申请书"将款项交存开户银行,取得银行本票后,根据银行盖章的申请书存根联,编制付款凭证,借记"其他货币资金——银行本票"科目,贷记"银行存款"科目。

企业使用银行本票支付购货款等款项时,应根据发票账单等有关凭证,经核对无误后,编制会计分录,借记"材料采购"、"应交税费——应交增值税(进项税额)"等科目,贷记"其他货币资金——银行本票"科目。如企业因本票超过付款期等原因未曾使用而要求银行退款时,应填制银行进账单一式三联,连同本票一并交给银行,然后根据银行收回本票时盖章退回的一联进账单,借记"银行存款"科目,贷记"其他货币资金——银行本票"科目。

[例2-20]北京振源有限公司向开户银行申请办理银行本票,交付款项4 680元,取得银行本票。

(1)北京振源有限公司取得银行本票时,会计分录如下:

借:其他货币资金——银行本票存款　　　　4 680
　　贷:银行存款　　　　　　　　　　　　　　　　4 680

(2)应根据发票账单(增值税专用发票4 000元,增值税额680元)等有关凭证,编制会计分录如下:

借:材料采购(或在途物资)　　　　　　　4 000
　　应交税费——应交增值税(进项税额)　　680
　　贷:其他货币资金——银行本票存款　　　　　　4 680

(3)企业未使用而要求银行退款时,应填制银行进账单一式三联,连同本票一并交给银行,然后根据银行收回本票时盖章退回的一联进账单,编制会计分录如下:

借:银行存款　　　　　　　　　　　　　　4 680
　　贷:其他货币资金——银行本票存款　　　　　　4 680

2.3.4 信用卡存款

信用卡存款是指企业为取得信用卡按规定存入银行信用卡专户的款项。

企业申请信用卡,要按规定填写申请表,并按银行要求交存一定金额的备用金,银行为申领人开立信用卡存款账户,发给信用卡。根据银行盖章退回的交存备用金的进账单,借记"其他货币资金——信用卡存款"科目,贷记"银行存款"科目。企业用信用卡购物或支付有关费用时,借记"管理费用"科目,贷记"其他货币资金——信用卡存款"科目;企业信用卡在使用过程中,需要向其账户中蓄存资金时,借记"其他货币资金——信用卡存款"科目,贷记"银行存款"科目。

[例2-21]北京振源有限公司向开户银行申请办理信用卡,交付款项50 000元,取得信用卡;持信用卡存款支付业务招待费2 750元。

(1)北京振源有限公司取得信用卡时,会计分录如下:

借:其他货币资金——信用卡存款　　　　50 000

　　　　贷：银行存款　　　　　　　　　　　　　50 000
（2）用信用卡支付业务招待费时，会计分录如下：
　　借：管理费用　　　　　　　　　　　　　　 2 750
　　　　贷：其他货币资金——信用卡存款　　　　2 750

2.3.5 信用证保证金存款

信用证保证金存款是指采用信用证结算方式的企业为取得信用证按规定存入银行信用证保证金专户的款项。

企业向银行申请开立信用证，应按规定向银行提供开证申请书、信用证申请人承诺书和购销合同。企业向银行交纳保证金时，根据银行盖章退回的"信用证委托书"回单，借记"其他货币资金——信用证保证金存款"科目，贷记"银行存款"科目。企业收到供货单位信用证结算凭证及所附发票账单，经核对无误后进行账务处理，借记"材料采购"、"应交税费——应交增值税（进项税额）"等科目，贷记"其他货币资金——信用证保证金存款"科目。如企业收到未用完的信用证存款余额时，应借记"银行存款"科目，贷记"其他货币资金——信用证保证金存款"科目。

[例2-22] 北京振源有限公司向开户银行申请办理信用证，交付信用证保证金80 000元。

（1）北京振源有限公司取得信用证时，根据银行盖章退回的"信用证委托书"回单，编制会计分录如下：
　　借：其他货币资金——信用证保证金存款　80 000
　　　　贷：银行存款　　　　　　　　　　　　　80 000
（2）收到供货单位信用证结算凭证及所附发票账单（增值税专用发票注明价款60 000元，增值税额10 200元），经核对无误后进行账务处理，编制会计分录如下：
　　借：材料采购（或在途材料）　　　　　　60 000
　　　　应交税费——应交增值税（进项税额）10 200
　　　　贷：其他货币资金——信用证保证金存款　70 200
（3）企业收到退回未用完的信用证存款余款时转回银行结算账户时，会计分录如下：
　　借：银行存款　　　　　　　　　　　　　9 800
　　　　贷：其他货币资金——信用证保证金存款　9 800

2.3.6 存出投资款

存出投资款是指企业已经存入证券公司但尚未进行短期投资的资金。

企业向证券公司划出资金时应该按实际划出的金额，借记"其他货币资金——存出投资款"科目，贷记"银行存款"科目；购买股票或债券时，按实际发生的金额，借记有关科目，贷记

"其他货币资金——存出投资款"科目。

[例2-23]北京振源有限公司签发一张转账支票划出资金时,会计分录如下:

借:其他货币资金——存出投资款　　　500 000
　　贷:银行存款　　　　　　　　　　　　　　　　500 000

(2)公司购入辉煌公司的股票280 000元,作交易性金融资产时,会计分录如下:

借:交易性金融资产——辉煌公司股票投资
　　　　　　　　　　　　　　　　　　　280 000
　　贷:其他货币资金——存出投资款　　　　　　　280 000

2.3.7 在途资金

在途资金是指企业在与所属单位之间和上下级之间汇解款项业务中,对方已经汇出,月末尚未到达的那部分资金。

思考与练习:

1. 思考题

(1)库存现金的使用范围?
(2)库存现金管理的内部控制制度的基本内容?
(3)企业可以在银行开立哪些账户,每个账户的用途是什么?
(4)未达账项有几种情况?

2. 案例讨论:

案例一、资金留置账外形成"小金库"

审计机关在审计某大学时查明,某保险公司违规经营即期月领养老保险业务时,该大学与其签定协议为全校职工购买该项保险,并于1996年12月和1997年6月分别支付保险费651.3万元和670.8万元。截止1999年5月,保险公司已向该校职工个人发放保险金956.9万元。在上述业务中,该校财务处少为职工代扣代缴个人所得税32.1万元,并将保险公司退回的多付保费172.9万元截留于账外,以某人个人名义单独存储;除1998年5月和1999年6月分别将存款本金和利息51.4万元和83.2万元转入学校福利基金外,至1999年6月该个人存折上尚有余额39.1万元。

案例二、坐支现金

审计机关对某专科学校1999年度财务收支审计中查明,该校1999年现金收入692.3万元,当年缴存银行523.8万元,坐支现金168.5万元,该校未向开户银行申请核定现金坐支额度和使用范围。

讨论问题

(1)以上两个案例中,财务人员违反了库存现金的那些有关规定？

(2)作为企业的财会人员应如何工作？

参考阅读材料：

谢明香、刘铮.中级财务会计.北京：经济管理出版社,2007.6

葛家树、耿金岭主编.企业财务会计.高等教育出版社

第 3 章　应收和预付款项

本章主要内容
- 应收票据
- 应收账款
- 预付账款
- 坏账及其核算

3.1 应收票据

3.1.1 应收票据的概念和分类

应收票据是指企业在采用商业汇票结算方式下，因销售商品、产品、提供劳务等而收到的商业汇票。

商业汇票是出票人签发、由承兑人承兑的，委托付款人在指定日期无条件支付给收款人或持票人确定金额的票据。商业汇票可按不同的标准分类，按承兑人不同分为商业承兑汇票和银行承兑汇票；按是否计息可分为带息商业汇票和不带息商业汇票。

3.1.2 应收票据的计价

企业收到商业汇票时，不论是带息还是不带息票据，均应按票面面值入账。对于带息的商业汇票，应于期末按应收票据的票面面值和确定的利率计提利息，计提的利息应增加应收票据的账面价值。

相对于应收账款来讲，由于应收票据发生坏账的风险较小，因此，企业一般不对应收票据计提坏账准备。但对超过承兑期收不回来的应收票据应转作应收账款，计提相应的坏账准备。

3.1.3 应收票据的核算

为了反映和监督应收票据的取得和收回情况，企业应设置"应收票据"账户。该账户属于资产类账户,收到开出、承兑的商业汇票的票面金额和计提利息时记借方;票据到期收回、转让及贴现时记贷方。期末余额在借方,反映企业持有的应收票据的面值和计提的利息。该账户应按票据的种类和对方单位分别设置明细账户,进行明细分类核算。

3.1.3.1 不带息票据的核算

不带息票据的到期价值等于应收票据的面值。企业在收到商业汇票时,应借记"应收票据"账户,贷记"应收账款"、"主营业务收入"等账户。若付款人到期付不了款,则应将票据的票面金额转入"应收账款"账户。

[例3-1] A公司向B企业销售甲商品一批,货款为40 000元,增值税额为6 800元,款项尚未收到。编制分录如下:

借:应收账款——B企业　　　　　　　　　　46 800
　　贷:主营业务收入　　　　　　　　　　　　　　40 000
　　　　应交税费——应交增值税(销项税额)　　　6 800

几天后,收到B企业交来的一张面值为46 800元,期限为五个月的商业承兑汇票,用以抵付前欠款项。编制分录如下:

借:应收票据——B企业　　　　　　　　　　46 800
　　贷:应收账款——B企业　　　　　　　　　　　46 800

票据到期企业收到款项时,编制分录如下:

借:银行存款　　　　　　　　　　　　　　46 800
　　贷:应收票据——B企业　　　　　　　　　　　46 800

若B企业无力支付票款。编制分录如下:

借:应收账款——B企业　　　　　　　　　　46 800
　　贷:应收票据——B企业　　　　　　　　　　　46 800

3.1.3.2 带息票据的核算

带息票据的到期价值等于应收票据的面值加利息。企业应于期末根据票面面值和票面利率计提利息,利息的计算公式如下:

利息 = 票面金额 × 利率 × 期限

其中:"利率"一般是指年利率;"期限"是指从票据签发日至到期日的时间间隔。票据的期限一般有按月表示和按日表示两种。

按月表示时,每月一般按30天计算,不考虑实际天数,一律按对月对日计算,如3月12日签发的为期3个月的票据,到期日就是6月12日。同时要将年利率换算成月利率;而按日表示时,则按实际天数计算,且"算头不算尾"或"算尾不算头",即出票日和到期日只能算一天,如同样是3月12日签发的为期90天的票据,到期日就是6月9日(其中,算头是3月份20天,4月份30天,5月份31天,6月份9天;算尾是3月份19天,4月份30天,5月份31天,6月份10天)。同时,年利率要换算成日利率(年利率÷360)。

带息票据取得的核算与不带息票据相同。计提利息时应借记"应收票据"账户,贷记"财务费用"账户。带息票据收回时,应借记"银行存款"账户,按面值贷记"应收票据"账户,按其差额贷记"财务费用"账户。

[例3-2] A公司2005年11月1日向C企业销售乙商品一批,货款为60 000元,增值税额为10 200元,收到对方签发的为期5个月、票面利率为6%的商业承兑汇票一张。编制分录如下:

(1) A公司收到汇票时,编制分录如下:

借:应收票据——C企业　　　　　　　　　70 200
　　贷:主营业务收入　　　　　　　　　　　　60 000
　　　　应交税费——应交增值税(销项税额)　10 200

(2) 年终计提利息时,编制分录如下:

利息 = 70 200 × 6% × 2 ÷ 12 = 702(元)

借:应收票据　　　　　　　　　　　　　　702
　　贷:财务费用——利息支出　　　　　　　　702

(3) 票据到期收回款项时,编制分录如下:

到期价值 = 70 200 × (1 + 6% × 5 ÷ 12) = 71 955(元)

借:银行存款　　　　　　　　　　　　　71 955
　　贷:财务费用——利息支出　　　　　　　1 053
　　　　应收票据——C企业　　　　　　　70 902

3.1.4 应收票据的贴现

贴现是指企业将未到期的票据转让给银行,银行扣除按贴现利率计算的贴现利息后,将余额支付给贴现人的行为。

3.1.4.1 不带息票据贴现的核算

企业持未到期的不带息票据向银行贴现,应扣除贴现息后,按贴现净额借记"银行存款"账户,将扣除的贴现息借记"财务费用"账户,按账面价值贷记"应收票据"账户。不带息票据贴现息的计算公式如下:

贴现息 = 到期价值(票据面值) × 贴现率 × 贴现天数 ÷ 360

贴现净额 = 到期价值(票据面值) - 贴现息

其中贴现天数的计算方法同利率的计算方法相同。

[例3-3] 接[例3-1]若A公司将B企业交来的商业承兑汇票提前两个月到银行申请贴现,贴现率为8%,则应编制分录如下:

贴现息 = 70 200 × 8% × 2 ÷ 12 = 936(元)

借：银行存款　　　　　　　　　　　　　69 264
　　财务费用——利息支出　　　　　　　　936
　　贷：应收票据——B企业　　　　　　　　　　70 200

3.1.4.2 带息票据贴现的核算

企业持未到期的带息票据向银行贴现，应扣除贴现息后，按净额借记"银行存款"账户，按账面价值贷记"应收票据"账户，按其差额借记或贷记"财务费用"账户。带息票据的到期价值和贴现息的计算公式如下：

贴现息 = 到期价值 × 贴现率 × 贴现天数 ÷ 360

到期价值 = 到期价值 × (1 + 贴现率 × 贴现天数 ÷ 360)

贴现净额 = 到期价值 − 贴现息

[例3-4]接[例3-2]若A公司将B企业交来的商业承兑汇票提前80天到银行申请贴现，贴现率为8%。（假定A企业未提利息）则应编制分录如下：

贴现息 = 71 955 × 8% × 80 ÷ 360 = 1 279.20(元)

贴现净额 = 71 955 − 1 279.20 = 70 675.80(元)

借：银行存款　　　　　　　　　　　　　70 675.80
　　贷：财务费用——利息支出　　　　　　　　475.80
　　　　应收票据——C企业　　　　　　　　70 200.00

若已到期的商业承兑汇票，承兑人无款支付，银行将从贴现企业（A公司）账户中将票款划回。应编制分录如下：

借：应收账款——C企业　　　　　　　　71 955
　　贷：银行存款　　　　　　　　　　　　　71 955

如果贴现企业账户余额不足，银行将按逾期贷款处理。应编制分录如下：

借：应收账款——C企业　　　　　　　　71 955
　　贷：短期借款　　　　　　　　　　　　　71 955

对于已贴现的商业承兑汇票到期付款人无力支付款项，贴现银行将从贴现人账户中扣款，贴现人应借记"应收账款"账户，贷记"银行存款"账户；若贴现人无款支付，银行将视作发放逾期贷款，贴现人应借记"应收账款"账户，贷记"短期借款"账户。

3.2 应收账款

3.2.1 应收账款的概念和确认

应收账款是指企业因销售商品、产品或提供劳务过程中向购货或接受劳务单位收取的款项。应收账款的入账时间应在收入实现时确认。

3.2.2 应收账款的计价方法

应收账款通常应按实际发生额计价入账,但如果发生商业折扣和现金折扣则应根据具体情况分别处理。

商业折扣是企业为了鼓励客户多购货而给予客户价格上的一种优惠,通常以百分数来表示,如优惠10%、20%或用打九折、打八折等。这种折扣实质上就是降价销售,企业在提供商业折扣情况下,应收账款应按实际销售金额入账,无须单独反映折扣额。

现金折扣是指企业为了鼓励客户在规定期限内尽早付款,而对客户在价格上给予优惠。如客户在10天内付款给予2%的折扣,则用"2/10"表示;客户在20天内付款给予1%的折扣,则用"1/20"表示;客户的付款期限是30天,则用"n/30"表示。在现金折扣的情况下,应收账款的入账金额有总价法和净价法两种方法,现行企业会计制度规定采用总价法,即在确认应收账款时按实际交易额入账,客户在折扣期内付款取得的折扣,作为销售方的一项理财费用,记入"财务费用"账户。

3.2.3 应收账款的核算方法

为了反映应收账款发生与收回情况,企业应设置"应收账款"账户。该账户属于资产类,发生应收账款时记借方;收回及确认坏账损失时记贷方;余额在借方,表示企业应收而尚未收回的款项。该账户应按债务单位设置明细账户,进行明细分类核算。

企业取得应收账款时,应借记"应收账款"账户,贷记"主营业务收入"、"应交税费"、"应收票据"等账户。

[例3-5] A公司向B企业发出乙商品一批,货款为80 000元,增值税额为13 600元,代垫运费1 400元,采用托收承付结算方式,已向银行办妥托收手续。编制分录如下:

借:应收账款——B企业　　　　　　95 000
　　贷:主营业务收入　　　　　　　　　　80 000
　　　　应交税费——应交增值税(销项税额)　13 600
　　　　银行存款　　　　　　　　　　　　1 400

几天后,收到款项时:

借:银行存款　　　　　　　　　　95 000
　　贷:应收账款——C企业　　　　　　　95 000

[例3-6] A公司向D企业销售乙商品一批,货款为45 000元,增值税额为7 650元,付款条件是2/10,1/20,n/30。编制分录如下:

借:应收账款——B企业　　　　　　52 650
　　贷:主营业务收入　　　　　　　　　　45 000
　　　　应交税费——应交增值税(销项税额)　7 650

若 D 企业在 10 天内付款,编制分录如下:

借:银行存款　　　　　　　　　51 750
　　财务费用　　　　　　　　　　 900
　　贷:应收账款——C 企业　　　　　　　52 650

若 D 企业在 20 天内付款,编制分录如下:

借:银行存款　　　　　　　　　52 200
　　财务费用　　　　　　　　　　 450
　　贷:应收账款——C 企业　　　　　　　52 650

若 D 企业超过 20 天付款,编制分录如下:

借:银行存款　　　　　　　　　52 650
　　贷:应收账款——C 企业　　　　　　　52 650

3.3 预付账款及其他应收款

3.3.1 预付账款

3.3.1.1 预付账款的概念和计价

预付账款是指企业按照采购合同预先付给供货方或提供劳务方的款项。预付账款应按实际预付的金额入账。对于企业预付的款项,如有确凿证据表明已不符合预付账款的性质,或因供货单位破产、撤消等原因已无望收回款项时,应将预付的款项从"预付账款"账户转入"其他应收款"账户,同时计提相应的坏账准备。

3.3.1.2 预付账款的核算

为了反映预付账款的付出和结算情况,企业应设置"预付账款"账户,该账户是资产类账户,企业预付、补付款项时记借方,收到货物结转及退回款项时记贷方,期末余额若在借方,反映企业实际预付的款项;期末余额若在贷方,属于负债性质,反映企业应付的款项;该账户应按供应单位设置明细账户,进行明细分类核算。

[例 3-7] A 公司向 D 企业购进甲材料一批,价款 80 000 元,增值税额为 13 600 元,按合同约定预付 20 000 元,待货到后再补付剩余款项。

(1)预付货款时:

借:预付账款——D 企业　　　　　20 000
　　贷:银行存款　　　　　　　　　　　20 000

(2)收到货物时:

借:原材料——甲材料　　　　　　80 000

应交税费——应交增值税(进项税额)　13 600
　　贷:预付账款——D企业　　　　　　　　　　93 600
(3)补付货款时:
借:预付账款——D企业　　　　　　　73 600
　　贷:银行存款　　　　　　　　　　　　　　73 600
若收到退回的货款,应借记"银行存款"账户,贷记"预付账款"账户。

3.3.2　其他应收款

3.3.2.1　其他应收款的概念

其他应收款是指除了应收账款、应收票据和预付账款以外的其他各种应收、暂付款项。包括企业支付的存出保证金、各种赔款、罚款、备用金、应向职工收取的各种垫付款项等。

为了反映其他应收款增减变动情况,企业应设置"其他应收款"账户,该账户是资产类账户,发生时记借方,收回时记贷方,期末余额在借方,反映企业尚未收回的其他应收款。该账户应按债务人设置明细账户,进行明细分类核算。

其他应收款的核算在其他各章中有介绍,以下只重点介绍备用金的核算。对于备用金的核算,企业可在"其他应收款"账户下设置"备用金"账户,也可另设置"备用金"账户。备用金的管理方式分定额管理和非定额管理两种。企业不论采用哪种方式,发放备用金时,应借记"其他应收款"账户,贷记"库存现金"账户。只是在报账时,定额管理方式下采用报账补款方式,非定额管理采用实报实销方式。

[例3-8]A公司以现金拨付给供应科备用金3 000元。编制分录如下:
借:其他应收款——备用金(供应科)　　3 000
　　贷:库存现金　　　　　　　　　　　　　3 000
供应科定期报账2 450元。在定额管理方式下,编制分录如下:
借:管理费用　　　　　　　　　　　　2 450
　　贷:库存现金　　　　　　　　　　　　　2 450
在非定额管理方式下,编制分录如下:
借:管理费用　　　　　　　　　　　　2 450
　　贷:其他应收款——备用金(供应科)　　2 450

3.4　坏账及其核算

3.4.1　坏账及坏账损失

坏账是指企业无法收回的应收款项,由此而造成的损失,称为坏账损失。

坏账损失的确认应该符合以下三个条件：一是债务人死亡，以其遗产清偿后仍然收不回来的款项；二是债务人破产，以其破产后的财产清偿后，仍然收不回来的款项；三是债务人在较长时间（通常为三年）未履行偿债义务，并有足够的证据表明无法收回或收回的可能性极小。

3.4.2 坏账损失的核算

坏账损失的核算方法分直接转销法和备抵法两种，现行《企业会计制度》规定企业一律采用备抵法。

为了反映和监督坏账准备的计提和使用情况，企业应设置"坏账准备"账户，该账户是资产类账户，也是应收账款和其他应收款账户的备抵调整账户。计提坏账准备及收回已发生的坏账损失时记借方，发生坏账损失时记贷方，余额在贷方表示已提取尚未转销坏账准备，余额在借方表示使用坏账损失超过坏账准备的数额。本账户应分别设置"应收账款"和"其他应收款"明细分类账户。

3.4.2.1 直接转销法

在直接转销法下，企业发生坏账损失直接计入"资产减值损失——计提的坏账准备"账户。

"资产减值损失"账户是损益类账户，该账户核算的是企业计提各项资产减值准备所形成的损失。企业的应收账款、存货、长期股权投资、持有至到期投资、固定资产等资产发生减值时，记该账户的借方，贷记"坏账准备"、"存货跌价准备"、"固定资产减值准备"等账户，期末，应将本账户余额转入"本年利润"账户，结转后本账户无余额。本账户可按资产减值损失的项目进行明细核算。

[例3-9] A公司6月发生坏账损失4 500元。编制分录如下：

借：资产减值损失——计提的坏账准备　　4 500
　　贷：应收账款　　　　　　　　　　　　　　　　4 500

以后经过企业的努力又收回，编制分录如下：

借：应收账款　　　　　　　　　　　　　4 500
　　贷：资产减值损失——计提的坏账准备　　　　　4 500

同时：

借：银行存款　　　　　　　　　　　　　4 500
　　贷：应收账款　　　　　　　　　　　　　　　　4 500

3.4.2.2 备抵法

在备抵法下，企业要预先计提坏账准备金，其计提的方法有三种：分别是应收账款余额百分比法、账龄分析法和销货百分比法。

应收账款余额百分比法是根据期末"应收账款"账户余额乘以估计坏账准备提取率来计

提的。坏账准备提取率是根据企业以往坏账损失的发生情况和经验来确定出一个比较合理的比率。

账龄分析法是根据购货单位所欠账款日期的时间长短来确定计提坏账准备金额的方法。一般来讲购货单位拖欠货款的时间越长,发生坏账损失的可能性越大,计提的坏账准备就应该越多。

销货百分比法是指在会计期间因赊销而发生的应收账款一定百分比来估计坏账损失,计提坏账准备的方法。

以上三种方法,企业可根据本单位的实际情况,自行确定一种。但不论采用哪种方法,在期末计提坏账准备金时要根据"坏账准备"账户余额进行相应的调整处理。通常在计提坏账准备金时,"坏账准备"账户会出现以下三种情况:

第一,调整前"坏账准备"账户无余额,当期应提取的坏账准备就等于企业按一定方法计算出的本期的估计坏账准备数额。企业应借记"资产减值损失"账户,贷记"坏账准备"账户。

第二,调整前"坏账准备"账户是贷方余额,这里分两种情况,若贷方余额小于本期的估计坏账准备数额,企业则按两者的差额补提坏账准备,应借记"资产减值损失"账户,贷记"坏账准备"账户;若贷方余额大于本期的估计坏账准备数额,企业则按两者的差额冲减坏账准备数额,应借记"坏账准备"账户,贷记"资产减值损失"账户。

第三,调整前"坏账准备"账户是借方余额,企业应将本期的估计坏账准备数额加上"坏账准备"账户是借方余额作为本期的应提数额,借记"资产减值损失"账户,贷记"坏账准备"账户。

以下仅以应收账款余额百分比法为例介绍坏账准备具体计提方法:

[例3-10] A公司2006年末应收账款余额为120 000元,坏账准备提取率4%;2007年4月发生坏账损失3 000元,同年8月又收回5 200元,年末应收账款余额为150 000元;2008年发生坏账损失7 200元,年末应收账款余额为140 000元。

2006年末坏账准备余额 = 120 000 × 4% = 4 800(元)

根据计算结果,编制分录如下:

借:资产减值损失——计提的坏账准备　　　4 800
　　贷:坏账准备　　　　　　　　　　　　　　　　　4 800

2007年4月发生坏账损失,编制分录如下:

借:坏账准备　　　　　　　　　　　　　　　　3 000
　　贷:应收账款　　　　　　　　　　　　　　　　　3 000

2007年4月收回时,编制分录如下

借:应收账款　　　　　　　　　　　　　　　　5 200
　　贷:坏账准备　　　　　　　　　　　　　　　　　5 200
借:银行存款　　　　　　　　　　　　　　　　5 200

　　　　贷：应收账款　　　　　　　　　　　　　　　　　5 200

2007年末计提时，编制分录如下：

2007年末坏账准备余额=150 000×4%=6 000(元)

应提的坏账准备=6 000-7 000=-1 000(元)，编制分录如下：

　　借：坏账准备　　　　　　　　　　　　　　　　　1 000
　　　　贷：资产减值损失——计提的坏账准备　　　　　　1 000

2008年发生坏账损失，编制分录如下：

　　借：资产减值损失——计提的坏账准备　　　　　　7 200
　　　　贷：坏账准备　　　　　　　　　　　　　　　　　7 200

2008年末坏账准备余额=140 000×4%=5 600(元)

应提的坏账准备=5 600+1 200=7 800(元)，编制分录如下：

　　借：资产减值损失——计提的坏账准备　　　　　　7 800
　　　　贷：坏账准备　　　　　　　　　　　　　　　　　7 800

思考与练习：

1．思考题

(1)商业汇票是如何分类的？哪种结算方式通过"应收票据"账户核算？

(2)应收账款的核算范围是什么？在发生商业折扣情况下如何计价？

(3)什么是预付账款？预付账款如何核算？

(4)定额备用金管理和非定额备用金管理在核算上有何区别？

2．练习题

习题一

(1)目的：掌握应收票据贴现的核算。

(2)资料：A公司8月份发生以下经济业务：

①12日，持10月12日到期的一张面值为60 000元的商业承兑汇票到银行申请贴现，贴现率为8%。

②20日，提前80天持一张面值为60 000元，年利率为6%的商业承兑汇票到银行申请贴现，贴现率为8%。

(3)要求：计算贴现息及贴现净额，并进行相关账务处理。

习题二

(1)目的：掌握应收账款的核算。

(2)资料：A公司8月份发生以下经济业务：

①6日,销售给甲企业商品一批,价款40 000元,增值税额为6 800元,现金折扣的条件是:2/10,n/30。

②15日,收到甲企业交来的一张面值为46 000元的转账支票。

③18日,收到丙公司的一张面值为60 000元的不带息银行承兑汇票,用以抵付前欠货款。

(3)要求:进行相关账务处理。

习题三

(1)目的:掌握坏账准备的核算。

(2)资料:A公司年末应收账款的余额为120 000元,坏账准备提取率5%,"坏账准备"账户有贷方余额4 500元。

(3)要求:按应收账款余额百分比法进行计提坏账准备的账务处理。

参考阅读资料:

葛家澍、耿金岭主编.企业财务会计.高等教育出版社

谢明香、刘铮主编.中级财务会计.经济管理出版社

第4章 存货

本章主要内容：
- 存货概述
- 原材料
- 商品
- 其他存货
- 存货清查的处理
- 存货的期末计量

4.1 存货概述

4.1.1 存货的概念和特点

1. 存货是指企业日常活动中持有的以备出售的产成品或商品、处在生产过程中的在产品、在生产过程或提供劳务过程中耗用的材料和物资等。它是企业流动资产的重要组成部分，其周转速度的快慢直接影响资产的利用效果，进而影响企业的经济效益。它主要包括原材料、在产品、半成品、产成品、商品，以及包装物和低值易耗品等。

2. 存货的特点

(1) 存货具有较强的流动性，属于典型的流动资产。它通常是在一年或超过一年的一个营业周期内即被耗用或销售而转化为另一资产。

(2) 存货具有物质实体，属于有形资产。

(3) 存货具有实效性和潜在损失的可能性。绝大部分存货的价值容易受市价的影响，其库存时间的长短直接影响资产的周转速度和企业的经济效益；存货的长期积压或滞销，将占用企业大量的资金，势必会给企业带来较大的损失。

(4) 企业持有存货的目的主要是为了出售，而不是用于企业长期周转使用。

4.1.2 存货的确认和分类

1. 存货的确认

认定某个项目作为存货,首先要符合存货的定义,而且还要同时满足以下两个条件:一是与该存货有关的经济利益很可能流入企业;二是该存货的成本能可靠地计量。

按上述对存货确认的要求,也就是说在盘存日期内存货所有权归属于本企业,且符合上述认定条件的存货不论其存放在何处,都应作为自有的存货进行管理和核算。它应当包括:1)存放在本企业仓库的存货;2)存放在本企业门市部和陈列馆的存货;3)已发运但尚未办理托运手续的存货;4)购入的不须经过本企业仓库就直接销售给购货单位的存货;5)委托其他单位加工或代销的存货;6)已购入但尚未办理入库手续的在途存货等。

2. 存货的分类

为了加强对存货的管理和核算,会计上应对存货进行科学、合理的分类,以便按照存货的不同类别采用不同的会计核算方法。

(1)按企业性质和用途划分

制造业存货可分为:①原材料(包括原料及主要材料、辅助材料、外购半成品、修理用备件、燃料等);②在产品和自制半成品;③产成品;④包装物;⑤低值易耗品。

商品流通企业存货可分为:①库存商品;②材料物资;③包装物;④低值易耗品。

其他行业存货,如旅行社、饭店、宾馆等服务行业,其存货主要有:材料物资、办公用品、家具用品等,这类存货数量有限,库存量也不大。

2)按存货的存放地点划分

①库存存货。是存放在本企业仓库或处于生产车间、办公场所的存货。

②在途存货。是企业已付款但尚未验收入库或正在运输途中的各种存货。

③委托加工存货。

④委托代销存货。

⑤寄存的存货。即暂时存放在外单位的存货。

4.1.3 存货的计量

存货计量的正确与否,直接关系到企业整个资产价值的确定,同时还会影响到企业利润的真实性和准确性。

4.1.3.1 存货的初始计量

按照企业会计准则有关存货计量的规定,取得存货时应按其成本进行初始计量。

1. 存货成本的构成内容

存货成本应当包括采购成本、加工成本和其他成本。

(1)存货的采购成本

存货的采购成本,它包括存货的买价、进口关税及其他税费、运杂费(运输费和杂费)、途中保险费,以及其他可归属于存货采购成本的费用。其中:①存货买价,是指采购货物发票上所标明的价款,但不能包括进项增值税,同时应对发生有商业折扣和回扣等类似项目应予扣出;②相关税费,主要是指进口货物的关税及购买、自制或委托加工存货发生的消费税、资源税和不能抵扣的进项增值税等税费,但不包括按购买货物发生的运输费的一定比例扣除的可抵扣的增值税以及按规定收到的先征后返的增值税、消费税。

(2)存货的加工成本

是指存货在制造过程中发生的直接人工费和各项间接费用(制造费用)。

(3)存货的其他成本

是指除上述两项成本以外的、使存货达到目前场所和状态所发生的其他支出。如满足费用资本化条件而应计入存货成本的借款费用等。一般情况下,存货在加工和销售环节发生的仓储费用不应计入存货的成本,加工存货发生的非正常消耗(超标准)的直接材料费和人工费以及制造费用也不应计入其成本。

2. 不同来源渠道取得的存货其成本的组成内容各不相同

(1)外购的存货,应按买价加上运杂费、保险费、包装费、运输途中的合理损耗、入库前的挑选整理费及应计入成本的税费作为实际成本。

(2)自制存货,应以制造过程中发生的各项实际支出确认为实际成本。它包括制造过程中发生的直接材料费、直接人工费和应分配的各项间接费用(制造费用)。

(3)委托加工的存货,其实际成本应包括耗费的原材料或半成品,以及支付的加工费、运杂费、保险费和应计入成本的税费等项目。

(4)投资转入的存货,应按投资合同或协议约定的价值确定其成本,但合同或协议约定价值不公允的除外。

(5)接受捐赠的存货,捐赠方提供有凭据(如发票、报关单、有关协议)的,按凭据上标明的价值加上应支付的税费确认其成本。捐赠方没有提供有关凭据的,若同类或类似存货存在活跃市场的,以同类或类似存货的市价进行估计,再加上支付的相关税费;若同类或类似存货不存在活跃市场的,则以接受存货的预计未来现金流量的现值,作为实际成本。

(6)债务重组取得的存货,应按其公允价值减去可抵扣的进项增值税的差额,加上应支付的相关税费确认为实际成本。应收债权的账面余额与受让存货公允价值的差额,计入当期损益。

(7)非货币性交换取得的存货。①若非货币性资产交换具有商业实质的,且换出或换入资产的公允价值能可靠计量的,应以公允价值加上支付的相关税费作为换入存货的实际成本,若发生有补价,还应加上支付的补价或减去收到的补价;这时,换出资产账面价值与公允价值的差额,列入当期损益。②若非货币性资产交换不具有商业实质,或者换出资产(换入存货)的公允价值不能可靠计量的,应当以换出资产的账面价值加上支付的相关税费,作为换入存货的入账价值,若发生有补价,还应加上支付的补价或减去收到的补价;此时,不确认损益。

4.1.3.2 发出存货的计量

1. 实际成本法下的发出存货的计量

企业存货由于其来源不同,同种存货的价格是有所差异的,即使是同种来源的存货,由于进货批次、时间、付款条件等的不同,其价格也有不同。所以,发出存货时需重新计算或认定其单价,以便正确确定发出存货和期末存货的实际成本。根据企业会计准则的有关规定,企业应当采用先进先出法、加权平均法或个别计价法确定发出存货的实际成本。对于周转材料(主要是低值易耗品和包装物),应当采用一次摊销法或五五摊销法进行摊销,计入有关资产的成本或当期损益。

(1)先进先出法

它是假定先收到的存货先发出,并根据这种假定的存货流转顺序对发出存货进行计价的方法。其具体做法是:收到存货时,逐笔登记每批存货的数量、单价和金额;发出存货时,按先进先出的原则计算发出存货的成本,并逐笔登记发出和结存存货的数量、单价和金额。这种方法在永续盘存制和实地盘存制下均可采用。

[例4-1] A公司对存货采用先进先出法计价,3月份甲材料收付存的有关资料如表4-1所示:

表4-1 材料明细账

材料名称:甲材料　　　　　　　　计量单位:千克　　　　　　　金额单位:元

年		凭证编号	摘要	收入			发出			结存		
月	日			数量	单价	金额	数量	单价	金额	数量	单价	金额
3	1	略	结存							500	10.0	5000.0
	6		购入	1000	10.2	10200				1500		
	15		领用				800			700		
	21		购入	600	10.5	6300				1300		
	25		领用				500			800		
	30		购入	200	10.6	2120				1000		
			合计	1800		18620	1300			1000		

本月发出甲材料的成本 = (500×10.0+300×10.2)+500×10.2 = 13160(元)
本月结存甲材料的成本 = 200×10.2+600×10.5+200×10.6 = 10460(元)

(2)加权平均法

也称为全月一次加权平均法,它是在月末以月初结存存货数量和本月收入存货数量为权数,一次计算本月该存货的加权平均单价,从而确定本月发出存货和月末结存存货成本的一种方法。此法在永续盘存制和实地盘存制下均可采用。其计算公式如下:

存货加权平均单价 = $\dfrac{\text{月初结存存货的实际成本} + \text{本月存货的实际成本}}{\text{月初结存存货的数量} + \text{本月收入存货的数量}}$ = 10.27(元)

本月发出存货成本 = 本月发出存货数量 × 加权平均单价

月末结存存货成本 = 月末结存存货数量 × 加权平均单价

考虑到计算出的加权平均单价不一定是整数,往往要在小数点后四舍五入,为了保证账面数字之间的平衡关系,会计实务中,一般采用倒挤成本的方法,即:

月末结存存货成本 = 月末结存存货数量 × 加权平均单价

本月发出存货成本 = 月初结存存货成本 + 本月收入存货成本 - 月末结存存货成本

[例4-2]仍以上述[例4-1]的图表资料,采用加权平均法计算如下:

甲材料的加权平均单价 = $\dfrac{5\ 000 + 18\ 620}{500 + 1\ 800}$

月末甲材料结存成本 = 1 000 × 10.27 = 10 270(元)

3月份发出甲材料成本 = 5 000 + 18 620 - 10 270 = 13 350(元)

3)移动加权平均法

它是在每次收入存货入库后,都要以新入库存货的数量加上收货前的结存存货数量作为权数,计算出本次收入存货后的加权平均单价,并据以计算下次发出存货成本的一种方法。它计算的加权平均单价,是随着每次收进存货而移动,只要收进存货单价与上次结存存货平均单价不相同时,就要重新计算一次加权平均单价。这种方法是对加权平均法的进一步细化,计算结果更趋准确,但计算工作量很大。它只适用于永续盘存制。

[例4-3]仍以例1图表列示的资料,采用移动加权平均法计算如下:

(1) 第一次(3月6日)收货后甲材料的加权平均单价

= $\dfrac{5\ 000 + 10\ 200}{500 + 1\ 000}$ = 10.13(元)

则:3月15日发出甲材料的成本 = 800 × 10.13 = 8 104(元)

3月15日发货后甲材料结存成本 = 5 000 + 10 200 - 8 104 = 7 096(元)

(2) 第二次(3月21日)收货后甲材料的加权平均单价 = $\dfrac{7\ 096 + 6\ 300}{700 + 600}$ = 10.30(元)

则:3月25日发出甲材料的成本 = 500 × 10.30 = 5 150(元)

3月25日发货后甲材料结存成本 = 7 096 + 6 300 - 5 150 = 8 246(元)

(3) 第三次(3月30日)收货后甲材料的加权平均单价 = $\dfrac{8\ 246 + 2\ 120}{800 + 200}$ = 10.37(元)

按上述(1)、(2)、(3)本月合计发出甲材料的成本是:8 104 + 5 150 = 13 254(元)。

(4) 个别计价法

又称为分批实际成本法、个别认定法和具体辨认法,它是通过逐一辨认各批发出存货和期末存货所属的原收进批次,分别按其收进时的单位成本计算各批发出存货和期末存货成本的

一种方法。计算公式如下:

每批(次)存货发出成本 = 该批(次)存货的发出数量 × 该批(次)存货原收进时的实际单位成本

采用这种方法,计算的发出存货和期末存货成本比较准确,但需要对发出和结存存货的批次逐一加以辨认,找出原对应的收进批次,然后按原收进的实际成本分别计价。工作量较大,存货的保管和记录也相当麻烦(仓库要分批次堆放和记录),因而,它只适用于那些可辨认存货批次、品种不多、单位价值昂贵的存货。

[例4-4]仍以上述例1图表资料,经辨认3月15日发出的甲材料800千克为3月6日购入的存货,3月25日发出的甲材料500千克是3月21日购入的存货。则本月发出和结存存货成本为:

本月发出甲材料的成本 = 800 × 10.2 + 500 × 10.5 = 13 410(元)

月末结存甲材料的成本 = 5 000 + 18 620 - 13 410 = 10 210(元)

2. 计划成本法下的发出存货的计量

计划成本法是指存货的收入、发出和结存均采用计划成本进行日常核算,同时另设有关成本差异账户(如"材料成本差异"账户)反映计划成本与实际成本的差额,期末计算发出和结存存货应负担的成本差异,将发出存货和结存存货由计划成本调整为实际成本的方法。有关计算公式如下:

$$存货成本差异率 = \frac{月初结存存货的成本差异 + 本月收入存货的成本差异}{月初结存存货的计划成本 + 本月收入存货的计划成本}$$

计算出各种存货成本差异率后,即可以求出本月发出存货和结存存货应负担的成本差异,从而将计划成本调整为实际成本:

发出存货应负担的成本差异 = 发出存货的计划成本 × 存货成本差异率

发出存货的实际成本 = 发出存货的计划成本 ± 发出存货应负担的成本差异

结存存货的实际成本 = 结存存货的计划成本 ± 结存存货应负担的成本差异

[例4-5]某厂3月初结存乙材料的计划成本是60 000元,本月购进乙材料的计划成本是190 000元,本月生产领用该材料的计划成本是120 000元。已知月初该材料的成本差异账户是贷方余额1 200元,本月购进乙材料的节约差是3 800元。乙材料的成本差异率和发出材料应负担的成本差异计算如下:

$$乙材料成本差异率 = \frac{-1200 + (-3\ 800)}{60\ 000 + 190\ 000} = -2\%$$

发出乙材料应负担的成本差异 = 120 000 × (-2%) = -2 400(元)

发出材料的实际成本 = 120 000 - 2 400 = 117 600(元)

4.2 原材料

原材料是生产经营过程中被加工的主要劳动对象,它包括原料及主要材料、外购半成品、辅助材料、燃料、修理用备件和包装材料等项目。企业对原材料进行核算时,应取得和填制相应的收发料原始凭证,作为记账的依据。

4.2.1 原材料收发业务的凭证

1. 原材料收入的凭证

企业原材料的种类繁多,不同来源的原材料在办理入库手续时,应由业务经办人员填制相应的收入凭证。企业收入原材料的有关凭证主要是两类:一是原材料货款结算凭证;二是原材料入库凭证。这些凭证有的是外来原始凭证,如银行结算凭证、发票等单据;有的是自制原始凭证,如收料单、交库单等。

(1) 收料单

企业外购原材料一般采用"收料单"办理入库手续,其格式见表4-2,它一般分为一式三联:一联交供应部门,用以检查供货合同的履行情况;一联交会计部门据以记账;一联留在仓库,进行材料收发记录。

表4-2 收料单

供货单位: 　　　　　　　　　　　　　　　　材料类别:
订货合同: 　　　　　　　　　　　　　　　　收料仓库:

年　月　日

材料编号	材料名称	规格计量单位	数量		实际成本					计划成本		备注
			应收	实收	买价	运杂费	其他	合计	单位成本	单位成本	金额	

记账: 　　　　　　　　收料人: 　　　　　　　　交料人:

(2)材料交库单

它主要用来登记生产过程中收回的残料、废料和自行加工完成的材料,其格式见表4-3,它一般由交料部门填制,据以办理入库手续。一式三联,随同材料送交料仓库,保管员签收后,一联留存仓库,一联退交料部门留存,一联交会计部门记账。

表4-3　　　　　　　　　　　　材料交库单

交料单位:　　　　　　　　　　　　　　　　　　　　　　　　凭证编号:
交料事由:　　　　　　　　　　　　　　　　　　　　　　　　收料仓库:

年　　月　　日

材料编号	名称	规格	计量单位	数量		单位成本	金额	备注
				交库	实收			

记账:　　　　　　　　收料人:　　　　　　　　交料人:

(3)委托加工物资收料单

企业委托外单位加工物资完工入库时,可以采用一般收料单格式(加盖委托加工戳记),也可以填制"委托加工物资收料单"办理入库手续,其格式见表4-4。

表4-4　　　　　　　　　　　　委托加工物资收料单

材料类别:　　　　　　　　　　　　　　　　　　　　　　　　凭证编号:
加工单位:　　　　　　　　　　　　　　　　　　　　　　　　收料仓库:

年　　月　　日

材料编号	加工完成收回材料						耗用材料				运杂费	加工费	实际成本
	材料名称及规格	计量单位	数量		计划单位成本	金额	材料名称及规格	数量(千克)	计划成本	成本差异			
			应收	实收									
备注													

记账:　　　　　　　　收料人:　　　　　　　　交料人:

2.原材料发出的凭证

企业发出原材料,主要是生产车间和管理部门领用,其他如对外销售或委托加工发出等,发出时均应填制相应的发出凭证,并办理领、发料手续。企业日常采用的发出凭证主要有以下几种:

(1)领料单

它是由领料车间或领料部门按用途分别填制的一次性领料凭证,一料一单,一式三联,其中:一联留领料部门备查,一联交仓库据以登记材料明细账或材料卡片,一联送会计部门记账。其一般格式见表4-5。

表4-5　　　　　　　　　　　　　　领料单

领料单位:　　　　　　　　　　　　　　　　　　　　　　　凭证编号:
领料用途:　　　　　　　　　　　　　　　　　　　　　　　发料仓库:

年　月　日

材料编号	材料类别	材料名称	材料规格	数量		材料成本	
				请领	实发	单位成本	金额
备注:	合计						

记账:　　　　　　发料:　　　　　　领料主管:　　　　　　领料人:

(2)限额领料单

它是一种可多次使用的累计领料凭证,一般在一个月限额内可连续使用。限额领料单一般按品种、用途分别填制,一式两联,一联交领料部门据以领料,一联交仓库据以发料。其一般格式见表4-6。

表4-6　　　　　　　　　　　　　限额领料单

领料单位:　　　　　　　　　　　　　　　　　　　　　　　凭证编号:
领料用途:　　　　　　　　　　　　　　　　　　　　　　　发料仓库:

年　月　日

材料类别	材料编号	材料名称	计量单位	全月领用限额	全月实发数额	单价	金额	备注
原材料								

日期	请领		实发		扣除代用			退库		限额结余
	数量	领料单位负责人签章	数量	发料人签章	领料人签章	数量	领料单号码	数量	退料单号码	
合计										

供应部门负责人:　　　　　　生产计划部门负责人:　　　　　　仓库负责人:

(3)领料登记簿

领料登记簿是在一个月内可多次使用的累计领料凭证,它没有材料消耗的定额,也是采用一料一簿,由领料单位按月开设,分次填制,一式三联,一联留存仓库,另两联分别交会计部门和领料单位,其格式见表4-7。

表 4-7 领料登记簿

领料名称：　　　　　　　　　　　　　　　　　　　　　　　　领料部门：
材料规格：　　　　　　　　　　　　　　　　　　　　　　　　发料仓库：

年　月　日

日期	领用数量		发料人	领料人	备注
	当日	累计			
材料单价			金额合计：		

记账：　　　　　发料：　　　　　领料主管：　　　　　领料人

（4）委托加工物资发料单

企业发出材料委托外单位加工时，应由供应部门填制"委托加工物资发料单"，一式三联，一联送会计部门，一联交仓库据以发料，一联随加工材料交加工单位。其一般格式见表4-8。

表 4-8 委托加工物资发料单

材料类别：　　　　　　　　　　　　　　　　　　　　　　　　加工材料名称：
发料仓库：　　　　　　　　　　　　　　　　　　　　　　　　受托加工单位：

年　月　日

材料编号	材料名称及规格	计量单位	数量	计划单位成本	金额	材料成本差异
完成日期						备注

记账：　　　　　发料：　　　　　　　　　　　制单：

4.2.2 原材料按实际成本计价的核算

原材料按实际成本计价核算，是指在采购、收发及结存的记录上，以及在材料的明细账和总账核算方面都以实际成本进行计价和反映。

1. 应设置和使用的账户

（1）"原材料"账户。是用来核算企业库存的各种材料的实际成本，包括各种原料及主要材料、辅助材料、外购半成品、修理用备件和燃料等；其借方登记外购、自制、委托加工完成、盘盈等增加的原材料的实际成本，贷方登记发出、领用、对外销售和盘亏等减少的原材料的实际成本，期末借方余额反映企业库存原材料的实际成本。它一般按材料的类别、品种和规格分户设置明细账。

(2)"在途物资"账户。是用来核算企业货款已经支付或商业汇票已经承兑,但尚未到达或尚未验收入库的原材料的实际成本;其借方登记已经付款或已将商业汇票承兑的原材料的实际成本,贷方登记已验收入库材料的实际成本,期末借方余额表示已付款或已将商业汇票承兑但尚未到达或尚未验收入库的在途材料的实际成本。它一般按供货单位和材料品种设置明细账。

2. 原材料收入的核算

(1) 外购原材料

企业外购货物时,由于结算凭证(发票单证)和货物(验收入库)到达企业的时间差异,会出现三种情形:一是单货同到(结算单证到达的同时,材料也到达并验收入库),二是单到货未到(结算单证先到并办理货款结算手续,但材料尚未到达),三是货到单未到(材料已验收入库,但结算单证未到,尚未办理货款结算手续)。

①单货同到的材料购进业务

在收料的同时,结算单证到达企业并支付货款或开出商业承兑汇票的,会计部门应根据银行结算凭证、发票账单和收料单,反映原材料库存的增加。

A公司3月6日从外地M公司采购甲材料一批,专用增值税发票上标明的材料买价是10 000元,进项增值税是1 700元,发票等结算单证已经到达,材料已如数验收,货款已通过银行支付。应作会计分录如下:

借:原材料－甲材料　　　　　　　　　　10 000
　　应交税费——应交增值税(进项税额)　1 700
　　贷:银行存款　　　　　　　　　　　　　　　11 700

②单到货未到的材料购进业务

发生此类业务多数是企业在外地采购货物时,发生结算单证已到,并已支付货款或已开出商业承兑汇票,但材料尚未到达,会计核算应将该类业务记入"在途物资"账户。

[例4-7]B公司3月10日从外地采购乙材料一批,增值税发票上标明的买价是20 000元,进项增值税3 400元,采购该材料发生运费1 000元(按税法规定准允扣除进项增值税按费额7%计算),装卸费200元。结算单证已到达,货款及税、费已通过银行支付,但材料未到。

乙材料成本 = 20 000 + (1 000 - 70) + 200 = 21 130(元)

3月10日,企业收到结算单证时:

借:在途物资　　　　　　　　　　　　21 130
　　应交税费——应交增值税(进项税额)　3 470
　　贷:银行存款　　　　　　　　　　　　　　24 600

3月26日,乙材料验收入库时,根据收料单:

借:原材料——乙材料　　　　　　　　21 130
　　贷:在途物资　　　　　　　　　　　　　　21 130

③货到单未到的材料购进业务

发生此类业务时,由于企业未收到有关发票账单,无法准确计算入库材料的实际成本及销货方代垫的采购费用,因此,为简化会计核算手续,在月份内收到材料入库时,可以暂不进行账务处理,只将有关入库单据妥善保管,待结算单证及发票到达后,再按单货同到的业务进行账务处理;但如果收料当月月末结算单证仍未到达,为了真实反映存货库存,应对已收到的材料估价入账;次月收到上述材料的结算单证及发票时,先以红字冲销原估价入账的材料价值,再按发票及结算单证反映材料采购成本和库存增加。

[例4-8] 3月5日,B公司采用托收承付结算方式从外地N厂购进丙材料2 000千克,根据前期采购情况估计该批材料价款为60 000元,直到3月末公司均未收有关丙材料的发票账单及结算单证;4月12日,开户银行转来N厂的托收单证及发票,标明丙材料买价为50 000元,进项增值税8 500元,对方代垫运费1 000元,途中保险费500元,经审核无误,同意付款。

3月31日,根据仓库转来的收料单估价入账:

借:原材料——丙材料　　　　60 000
　　贷:应付账款——N厂　　　　　　60 000

4月1日,将原估价入账的材料以红字冲回:

借:原材料——丙材料　　　　[60 000]
　　贷:应付账款——N厂　　　　　　[60 000]

4月12日,根据结算单证及发票作如下分录:

借:原材料——丙材料　　　　51 430
　　应交税费——应交增值税(进项税额)
　　　　　　　　　　　　　　8 570
　　贷:银行存款　　　　　　　　　60 000

(2) 自制原材料

企业基本生产车间或辅助生产车间在完工交库时,应根据材料交库单所列的实际成本,借记"原材料"账户,贷记"生产成本"等账户。

(3) 投资转入原材料

当投资者转入材料时,应根据投资各方确认的价值,借记"原材料"账户,按专用发票上标明的税额借记"应交税费",按占被投资方股权比例贷记"实收资本"(或"股本")账户,再将借贷方的差额记入"资本公积"账户。

(4) 非货币性交换取得的原材料

非货币性交换取得的材料业务,按照交换是否具有商业实质分为两种,其账务处理也各不相同。它包括以投资换入材料、以固定资产换入材料、以无形资产换入材料等业务类型。

①若非货币性资产交换具有商业实质、且换出资产公允价值能可靠计量的,则换入原材料按换出资产的公允价值减去可抵扣的增值税进项税额,加上应支付的相关税费作为实际成本,

若发生有补价,还应加上支付的补价或减去收到的补价入账。下面以固定资产换入原材料为例进行讲述。

[例4-9]A公司以一台设备交换B公司的丁材料一批,该设备的账面原值为100 000元,已提折旧30 000元,公允价值为120 000元;丁材料的账面余额为88 000元,已提跌价准备2 000元,该材料的计税价是105 000元,适用增值税税率为17%;A公司取得该材料以银行存款支付运杂费350元,假定换出设备未提取减值准备。A公司应作如下会计分录:

借:固定资产清理　　　　　　　　70 000
　　累计折旧　　　　　　　　　　30 000
　　贷:固定资产——某设备　　　　　　　　100 000
借:原材料——丁材料　　　　　　102 500
　　应交税费——应交增值税(进项税额)
　　　　　　　　　　　　　　　　17 850
　　贷:固定资产清理　　　　　　　　　　120 000
　　　　银行存款　　　　　　　　　　　　　350
借:固定资产清理　　　　　　　　50 000
　　贷:营业外收入　　　　　　　　　　　50 000

②若非货币性资产交换不具有商业实质、或换出资产的公允价值无法可靠计量的,则换入原材料应以换出资产的账面价值减去可抵扣的增值税进项税额,加上应支付的相关税费计价,若发生有补价,还应加上支付的补价或减去收到的补价入账。下面以无形资产换入原材料为例进行讲述。

[例4-10]A公司以某项专利权换入B公司丁材料一批,专利权的账面价值100 000元,已摊销40 000元;丁材料的账面余额为88 000元,已提跌价准备2 000元,该材料的计税价105 000元,适用增值税税率为17%;A公司为交换该批材料以银行存款支付补价10 000元;假定A、B公司没有发生相关税费。

借:原材料——丁材料　　　　　　52 150
　　应交税费——应交增值税(进项税额)　17 850
　　累计摊销　　　　　　　　　　40 000
　　贷:无形资产——某专利权　　　　　　100 000
　　　　银行存款　　　　　　　　　　　10 000

(5)接受捐赠的原材料

应按照确定的实际成本以及支付的相关税费,借记"原材料"账户,按确定的实际成本与现行所得税率计算未来应交的所得税,贷记"递延所得税负债"账户,再按确定的实际成本减去未来应交的所得税后的差额,贷记"营业外收入",同时按支付的相关税费贷记"银行存款"、"应交税费"等账户。

(6) 债务重组取得的材料

债务重组取得的材料,应按其公允价值加上支付的相关税费,减去可抵扣的进项增值税,作为其入账价值;重组产生的损益直接记入"营业外支出"或"营业外收入"账户。

[例4-11] A公司应收B公司原欠货款30 000元,现B公司以甲材料一批抵偿其债务,该批原材料账面价值32 000元,适用的增值税税率为17%,其计税价格和公允价值均为40 000元,假定A公司对该项应收款已提坏账准备1 200元,取得该批材料未发生相关税费。则应作如下会计分录:

借:原材料——甲材料　　　　　40 000
　　应交税费——应交增值税(进项税额)
　　　　　　　　　　　　　　　 6 800
　　坏账准备　　　　　　　　　 1 200
　贷:应收账款——B公司　　　　30 000
　　营业外收入　　　　　　　　18 000

3. 原材料发出的核算

由于发料业务频繁,发料凭证数量较多,为了简化核算工作,企业平时一般只根据发料凭证登记材料明细分类账,而不直接根据发料凭证进行账务处理;对已签收和标价的发料凭证,按各类材料的用途,陆续进行分类整理;月末,根据分类汇总的发料凭证编制"发料凭证汇总表",并据以进行会计核算。其格式见表4-9。

表4-9　　　　　　　　　　发料凭证汇总表

应贷科目＼应借科目	生产成本	制造费用	管理费用	在建工程	销售费用	其他业务成本	合计
原料及主要材料	38730.50						38730.50
辅助材料	1200.20	870.20	530.00				2600.40
外购半成品	5600.00						5600.00
修理用备件	2069.30		270.00				2339.30
包装材料						610.80	610.80
燃料							
合计	47600.00	870.20	800.00			610.80	49881.00

[例4-12] 根据表4-9"发料凭证汇总表",编制如下会计分录:

借:生产成本　　　　　　　　47 600.00
　　制造费用　　　　　　　　　 870.20
　　管理费用　　　　　　　　　 800.00
　　其他业务成本　　　　　　　 610.80
　贷:原材料　　　　　　　　　49 881.00

4.2.3 原材料按计划成本计价的核算

原材料按计划成本计价时,其收入、发出均按其计划成本计价反映。原材料的总账和明细账都要按计划成本进行登记,而原材料的计划成本与实际成本的差额,应专门设置材料成本差异明细账进行核算。

1. 应设置和使用的账户

原材料按计划成本计价时,企业同样应设置"原材料"账户,只是其借贷方均是按计划成本反映材料的收入和发出情况,期末余额表示库存材料的计划成本。同时还应设置以下账户:

(1)"材料采购"账户

它是用来核算企业购入原材料的采购成本。其借方反映外购材料的实际成本和实际成本低于计划成本的节约差异,贷方反映已付款并验收入库材料的计划成本和实际成本高于计划成本的超支差异,期末借方余额表示已付款但尚未到达或尚未验收入库的在途材料实际成本。该账户一般按材料的品种或类别设置明细账。

(2)"材料成本差异"账户

该账户是用来核算企业各种材料的计划成本与实际成本之间的差异。其借方反映验收入库材料的超支差异(即实际成本大于计划成本),贷方反映验收入库材料的节约差异(即实际成本低于计划成本),以及发出材料应分摊的材料成本差异(分摊超支差用蓝字,分摊节约差用红字),期末借方余额表示库存材料的超支差异,期末贷方余额表示库存材料的节约差异。该账户应分别材料的类别或品种设置明细账。

2. 原材料收入的核算

与原材料按实际成本计价的核算一样,企业收入的原材料,要根据其来源、采用的结算方式等不同的情况分别进行相应的账务处理。下面就以外购材料业务的核算方法加以讲述。

[例4—13] B公司3月5日收到开户银行转来的M厂委托收款结算凭证及发票、代垫运费单证,采购丙材料一批,买价30 000元,进项增值税5 100元,对方代垫运费200元。经审核无误,同意付款。该批材料的计划成本是28 000元。根据有关单证,作如下会计分录:

(1)3月5日,收到结算单证承付货款时:

借:材料采购——丙材料　　　　30 186
　　应交税费——应交增值税(进项税额)5 114
　　　贷:银行存款　　　　　　　　　　35 300

(2)3月18日,仓库转来丙材料的收料单,编制如下会计分录:

借:原材料——丙材料　　　　　28 000
　　　贷:材料采购——丙材料　　　　28 000

(3)结转入库丙材料的成本差异,作如下会计分录(也可以采用月末集中结转入库材料成本差异的方式):

借:材料成本差异——丙材料　　　　　2 186
　　贷:材料采购——丙材料　　　　　　　　2 186

3. 原材料发出的核算

按计划成本进行发出材料的核算与按实际成本计价基本一致,一般是在月末根据各种发料和退料凭证,按照发出材料的类别和用途分别汇总,据以编制"发料凭证汇总表",并根据汇总表进行发出材料的核算。由于发料凭证只填列计划成本,为了正确计算产品生产成本,必须将发料凭证汇总表中的计划成本调整为实际成本,也就是要根据材料成本差异率,计算填列发出材料应负担的材料成本差异额。发料凭证汇总表的格式如表4-10。

表4-10　　　　　　　　　　发料凭证汇总表
3月31日

应贷账户 \ 应借账户	生产成本		制造费用	管理费用	销售费用	在建工程	合计
	基本生产	辅助生产					
原材料 原料及主要材料	60000	8000				9000	77000
原材料 辅助材料	2000	700	2800	1000			6500
原材料 外购半成品	20000						20000
原材料 包装材料					2000		2000
原材料 修理用备件			1200	1500			2700
原材料 燃料	4000	1300	1500				6800
计划成本合计	86000	10000	5500	2500	2000	9000	115000
材料成本差异率（+2%）	+1720	+200	+110	+50	+40	+180	+2300
合　计	87720	10200	5610	2550	2040	9180	117300

[例4-14] 某厂3月份发料情况如表4-10所示,月末编制如下会计分录:

(1) 月末结转发出材料的计划成本:

借:生产成本——基本生产成本　　　　86 000
　　生产成本——辅助生产成本　　　　10 000
　　制造费用　　　　　　　　　　　　 5 500
　　管理费用　　　　　　　　　　　　 2 500
　　销售费用　　　　　　　　　　　　 2 000
　　在建工程　　　　　　　　　　　　 9 000
　　贷:原材料　　　　　　　　　　　　　　115 000

(2) 月末结转发出材料应负担的材料成本差异：

借：生产成本——基本生产成本　　　1 720
　　生产成本——辅助生产成本　　　 200
　　制造费用　　　　　　　　　　　 110
　　管理费用　　　　　　　　　　　 50
　　销售费用　　　　　　　　　　　 40
　　在建工程　　　　　　　　　　　 180
　　贷：材料成本差异　　　　　　　　　　2 300

(3) 结转在建工程领用材料的进项增值税：

借：在建工程　　　　　　　　　1 560.60
　　贷：应交税费——应交增值税(进项转出)　1 560.60

原材料的日常核算，可以采用计划成本，也可以采用实际成本。具体采用哪一种形式，由企业根据具体情况自行确定。一般说来，对于企业规模较小、材料品种简单、采购业务不多的企业，可采用实际成本进行原材料的日常核算；材料品种多的企业，则应采用计划成本进行核算。但无论采用哪种计价方式核算，除了设置"原材料"总账外，还应设置"原材料"数量金额明细账和"在途物资"（或"材料采购"）明细账进行详细核算，计划成本计价时还应另设分品种的"材料成本差异"明细账。

4.3 商品

企业的商品主要包括产成品、外购商品、存放在门市仓库准备出售的商品、发出展览的商品和寄存在外的商品等。我们这里主要讲述商品流通企业库存商品的核算。

商品流通企业的库存商品主要是指外购和委托加工收回的用于销售的各种商品。组织对库存商品的核算，其核算内容包括批发商品流转和零售商品流转过程中发生的购进、销售和储存等业务。其核算方法主要分为进价核算法和售价核算法两种，按核算是否反映商品数量的增减变化，又可以进一步细分为四种：进价金额核算法和数量进价金额核算法，以及售价金额核算法和数量售价金额核算法。

4.3.1 批发商品流转

1. 批发商品流转的核算方法

批发商品的流转通常是由商业批发企业来完成的。商业批发企业是专门组织批量商品购销的商品流转企业，它主要是从生产厂家或其他的批发企业购入商品，再大批量地销售给零售商或其他批发企业。它在商品流通的过程中起着连结纽带作用。

对批发商品流转企业一般采用数量进价金额核算法，它是同时以数量和进价金额反映商品进销存及其增减变动情况的一种核算方法。这种方法广泛应用工业品批发企业和农副产品收购企业。其基本内容包括：

（1）"库存商品"账户以进价金额反映商品的增减变动及结存情况。

（2）"库存商品"明细账一般按种类、品名、规格及存放地点等分户设置，并以数量和进价金额反映商品的增减变动及结存情况。

（3）商品品种较多时，应在"库存商品"总账与明细账之间按商品的大类设置"库存商品"类目账（即二级账），它只按进价金额反映商品的增减变动及结存情况。

4）按商品的品名、规格等由仓库设置商品保管账，主要反映商品数量的增减变动和结存情况，并定期与财会"库存商品"明细账进行核对。

2. 应设置的账户

（1）"在途物资"账户。它是用来核算商品购入付款、到货及计算商品采购成本的账户；借方反映商品购进的付款情况，贷方反映转入"库存商品"账户的采购成本，期末借方余额表示企业在途商品的实际采购成本。

（2）"库存商品"账户。用来核算企业全部自有库存商品的进价成本。借方反映已验收入库商品的采购成本及盘盈数额，贷方反映商品销售等发出及盘亏数额，期末借方余额表示期末结存商品的实存数额。

3. 批发商品购销业务的核算

（1）商品购进业务

商品购进业务的核算包括两个方面，一是要反映购进商品的采购成本及其货款结算情况，二是在商品到货入库时，要反映库存商品的增加。其核算方法大致与材料采购业务的核算相同，购进商品的采购成本包括买价、运杂费、包装费及保险费等项目。

[例4-15]3月6日，B公司从外地M厂采购甲商品一批，发票价款计50 000元，进项增值税8 500元，对方代垫运费500元。现开户银行转来M厂的托收单证及发票、运费单据，经审核无误，同意付款。

①3月6日收到托收单证，同意付款时：

借：在途物资——M厂   50 465

  应交税费——应交增值税（进项税额） 8 535

  贷：银行存款   59 000

②3月21日收到甲商品，仓库如数验收：

借：库存商品——甲商品   50 465

  贷：在途物资——M厂   50 465

（2）商品销售业务

批发商品销售主要包括直接收款销售、赊销、分期收款销售和预收货款销售等形式，会计处理一方面应反映销售收入的实现，另一方面结转已销商品的采购成本并减少账面库存；但批发商品销售成本一般采用月末集中结转的方式,也即是平时商品销售时,只反映销售收入,月末再汇总将已销商品的进价成本从"库存商品"账户转到"主营业务成本"账户。

[例4-16]某批发公司日前销售给邻县百货公司西服200套,销售单价250元,计价款50 000元,增值税税率17%。商品已发出,收到对方签发的商业承兑汇票一张,面值58 500元。

会计部门根据发货票,作如下会计分录:

借:应收票据——邻县百货公司　　　　58 500
　　贷:主营业务收入　　　　　　　　　　　50 000
　　　　应交税费——应交增值税(销项税额)　8 500

月末,再根据先进先出法、加权平均法和个别计价法等逐一计算出已销商品的进价成本,由"库存商品"转到"主营业务成本"账户:

借:主营业务成本
　　贷:库存商品

批发商品流转除了主要采用数量进价核算法外,还有一些小型批发企业采用数量售价金额核算法,该方法是以售价记账和控制库存商品,同时还要增设"商品进销差价"账户,并按期将差价在已销商品和结存商品之间进行分摊,其基本核算程序与数量进价核算法相同。

4.3.2 零售商品流转

1. 零售商品流转的核算方法

零售商品流转是由商品零售企业完成的。它处于商品流转的最终环节,是连结商业和消费的桥梁。其主要业务是从批发企业或生产厂家购进商品,然后再将商品销售给消费者。对零售商品的核算主要采用的是售价金额核算法,也称为"售价记账,实物负责制"。它是在建立实物负责制的基础上,库存商品明细账按各实物负责人(营业柜组)分户设置,以售价金额为标准核算和控制各实物负责人所经管商品的一种方法。其基本内容包括:

(1)按经营商品的责任建立实物负责制,并确定实物负责人。

(2)会计部门在"库存商品"总账下,按各实物负责人分设明细账,均以售价(含税售价)记账并控制商品的进销存情况。

3)设置"商品进销差价"账户,记录库存商品售价金额(含税)与进价金额之间的差额,并定期将全部差价(含税)在已销商品和结存商品之间进行分摊。

4)销售商品时,会计核算按含税售价反映销售收入的同时,并按含税售价结转成本,以注销各实物负责人已销商品的经管责任。月末,再将原按含税售价反映的销售收入调整为不含税收入。

2. 零售商品购销业务的核算

(1)零售商品购进业务

零售企业在购进商品时,首先应根据结算单证和发票反映采购商品的实际成本,记入"在途物资"账户;商品验收入库时,再根据各实物负责人转来的收货单,按含税售价记入"库存商品"账户,按含税的进销差价记入"商品进销差价"账户,按不含税的进价成本转销"在途物资"账户。

[例 4-17] 某商场从当地百货批发站购入小商品一批,合计进价 6 000 元,含税售价 8 190 元,进项增值税 1 020 元。货款已通过银行转账付讫,该商品由百货组如数验收。

① 3 月 12 日,收到银行结算单证及发票时:

借:在途物资——百货批发站 6 000
  应交税费——应交增值税(进项税额)
              1 020
  贷:银行存款 7 020

② 3 月 25 日,收到百货组转来的商品验收单时:

借:库存商品——百货组 8 190
  贷:在途物资——百货批发站 6 000
    商品进销差价——百货组 2 190

(2)零售商品销售业务

在售价金额核算法下,零售企业销售商品时,一般均按含税售价记入主营业务收入,并按含税售价将已销商品从"库存商品"账户转入"主营业务成本"账户;月末再将含税收入调整为不含税收入。

[例 4-18] 某商场 3 月上旬零售进销存报告单列示的各营业柜组含税销货款分别为:百货组 10 530 元,服装组 7 020 元,副食组 11 700 元。各柜组销货款已逐日送存银行。现根据各柜组报来的进销存报告单和银行交款单,作如下会计分录:

借:银行存款 29 250
  贷:主营业务收入——百货组 10 530
      ——服装组 7 020
      ——副食组 11 700

同时,按含税售价注销各柜组的商品库存:

借:主营业务成本 29 250
  贷:库存商品——百货组 10 530
      ——服装组 7 020
      ——副食组 11 700

[例 4-19] 某商场 3 月份合计含税销售收入总额为 112 320 元,其中:百货组 42 120 元,服装组 23 400 元,副食组 46 800 元;增值税税率 17%。月末,对已销商品的销项增值税调整如下:

合计销项增值税额 = 112320 ÷ (1 + 17%) × 17% = 16 320(元)

借:主营业务收入——百货组 6 120
      ——服装组 3 400
      ——副食组 6 800

贷：应交税费——应交增值税（销项税额）
16 320

月末，除了将按含税收入反映的主营业务收入调整为不含税收入外，还要把按含税售价结转的主营业务成本调整为实际的进价成本，即剔除已销商品应分摊的进销差价，这样才能正确地反映出已销商品实现的毛利和库存商品实际占用的资金。已销商品应分摊的进销差价是按以下公式计算的：

$$差价率 = \frac{月末分摊前"商品进销差价"账户的余额}{月末"库存商品"账户余额 + 月末"受托代销商品"账户余额 + 本月"主营业务成本"账户借方发生额} \times 100\%$$

本月已销商品应分摊的进销差价 = 本月"主营业务成本"账户借方发生额 × 差价率

差价率包含综合差价率和分类（分柜组）差价率两种形式。综合差价率计算手续简单，但计算结果不够准确；分柜组差价率工作量较大，但计算结果相对准确。大多数零售企业采用的是分柜组差价率计算法。

[例4-20] A公司3月份有关账户资料如下表，试按分柜组差价率法计算和分摊已销商品进销差价。

表4-11　　　　　　　已销商品进销差价计算表

＊年3月　　　　　　　　　　　　　　　　　　　　　单位：元

经营柜组	月末分摊前"商品进销差价"账户余额(1)	月末结账前"主营业务收入"账户贷方发生额(2)	月末结账前"主营业务成本"账户借方发生额(3)	月末"库存商品"账户余额(4)	差价率(5)=(1)/[(3)+(4)]×100%	月末结存商品应保留差价(6)	已销商品应分摊的进销差价(7)
百货组	65000	183750	184000	76000	25%	19000	46000
服装组	50000	142900	146000	104000	20%	20800	29200
副食组	42000	121400	127000	23000	28%	6440	35560
合计	157000	448050	457000	203000		46240	110760

根据上表计算出的已销商品进销差价，编制如下会计分录：

借：商品进销差价——百货组　　46 000
　　　　　　　　——服装组　　29 200
　　　　　　　　——副食组　　35 560
　贷：主营业务成本——百货组　　46 000
　　　　　　　　——服装组　　29 200
　　　　　　　　——副食组　　35 560

注：零售企业除了采用售价金额核算法以外，经营水果、蔬菜等鲜活商品的零售企业对库存商品则要采用进价金额核算法，而经营金银手饰等贵重物品的零售企业对库存商品则采用的是数量售价金额核算法。

4.4 其他存货

4.4.1 产成品的核算

产成品是指已经完成全部生产过程、并已验收入库、合乎标准规格和技术条件,可以按照合同规定的条件送交订货单位,或者可以作为商品对外销售的产品。

为了加强产成品的管理,搞好产成品的核算,产成品的收入和发出应建立一定的制度和履行相应的手续,并填制入库和出库的凭证。会计核算应设置"库存商品"账户反映各种产成品的收入、发出和结存情况,该账户借方反映已经入库的各种产成品的实际成本,贷方反映发出或销售产成品的实际成本;发出和销售的产成品的实际成本采用先进先出法、加权平均法和个别计价法等进行确定,期末借方余额表示库存产成品的实际成本。该账户按产成品的种类、品种和规格分户设置明细账。

1. 产成品收入的核算

产成品收入的凭证。仓库收入的产成品主要来自生产车间完工入库,车间产品完工经检验合格后,由车间按照交库数量,填制产成品入库单,交由成品库点收数量,并由车间和仓库双方经办人签章;产成品的退库,主要是销货退回,形成产成品出库后的再入库,此类业务发生时,应由销售部门填制交库凭证或红字发货票。

月末,企业会计部门应根据完工入库产成品的成本计算单和产成品入库单,汇总编制"产成品入库汇总表",其格式见表 4-12。然后,再根据入库汇总表进行账务处理。

表 4-12 产成品入库汇总表
××年3月

产品名称	规格	计量单位	数 量	单位成本(元)	总成本(元)	备注
甲产品		件	200	450	90000	
乙产品		千克	12000	20	240000	
合 计					330000	

[例 4-21] 某厂 3 月末甲、乙产品的完工入库情况如上表资料,编制如下会计分录:
借:库存商品——甲产品　　　　　　　90 000
　　　　　　——乙产品　　　　　　　240 000
　　贷:生产成本——甲产品　　　　　　　90 000
　　　　　　——乙产品　　　　　　　240 000

2. 产成品发出的核算

产成品发出的凭证。仓库发出的产成品,主要是对外销售。企业销售产品时,销售部门应根据销货合同填制发货票或增值税专用发票,通知成品仓库和运输部门办理产品出库手续;仓库在发出产成品时,还要填制产成品出库单。

月末,为了汇总反映全月发出产成品的实际成本,还应根据产品出库单计列的出库数量和各产品生产成本明细账列示的单位生产成本,汇总编制"产成品发出汇总表"作为结转产成品销售成本的依据,其格式见表4-13。

表4-13　　　　　　　　产成品发出汇总表

××年3月

产品名称	规格	计量单位	数量	单位生产成本(元)	总成本(元)
甲产品		件	180	450	81000
乙产品		千克	10000	20	200000
合计					281000

[例4-22]某厂3月份销售甲、乙产品的销售成本资料如上表所示,编制如下会计分录:

借:主营业务成本　　　　　　281 000
　　贷:库存商品——甲产品　　　　　81 000
　　　　　　　　——乙产品　　　　　200 000

对于产成品品种较多的企业,产成品也可以采用计划成本计价、组织日常核算,有关计划成本与实际成本的差额,可以单设"产品成本差异"账户。其会计处理与按计划成本计价的原材料核算方法相同。

4.4.2 周转材料

周转材料,是指企业在正常生产经营过程中可多次使用、逐渐转移其价值但仍保持原有形态但不确认为固定资产的材料。周转材料主要包括包装物、低值易耗品,以及企业(建造承包商)的钢模板、木模板、脚手架等。对于包装物和低值易耗品可以采用一次摊销法和五五摊销法进行摊销。会计核算时,可单设"周转材料"账户,再按"包装物"和"低值易耗品"分设明细账;也可以直接设置"包装物"和"低值易耗品"一级账户组织核算。

1. 包装物

(1)包装物概述

包装物是指企业在生产经营活动中为了包扎和盛装商品或产品而储备的各种包装容器,如桶、箱、坛、袋等。企业的包装物主要包括以下几类:

①生产过程中用于包装产品而作为产品组成部分的包装物;

②随同商品出售而不单独计价的包装物;

③随同商品出售要单独计价的包装物;

④出租或出借给购货单位使用的包装物。

下列物品不属于包装物的核算范围：一是单位价值较小或不能周转使用的各种包装材料，如纸、绳、铁丝等，该类物品应作为"原材料"核算；二是用于储存和保管商品、材料而不对外出售的包装物，应按其价值的大小和使用年限的长短，分别在"固定资产"或"低值易耗品"账户核算；三是计划上单独列作企业商品的自制包装物，应作为"库存商品"核算。

(2) 包装物的核算

设置"包装物"账户来核算企业库存的各种包装物及出租、出借包装物的摊余价值。其借方反映入库、出租、出借包装物的实际成本及冲减的包装物摊销数额；贷方反映出库、收回出租、出借包装物的实际成本以及计提的包装物摊销额；期末借方余额表示库存未用包装物的实际成本和出租、出借以及库存已用包装物的摊余价值。按"库存包装物"、"在用包装物"、"出租包装物"、"出借包装物"和"包装物摊销"等分户设置明细账户。

①包装物收入的核算

企业购入、自制、委托外单位加工收回包装物等入库的包装物，比照原材料收入的核算方法进行处理。

②包装物领用的核算

企业生产领用的包装物，用于包装产品、成为产品的组成部分，其价值应记入"生产成本"账户。

借：生产成本
　　贷：包装物

按计划成本核算包装物的，月末还应结转领用包装物的成本差异。

③随同产品出售包装物的核算

随同产品出售不单独计价的包装物，应于包装物发出时，作为包装费，记入"销售费用"账户。

[例4-23]某厂销售甲产品3 400千克，计价款17 000元，销项增值税2 890元，随同甲产品销售发出不单独计价的麻袋200条，账面成本2 000元。价税款均已收到存入银行，根据有关单证作如下会计分录：

借：银行存款　　　　　　19 890
　　贷：主营业务收入　　　　　　17 000
　　　　应交税费——应交增值税(销项税额)
　　　　　　　　　　　　　　　2 890
借：销售费用——包装费　　2 000
　　贷：包装物——麻袋　　　　　2 000

随同产品出售单独计价的包装物，应视同材料销售处理，记入"其他业务成本"账户。

[例4-24]仍以上例资料，该厂在销售甲产品时发出单独计价的麻袋200条，计收包装物价款3 000元，销项增值税510元，价税款均已收到存入银行。麻袋的账面价值为2

000 元。根据有关单证,作如下会计分录:

　　借:银行存款　　　　　　　3 510
　　　　贷:其他业务收入　　　　　　　3 000
　　　　　　应交税费——应交增值税(销项税额)
　　　　　　　　　　　　　　　　　510
　　借:其他业务成本　　　　　　2 000
　　　　贷:包装物——麻袋　　　　　　2 000

④出租包装物的核算

出租包装物是企业因销售产品、以出租方式有偿提供给购货单位暂时使用的包装物。出租包装物应向对方收取一定数额的包装押金,还要向使用单位收取租金。对收到的包装押金,会计应记入"其他应付款"账户(逾期未退包装物而没收的押金,应作为"其他业务收入"账户),对收取的租金应列作"其他业务收入",出租包装物的价值损耗及其他有关支出作为"其他业务成本"。出租包装物的长期周转使用,其价值会逐渐损耗,企业应采用"一次摊销法"或"五五摊销法"进行摊销。

一次摊销法,就是在出租发出时就一次摊销其全部价值。但此时的包装物成了"无价财产"(账面无价值反映,但仍在周转使用),会计部门应作好备查登记,并加强管理。

　　借:其他业务成本
　　　　贷:包装物

五五摊销法,就是在出租发出时和报废时各摊销其价值的50%,这种方法各期的摊销额比较均衡。

[例4-25]某厂出租给B公司麻袋100条,单位计划成本25元,收取押金3 000元,每月每条租金2元,租期半年,材料成本差异率-2%。

出租发出麻袋时:

　　借:包装物——出租包装物(麻袋)
　　　　　　　　　　　　　　　　2 500
　　　　贷:包装物——库存包装物(麻袋) 2 500

同时,收到第一个月租金、押金存入银行:

　　借:银行存款　　　　　　　3 200
　　　　贷:其他应付款——B公司　　　3 000
　　　　贷:其他业务收入　　　　　　　200

按计划成本50%计算出租包装物的摊销额

　　借:其他业务成本——包装物摊销
　　　　　　　　　　　　　　　　1 250
　　　　贷:包装物——包装物摊销　1 250

月末,结转包装物的成本差异:
借:其他业务成本　　　　　　　　[25]
　　贷:材料成本差异——包装物　　　[25]
租期届满,如数收回麻袋,但其中10条无法再用,经批准报废,残料变价收入现金25元。
借:包装物——库存包装物(麻袋)
　　　　　　　　　　　　　　　　2 250
　　包装物——包装物摊销　　　125
　　其他业务成本　　　　　　　125
　　贷:包装物——出租包装物(麻袋) 2 500
通过银行转账退付B公司押金:
借:其他应付款——B公司　　　3 000
　　贷:银行存款　　　　　　　　　3 000
收回残料价款时:
借:现金　　　　　　　　　　25
　　贷:其他业务成本　　　　　　　　25
结转包装物的成本差异:
借:其他业务成本　　　　　[2.5]
　　贷:材料成本差异——包装物　　[2.5]
假设上例租期届满,B公司只退回90条,其余10条未退回,按双方事前约定,应予没收未退包装物的押金300元。通过银行转账退付B公司押金时,应作会计分录:
借:其他应付款——包装押金　　3 000
　　贷:银行存款　　　　　　　　　2 700
　　　　其他业务收入　　　　　　　300(应交税金略)

⑤出借包装物的核算

出借包装物是企业为了推销产品、以出借方式无偿提供给购货方暂时使用的包装物。与出租包装物相比,这种方式不向对方收取租金,出租期间,其价值损耗和其他相关支出等都视为推销产品发生的,应作为"销售费用"列支,其他有关业务与出租包装物的核算相同。

2.低值易耗品

(1)低值易耗品概述

低值易耗品是指那些单位价值较低(100元以上、2 000元以下)、使用期限较短,不能作为固定资产的各种用具物品,如工具器具、玻璃器皿和周转使用的包装容器等。它在生产经营过程中可多次使用,其价值随着实物的磨损而逐渐转移,并且需要经常修理,报废时还有一定的残值。

为了便于对低值易耗品进行管理和核算,一般可按其用途分为以下几类:

①一般工具。如生产中常用的刀具、量具等。

②专用工具。是用在生产特定的产品,或在某一特定工序上使用的工具。

③替换设备。是那些容易磨损或为制造不同产品需要替换使用的设备。

④管理用具。主要是管理部门使用的办公用具,如家具等。

⑤劳动保护用品。为了安全生产而发给生产工人的劳保工作服、手套等。

⑥其他。

(2)低值易耗品的核算

为了反映和监督各种低值易耗品的收发和结存情况,企业应设置"低值易耗品"账户,并按"库存低值易耗品"、"在用低值易耗品"和"低值易耗品摊销"分设明细账户。由于低值易耗品价值是随着使用而逐渐损耗,会计核算应按其价值的大小、使用期限的长短以及各期领用数额的均衡性分别选用"一次摊销法"或"五五摊销法"。

①一次摊销法。是在领用时,按其用途将全部价值摊入"管理费用"、"制造费用"或"其他业务成本"等账户。报废收回残料价值时,冲减原对应的成本费用账户。

[例4-26]某厂的基本生产车间领用刀具一批,其计划成本为900元,材料成本差异率为-2%。应作会计分录:

借:制造费用——基本生产车间　882
　　贷:低值易耗品——库存低值易耗品　900
　　　　材料成本差异——低值易耗品　　[18]

②五五摊销法。它是在领用低值易耗品时,先行摊销其价值的一半,报废时,再摊销其余的一半。

[例4-27]某企业管理部门领用办公桌椅一批,账面实际成本8 000元;本月报废前期领用的办公用家具一批,账面成本1 800元,收回残料价值200元,作为辅助材料已入库。

领用桌椅时

借:低值易耗品——在用低值易耗品
　　　　　　　　　　　　　　　　8 000
　　贷:低值易耗品——库存低值易耗品　8 000

同时,摊销其价值的50%

借:管理费用——低值易耗品摊销　4 000
　　贷:低值易耗品——低值易耗品摊销　4 000

报废办公用具时

借:管理费用——低值易耗品摊销 1 800
　　贷:低值易耗品——低值易耗品摊销　1 800
借:原材料　　　　　　　　　　　　200

贷:管理费用　　　　　　　　　　200
　　借:低值易耗品——低值易耗品摊销
　　　　　　　　　　　　　　　　3 600
　　　贷:低值易耗品——在用低值易耗品　3 600

4.4.3 委托加工物资

1. 委托加工物资概述

由于受工艺设备条件的限制,企业往往需要将一些材料送往外单位,委托外单位把这些物资加工制成另一种性能和用途的物资,如将木板加工成木箱,生铁加工成铸件等。其加工一般要经过"发出材料出库——委托加工——收回物资入库"的过程。对加工收回物资,会计核算应按其实际成本入账,其实际成本应包括:

(1)加工中实际耗用的有关存货的实际成本。

(2)支付的加工费用。

(3)加工中支付的税金,包括委托加工物资应负担的增值税和消费税(属于消费税应税范围的加工物资)。对于委托加工物资应负担的增值税和消费税应区别不同情况处理:

加工物资应负担的增值税,凡属加工物资用于应交增值税项目并取得专用发票的一般纳税人,可将这部分增值税作为进项税额,不计入加工物资的成本;凡属加工物资用于非应税项目或免征增值税项目的,以及未取得增值税专用发票的一般纳税人和小规模纳税人的加工物资,应将这部分增值税计入加工物资的成本。

加工物资应负担的消费税,凡属加工物资收回后直接用于销售的,应将受托方代收代交的消费税计入委托加工物资的成本;凡属加工物资收回后用于连续生产的,按规定准允抵扣的,按受托方代收代交的消费税记入"应交税费——应交消费税"账户的借方,待应交消费税的加工物资连续生产完工出售后,抵交其应交的销售环节的消费税。

(4)支付的加工物资往返运杂费。

2. 委托加工物资的核算

设置"委托加工物资"账户,用来核算加工完毕收回存货前发生的材料费、加工费、相关税费及往返运杂费等,它一般按加工合同或受托单位设置其明细账。

(1)拨付加工物资时,应按实际成本借记"委托加工物资"账户,贷记"原材料"(或"库存商品")账户。

(2)支付加工费、增值税等。企业支付加工费、应负担的运杂费等,应计入委托加工物资的成本;支付的增值税,记入"应交税费"账户。

(3)交纳的消费税

按照消费税的有关规定,如果委托加工物资属于应纳消费税的应税消费品,应由受托方在向委托方交货时代收代交税款。委托加工的应税消费品,用于连续生产的,所纳税款准允按规定抵扣;委托加工的应税消费品直接销售的,不再征收消费税。

需要交纳消费税的委托加工物资,收回后直接用于销售的,委托方应将受托方代收代交的消费税计入委托加工物资的成本:

借:委托加工物资
　　贷:应付账款(或银行存款)

需要交纳消费税的委托加工物资,收回后用于连续生产应税消费品的,按规定准允抵扣,委托方按受托方代收代交的消费税记:

借:应交税费
　　贷:应付账款(或银行存款)

(4)加工完成收回加工物资

加工完成验收入库的物资和剩余的存货,应按加工收回物资的实际成本和剩余存货的实际成本:

借:原材料(或库存商品)等
　　贷:委托加工物资

采用计划成本或售价核算的企业,按计划成本或售价记入"原材料"或"库存商品"账户,实际成本与计划成本或售价之间的差异,记入"材料成本差异"或"商品进销差价"账户。

[例4-28] A公司原材料采用实际成本计价,3月初将一批甲材料委托B公司代为加工,发出甲材料的账面成本为30 000元,支付加工费、外地运杂费等合计9 000元(不含增值税),支付的增值税为1 530元,消费税税率为10%。材料加工完成后验收入库。

(1)发出甲材料加工时:

借:委托加工物资　　　　　　　　　　30 000
　　贷:原材料——甲材料　　　　　　　　30 000

(2)支付加工费和增值税、消费税时(加工收回材料用于继续生产应税消费品):

费税的组成计税价格 = (30 000 + 9 000)/(1 - 10%) = 43 333(元)
B公司代收代交的消费税 = 43 333 × 10% = 4 333.30(元)

借:委托加工物资　　　　　　　　　　9 000
　　应交税费——应交增值税(进项税额)　1 530
　　　　　　——应交消费税　　　　　　4 333.30
　　贷:银行存款　　　　　　　　　　　14 863.30

若上述加工收回材料直接用于销售,则应作:

借:委托加工物资　　　　　　　　　　13 333.30
　　应交税费——应交增值税(进项税额)1 530

贷：银行存款　　　　　　　　　　　14 863.30
(3) 加工完成收回材料时：
　　借：原材料　　　　　　39 000(或 43 333.30)
　　　　贷：委托加工物资　　39 000(或 43 333.30)

4.5 存货清查结果的处理

　　企业在进行存货的日常收发及保管过程中，因种种原因可能造成存货实存数量与账存数量不符，有时会因非常事项而造成存货毁损。为了保护存货的安全完整，做到账实相符，企业应定期或不定期地对存货进行盘点。发生存货盘盈（实存数额大于账存数额）、盘亏（实存数额小于账存数额）及毁损（非常事项造成的存货损失）时，应及时查明原因，据以编制"存货盘存盈亏报告表"（其格式见表4-14），并进行账务处理，以保证账实相符。

表4-14　　　　　　　　　存货盘存盈亏报告表
××年3月31日

存货类别	名称与规格	计量单位	结存数量 账存	结存数量 实存	单价	盘盈 数量	盘盈 金额	盘亏 数量	盘亏 金额	原因
原材料	甲材料	千克	3 000	3 015	20	15	300			计量不准
原材料	丙材料	千克	12 080	12 020	10			60	600	火灾损失
产成品	丁产品	件	480	475	300			5	1500	被盗
合计							300		2 100	

1. 存货盘盈的处理
　　对于盘盈的存货，企业应按计划成本或估计价值入账，先贷记"待处理财产损益——待处理流动资产损益"账户；存货盘盈一般是由于收发计量或核算上的差错造成的，故应冲减"管理费用"，同时转销"待处理财产损益"账户。
　　[例4-29] A公司3月末对存货进行盘点，盘存结果见表4-14，发现甲材料盈余15千克，计价300元，系收发计量不准造成。
　　(1) 批准前
　　借：原材料——甲材料　　　　　　　　300
　　　　贷：待处理财产损益——待处理流动资产损益　300
　　(2) 经批准予以转销
　　借：待处理财产损益——待处理流动资产损益
　　　　　　　　　　　　　　　　　　　　300
　　　　贷：管理费用——流动资产损益　　300

2. 存货盘亏的处理

存货盘亏和毁损,应先按其账面成本冲减存货价值,借记"待处理财产损益"账户;查明原因经批准后,按不同原因和相应处理决定,分别予以转销。属于自然损耗造成的盘亏,应记入"管理费用";属于过失人造成的责任事故损失,应由其赔偿,记入"其他应收款";自然灾害及火灾等造成的非常损失,先扣除保险公司的赔款后,其净损失记入"营业外支出"。按我国相关税法规定,非正常损失的存货价值应包含其账面成本和应负担的进项增值税两部分。

[例4-30] A公司3月末对存货进行盘点,盘存结果见表4-14,发现丙材料短少60千克,计价600元;丁产品短少5件,计价1500元。

（1）批准处理前,调整存货账面记录:

借:待处理财产损益——待处理流动资产损益　　2 100
　　贷:原材料——丙材料　　　　　　　　　　　　　600
　　　　库存商品——丁产品　　　　　　　　　　　1 500

同时,结转非常损失应转销的进项增值税（丙材料的进项税102元,丁产品的进项税255元）:

借:待处理财产损益——待处理流动资产损益　　357
　　贷:应交税费——应交增值税（进项转出）　　　　357

（2）批准转销后,丙材料短少系火灾损失,应由保险公司赔偿60%,其余转作营业外支出:

借:其他应收款——保险公司　　　　　　　　　421.20
　　营业外支出　　　　　　　　　　　　　　　　280.80
　　贷:待处理财产损益——待处理流动资产损益　　702

（3）丁产品短少,系管理不善造成被盗,经批准应由保管员赔偿50%,企业承担50%列作管理费用:

借:其他应收款——某保管员　　　　　　　　　877.50
　　管理费用　　　　　　　　　　　　　　　　877.50
　　贷:待处理财产损益——待处理流动资产损益　　1 755

4.6 存货的期末计量

1. 存货期末计量的方法

按存货准则的规定,资产负债日,存货应当按照成本与可变现净值孰低法计量;存货成本高于其可变现净值的,应当计提存货跌价准备,计入当期损益。

(1)成本与可变现净值孰低法的含义

"成本与可变现净值孰低法",是指对期末存货按照成本与可变现净值两者中较低者计价的方法。即当成本低于可变现净值时,期末存货按成本计价;当成本高于可变现净值时,期末存货按可变现净值计价。成本与可变现净值孰低法是对历史成本计价的修正。

这里的"成本"是指期末存货的实际成本,若存货采用计划成本计价或以售价核算,则是调整成本差异和分摊差价后的实际成本;这里的"可变现净值",是指在日常活动中,存货的估计售价减去至完工时估计将要发生的成本、估计的销售费用以及相关税费后的金额。

(2)可变现净值的确定

可变现净值一般是指存货的预计未来净现金流量,而不是存货的售价或合同价。确定可变现净值应考虑的主要因素:一是应当以取得的确凿证据为基础,是指确定可变现净值要有直接影响的客观证明,如商品的市场销售价格、同类或类似商品的市价、销货方提供的有关资料及生产成本资料等。二是应考虑持有存货的目的。企业持有存货的目的不同,确定存货可变现净值的方法也不同:①产成品、商品和用于销售的材料等直接用于出售的存货,在正常生产经营过程中,应当以该存货的估计售价减去估计的销售费用和相关税金后的金额,确定为可变现净值;②需要经过加工的材料类存货,在正常生产经营过程中,应当以所生产的产成品的估计售价减去至完工时估计将要发生的成本、估计的销售费用和相关税费后的金额,确定其可变现净值。

可变现净值中存货的估计售价,应当以资产负债表日为基准,但如果当月存货价格变动较大时,则应以当月该存货平均售价或资产负债表日最近几次售价的平均数,作为其估计售价的基础。同时,应考虑到以下两种情形:一是为执行销售合同或劳务合同而持有的存货,通常应以存货的合同价格作为可变现净值的计量基础;二是没有销售合同或劳务合同约定的存货,其可变现净值应以商品的一般销售价格或材料市价作为计量基础。

2. 成本与可变现净值的比较

企业通常应当按照单个存货项目计提存货跌价准备,即"单项比较法";对于数量繁多、单价较低的存货,可以比照存货类别计提存货跌价准备,即"分类比较法";与在同一地区生产和销售的产品系列相关、具有相同或类似最终用途或目的,且难以与其他项目分开计量的存货,

可以合并计提存货跌价准备,即"合并比较法"。见表4-15的比较资料:

表4-15　　　　　　期末存货成本与可变现净值比较表
××年12月31日　　　　　　　　　　　金额单位:元

项目	数量	成本		可变现净值		单项比较法	分类比较法	合并比较法
		单价	金额	单价	金额			
甲存货	100	100	10000	90	9000	9000		
乙存货	500	60	30000	70	35000	30000		
一类存货			40000		44000		40000	
丙存货	200	50	10000	60	12000	10000		
丁存货	300	60	18000	80	24000	18000		
二类存货			28000		36000		28000	
总计			68000		80000			68000

3.成本与可变现净值孰低法的账务处理

期末存货采用成本与可变现净值孰低法计价时,如果期末存货的成本低于可变现净值,则不需要进行账务处理,资产负债表中的存货仍按期末账面价值列示。如果期末存货的成本高于可变现净值时,则必须在当期确认存货跌价损失,并进行账务处理,其账务处理方法主要有直接转销法和备抵法两种。

(1)直接转销法。它是将存货成本高于可变现净值的损失直接转销有关存货账户,同时将存货成本调整为可变现净值。这种方法应设置"资产减值损失"账户,用来反映企业各项资产发生的减值损失。

借:资产减值损失
　　贷:有关存货科目

采用这种方法,要直接冲减有关存货的账面记录(存货明细账),工作量较大,而且已作调整的存货可变现净值得以恢复时,又要去作恢复存货成本的记录,也比较麻烦,因此,大多数企业不采用这种方法。

(2)备抵法。是指存货成本高于可变现净值的损失不直接冲减有关的存货账户,而是单设"存货跌价准备"账户反映。具体做法是:在每一会计期末,比较期末存货成本与可变现净值,计算出应提的跌价准备额,然后与"存货跌价准备"账面余额进行比较,如果应提数额大于已提数额,则应按其差额补提;如果应提数额小于已提数额,则按其差额冲提。这种方法不需要调整有关存货的明细账记录,工作量较小,因此,它被企业广泛采用。

[例4-31]A公司12月31日某项存货的账面成本为10 000元,预计其可变现净值为9 000元,采用单项比较法,假定该存货尚未计提跌价准备,则年末应提1 000元(10 000-9 000),编制会计分录如下:

借:资产减值损失　　　　　　　1 000

贷:存货跌价准备　　　　　　　　1 000
次年末,该存货可变现净值预计跌为7 000元,则应再补提2 000元。
　　借:资产减值损失　　　　　　　　2 000
　　　　贷:存货跌价准备　　　　　　　　2 000
假定再下一年末,该存货的可变现净值恢复到11 000元,则应只冲提3 000元(以该存货原账面已提数额为限)。
　　借:存货跌价准备　　　　　　　　3 000
　　　　贷:资产减值损失　　　　　　　　3 000

思考与练习

1.思考题

（1）存货的确认条件有哪些？

（2）说明存货的初始计量方法。

（3）发出存货的计量方法有哪些？各方法有何优缺点？试分析不同计量方法的采用对资产、损益、纳税和经营决策有什么影响？

（4）什么是成本与可变现净值孰低法？可变现净值如何确定？

（5）原材料按计划成本计价时,对采购业务的核算应设置和使用哪些账户？

（6）存货成本由哪几部分组成？

（7）批发商品流转主要采用什么方法进行核算？该方法有哪些特点？

（8）对存货清查中发现的盘盈、盘亏和毁损如何处理？

2.练习题

习题一

（1）目的:练习材料按计划成本计价的核算

（2）资料:某公司月初甲材料的计划成本为218 000元,材料成本差异为贷方余额2 000元;本月购入甲材料的计划成本为582 000元,实际成本为576 000元;本月领用甲材料的计划成本为500 000元,其中:生产产品领用400 000元,车间一般性耗用60 000元,厂部耗用40 000元。

（3）要求:计算该公司甲材料的成本差异率并编制有关会计分录。

习题二

（1）目的:发出存货的计量方法

（2）资料:某公司3月份乙材料收发资料如下表:

表 4-16　　　　　　　　　　　　材料明细账

材料品种：乙材料　　　　　　计量单位：千克　　　　　　　　金额单位：元

年		凭证字号	摘要	收入			发出			结存		
月	日			数量	单价	金额	数量	单价	金额	数量	单价	金额
3	1		承前页							1000	4.00	4000
	3	略	购入	500	4.20	2100				1500		
	9		生产领用				1200			300		
	17		购入	2000	4.30	8600				2300		
	26		生产领用				1000			1300		
			合计	2500			2200					

（3）要求：根据上列资料，分别采用先进先出法、加权平均法和移动加权平均法计算本月乙材料的发出成本和期末价值。

习题三

（1）目的：练习低值易耗品采用五五摊销法的核算

（2）资料：彩虹加工厂 3 月份有关低值易耗品业务如下：

①生产车间领用刀具一批，账面实际成本 6 000 元；

②领用刀具采用五五摊销法，按实际成本的 50% 计入制造费用；

③报废一批办公用桌椅板凳，账面成本 12 000 元，收回残料变价收入 800 元，已存入银行。

（3）要求：根据上述资料编制有关会计分录。

参考阅读资料：

会计准则编审委员会编.《企业会计准则第 1 号——存货》.立信会计出版社

会计准则编审委员会编.《企业会计准则第 1 号——存货》应用指南.立信会计出版社

王君彩主编.《中级财务会计》（新版）.经济科学出版社.2007 年 2 月

葛家澍、耿金岭主编.《企业财务会计》.高等教育出版社

谢明香、刘铮主编.《中级财务会计》.经济管理出版社

第 5 章 投资

本章主要内容
- 投资概述
- 交易性金融资产
- 持有至到期投资
- 可供出售金融资产
- 长期股权投资

5.1 投资概述

企业在其正常的生产经营之外,经常出于某种目的,购买其他公司的股票、债券或政府所发行的国库券、公债等,投资于证券、票据、基金、房地产等或直接投资其他企业实物、无形资产等。企业对外投资旨在为其暂时闲置的资金寻找出路,谋取一定的收益或者为其主要经营业务持续发展,保证长期的经济利益。

5.1.1 投资的概念

财务会计中的投资有广义和狭义之分,广义的投资包括权益性投资、债权性投资、期货投资、房地产投资、固定资产投资等。狭义的投资一般仅包括权益性投资、债权性投资等。我国企业会计准则仅指狭义的投资,不包括房地产投资、期货投资、固定资产投资等。

我国《企业会计准则——投资》将投资定义为:"企业为通过分配来增加财富,或为谋求其他利益,而将资产让渡给其他单位所获得的另一项资产。"从投资的定义可见,投资具有以下特点:

1. 投资是以让渡其他资产而换取的另一项资产。如企业拥有的现金、固定资产等让渡给其他单位使用,以换取债权或股权投资。这项资产与其他资产一样能为投资企业带来未来的经济利益,这种经济利益是指能直接或间接地增加流入企业的现金或现金等价物的能力。

2. 投资所流入的经济利益,与其他资产为企业带来的经济利益在形式上有所不同。企业所拥有和控制的除投资以外的其他资产,通常能为企业带来直接的经济利益,如商业企业的库存商品是为转售而储备的,对这些存货的出售可以直接为企业带来经济利益;又如,工业生产企业所拥有的生产产品而持有的固定资产,是企业生产产品不可或缺的一部分,其为企业带来直接的经济利益不很直观,须通过其生产的产品创造的经济利益得到体现,但这种经济利益的流入是企业本身经营所产生的,从这个意义上看,也属于能为企业带来直接的经济利益。而投资通常是将企业的部分资产转让给其他单位使用,通过其他单位使用投资者投入的资产创造的效益后分配取得的,或者通过投资改善贸易关系等从而达到获取利益的目的。

3. 某些投资,如在证券市场上进行短期性质的股票或债券的买卖,这种投资实际上是将现金投入证券交易所(或证券交易代理机构),通过证券的买卖获取收益。这种收益实际上是对购买证券的投资者投入的所有现金的再次分配的结果,以使资本增值。这里的资本增值主要是指通过证券市场买卖证券所取得的高于原投入资金的增值部分,即价差收入。

5.1.2 投资的分类

对投资进行适当的分类,是确定投资会计核算方法和如何在会计报表中列示的前提。企业的投资可按不同的标准分类,主要有:

1. 按投资目的和企业风险管理要求不同分类,可分为交易性金融资产投资、持有至到期投资、可供出售金融资产和长期股权投资四类。

2. 按投资性质的不同分类,可分为权益性投资、债权性投资和混合性投资等。

在资产负债表中,"交易性金融资产"项目列示于"流动资产"项目下,"持有至到期投资"、"可供出售金融资产"和"长期股权投资"这三个项目则列示于"非流动资产"项目下。

交易性金融资产投资、持有至到期投资、可供出售金融资产属于企业的金融资产,其确认和计量遵循《企业会计准则第22号——金融工具确认和计量》;长期股权投资的确认和计量遵循《企业会计准则第2号——长期股权投资》。

5.2 交易性金融资产投资

5.2.1 交易性金融资产的含义

以公允价值计量且其变动计入当期损益的金融资产,可以进一步划分为交易性金融资产和直接指定为公允价值计量且其变动计入当期损益的金融资产。

交易性金融资产主要是指企业近期内出售的金融资产。例如,企业以赚取差价为目的从二级市场购入的股票、债券、基金等,就属于交易性金融资产。衍生工具(包括远期合同、期货合同、互换和期权,以及具有远期合同、期货合同、互换和期权中一种或一种以上特征的工具)不作为有效套期工具的,也应当划分为交易性金融资产。

直接指定为以公允价值计量且其变动计入当期损益的金融资产,主要是指企业基于风险管理、战略投资需要所作的指定。例如,企业准备运用衍生工具对某项持有至到期债券投资进行套期保值,但由于持有至到期投资按摊余成本计量,套期有效期未能达到套期保值准则规定的条件而无法运用套期会计方法。在这种情况下,将该持有至到期债券投资直接指定为公允价值计量且其变动计入当期损益的金融资产,可以更好地反映企业风险管理的实际效果,提供更相关的会计信息。在活跃市场中没有报价,公允价值不能可靠计量的权益工具投资,不得指定为公允价值计量且其变动计入当期损益的金融资产。所谓活跃市场,是指同时具有下列特征的市场:1.市场内交易的对象具有同质性;2.可随时找到自愿交易的买方和卖方;3.市场价格信息是公开的。

5.2.2 交易性金融资产的会计处理

以公允价值计量且其变动计入当期损益的金融资产的会计处理,着重于该金融资产与金融市场的紧密结合性,反映该类金融资产相关市场变量变化对其价值的影响,进而对企业财务状况和经营成果的影响。

1. 交易性金融资产的初始计量

交易性金融资产应当按照取得时的公允价值作为初始确认金额,相关的交易费用在发生时计入当期损益。如果实际支付的价款中包含已宣告但尚未发放的现金股利或已到付息期但尚未领取的债券利息,应当单独确认为应收项目,不计入交易性金融资产的初始确认金额。企业取得交易型金融资产,按其公允价值,借记"交易性金融资产——成本"科目,按发生的交易费用,借记"投资收益"科目,按已到付息期但尚未领取的利息或已宣告但尚未发放的现金股利,借记"应收利息"或"应收股利"科目;按实际支付的金额,贷记"银行存款"等科目。收到上列现金股利或债券利息时,借记"银行存款"科目,贷记"应收股利"或"应收利息"科目。

[例5-1]宝力华生股份有限公司于2007年1月10日以113 000元的价格购入甲公司2006年1月1日发行的3年期债券,到期偿还本金,债券利息于每年1月1日支付,但2006年利息尚未兑现。债券面值100 000元,年利率为6%,另支付相关税费600元。企业准备随时出售该债券。其账务处理如下:

已到期尚未支付的利息 = 100 000 × 6% = 6 000(元)

债券的初始投资成本 = 113 000 - 6 000 = 107 000

借:交易性金融资产——成本　　　107 000

　　应收利息　　　　　　　　　　6 000

投资收益   6 00
  贷：银行存款   113 600

[例5-2]2007年3月25日,宝力华生股份有限公司按每股8.20元的价格购入乙公司每股面值1元的股票50 000股作为交易性金融资产,并支付交易费用2 000元。股票购入价格中包含每股0.20元已宣告但尚未领取的现金股利,该现金股利于2007年4月20日发放。其账务处理如下：

（1）2007年3月25日,购入乙公司股票。

初始投资成本 = 50 000 × (8.20 - 0.20) = 400 000（元）

应收现金股利 = 50 000 × 0.20 = 10 000（元）

借：交易性金融资产——乙公司股票（成本）
                                         400 000
    应收股利   10 000
    投资收益   2 000
  贷：银行存款   412 000

（2）2007年4月20日,收到乙公司发放的现金股利。

借：银行存款   10 000
  贷：应收股利   10 000

2. 交易性金融资产的后续计量

（1）持有期间的股利或利息

交易性金融资产持有期间被投资单位宣告发放的现金股利,或在资产负债表日按分期付息、一次还本债券投资的票面利率计算的利息,应当确认为投资收益。借记"应收股利"或"应收利息"科目,贷记"投资收益"科目。

[例5-3]2007年7月30日,乙公司宣告2007年半年度利润分配方案,每股分派现金股利0.40元,并于2007年8月25日发放。宝力华生股份有限公司持有乙公司股票50 000股。其账务处理如下：

（1）2007年7月30日,乙公司宣告分派现金股利。

应收现金股利 = 50 000 × 0.40 = 20 000（元）

借：应收股利   20 000
  贷：投资收益   20 000

（2）2007年8月25日,收到乙公司派发的现金股利。

借：银行存款   20 000
  贷：应收股利   20 000

[例5-4]宝力华生股份有限公司对持有的交易性债券投资每半年计提一次利息。2007年6月30日,宝力华生股份有限公司对持有的面值100 000元、期限5年、票面利

率6%、每年12月31日付息的W公司债券计提利息。其账务处理如下：

应计债券利息 = 100 000 × 6% × 6/12 = 3000（元）

借：应收利息　　　　　　　　　　　　　3000
　　贷：投资收益　　　　　　　　　　　　　3000

（2）期末计价

资产负债表日，交易性金融资产应以其公允价值列示。公允价值与账面余额的差额，计入当期损益。资产负债表日，交易性金融资产的公允价值高于其账面余额的差额，借记"交易性金融资产——公允价值变动"科目，贷记"公允价值变动损益"科目；公允价值低于其账面余额的差额做相反的会计分录。

[例5-5] 宝力华生股份有限公司每年6月30日和12月31日对持有的交易性金融资产按公允价值进行再计量，确认公允价值变动损益。2007年6月30日，宝力华生股份有限公司持有的交易性金融资产账面余额和当日公允价值资料见表5-1。

表5-1　　　　　　　交易性金融资产账面余额和公允价值表

2007年6月30日

交易性金融资产项目	调整前账面金额	期末公允价值	公允价值变动损益	调整后账面余额
乙公司股票	400 000	360 000	-40 000	360 000
甲公司债券	107 000	117 000	10 000	117 000

根据表5-1资料，宝力华生股份有限公司2007年6月30日的会计处理如下：

借：公允价值变动损益　　　　　　　　40 000
　　贷：交易性金融资产——乙公司股票（公允价值变动）
　　　　　　　　　　　　　　　　　　40 000
借：交易性金融资产——甲公司债券（公允价值变动）
　　　　　　　　　　　　　　　　　　10 000
　　贷：公允价值变动损益　　　　　　　　10 000

3. 交易性金融资产的处置

企业处置交易性金融资产的主要会计问题，是正确确认处置损益。交易性金融资产的处置损益，是指处置交易性金融资产实际收到的价款，减去所处置交易性金融资产账面余额后的差额。其中交易性金融资产的账面余额，是指交易性金融资产的初始计量金额加上或减去资产负债表日公允价值变动后的金额。如果在处置交易性金融资产时，已计入应收项目的现金股利或债券利息尚未收回，还应先从处置价款中扣除该部分现金股利或债券利息之后，确认处置损益。

处置交易性金融资产时，应按实际收到的处置价款，借记"银行存款"科目，按该交易性金融资产的初始成本,贷记"交易性金融资产——成本"科目,按该项交易性金融资产的公允价值变动,贷记或借记"交易性金融资产——公允价值变动"科目,按其差额,贷记或借记"投资收益"科目。同时,将该交易性金融资产持有期间已确认的公允价值变动净损益,转入"投资收益"科目,借记或贷记"公允价值变动损益"科目,贷记或借记"投资收益"科目。

[例5-6]2007年5月,全麦股份有限公司以9 600 000元购入A公司股票1 200 000股作为交易性金融资产,另支付手续费200 000元,2007年6月30日该股票每股市价7.5元,2007年8月10日,A公司宣告分派现金股利,每股0.20元,8月20日,全麦股份有限公司收到分派的现金股利。至2007年12月31日,全麦股份有限公司仍持有该交易性金融资产,期末每股市价为8.5元,2008年1月3日以10 300 000元出售该交易性金融资产。假定全麦股份有限公司每年6月30日和12月31日对外提供财务报告。

要求(1)编制上述经济业务的会计分录。

(2)计算该交易性金融资产的累计损益。

解答

(1)编制上述经济业务的会计分录。

①2007年5月购入时

借:交易性金融资产——成本　　　　　　　　　9 600 000

　　投资收益　　　　　　　　　　　　　　　　 200 000

　　　贷:银行存款　　　　　　　　　　　　　　　　　　9 800 000

②2007年6月30日

借:公允价值变动损益　600 000(9 600 000 - 1 200 000 × 7.5)

　　贷:交易性金融资产——公允价值变动　　　　　　　　600 000

③2007年8月10日宣告分派时

借:应收股利　　　　　　240 000(0.20 × 1 200 000)

　　贷:投资收益　　　　　　　　　　　　　　　　　　 240 000

④2007年8月20日收到股利时

借:银行存款　　　　　　　　　　　　　　　　240 000

　　贷:应收股利　　　　　　　　　　　　　　　　　　 240 000

⑤2007年12月31日

借:交易性金融资产——公允价值变动

　　　　　　1 200 000(1 200 000 × 8.5 - 9 000 000)

　　贷:公允价值变动损益　　　　　　　　　　　　　 1 200 000

⑥2008年1月3日处置

借:银行存款　　　　　　　　　　　　　　　 10 300 000

公允价值变动损益　　　　　　　　　　　　　　600 000
　　　贷：交易性金融资产——成本　　　　　　　　　9 600 000
　　　　　交易性金融资产——公允价值变动　　　　　600 000
　　　　　投资收益　　　　　　　　　　　　　　　　700 000

（2）计算该交易性金融资产的累计损益。

该交易性金融资产的累计损益 = –200 000 – 600 000 + 240 000 + 1 200 000
　　　　　　　　　　　　　　 – 600 000 + 700 000 = 740 000

5.3 持有至到期投资

5.3.1 持有至到期投资的含义

　　持有至到期投资指到期日固定、回收金额固定或可确定，且企业有明确意图和能力持有至到期的非衍生金融资产。通常情况下，企业持有的、在活跃市场上有公开报价的国债、企业债券、金融债券等，可以划分为持有至到期投资。企业不能将下列非衍生金融资产划分为持有至到期投资：1. 初始确认时即被指定为以公允价值计量且其变动计入当期损益的非衍生金融资产；2. 初始确认时被指定为可供出售的非衍生金融资产；3. 符合贷款和应收款项的定义的非衍生金融资产。如果企业管理层决定将某项金融资产持有至到期，则在该金融资产未到期前，不能随意改变其"最初意图"。也就是说，投资者在取得投资时意图就应当是明确的，除非遇到一些企业所不能控制、预期不会重复发生且难以合理预计的独立事件，否则将持有至到期。企业确认持有至到期投资时必须同时具备以下三个条件，缺一不可。

　　A. 到期日和回收金额固定或可确定。

　　B. 企业有能力持有至到期。如果有下列情况之一，表明企业没有能力将具有固定期限的金融资投资持有至到期：

　　没有可利用的财务资源持续地为该金融资产投资提供资金支持，以使该金融资产投资持有至到期。

　　受法律、行政法规的限制，使企业难以将该金融资产投资持有至到期。

　　其他表明企业没有能力将具有固定期限的金融资产投资持有至到期的情况。

　　C. 企业有明确意图持有至到期。

　　持有该金融资产的期限不确定。

　　发生市场利率变化、流动性需求变化、替代投资机会及其投资收益率变化、融资来源和条件变化、外汇风险变化等情况时，将出售该金融资产。

　　该金融资产的发行方可以按照明显低于其摊余成本的金额清偿。

其他表明企业没有明确意图将该金融资产持有至到期的情况。

5.3.2 持有至到期投资的重分类

企业因持有意图或能力发生改变,使某项投资不再适合划分为持有至到期投资的,应当将其重分类为可供出售金融资产,并以公允价值进行后续计量。重分类日,该投资的账面价值与公允价值之间的差额计入所有者权益,在该可供出售金融资产发生减值或终止确认时转出,计入当期损益。如果遇到以下情况可以例外:

1. 出售日或重分类日距离该项投资到期日或赎回日较近(如到期前3个月内),且市场利率变化对该项投资的公允价值没有显著影响。

2. 根据合同约定的偿付方式,企业已收回几乎所有初始本金。

3. 出售或重分类是由于企业无法控制,预期不会重复发生且难以合理预计的独立事件所引起。这种情况主要有:

①因被投资单位信用状况严重恶化,将持有至到期投资予以出售。

②因相关税收法规取消了持有至到期投资的利息税前可抵扣政策,或显著减少了税前可抵扣金额,将持有至到期投资予以出售。

③因发生重大企业合并或重大处置。为保持现行利率风险头寸或维持现行信用风险政策,将持有至到期投资予以出售。

④因法律、行政法规对允许投资的范围或特定投资品种的投资限额作出重大调整,将持有至到期投资予以出售。

⑤因监管部门要求大幅度提高资产流动性,或大幅度提高持有至到期投资在计算资本充足率时的风险权重,将持有至到期投资予以出售。

5.3.3 持有至到期投资的会计处理

持有至到期投资的会计处理,着重于该金融资产的持有者打算"持有至到期",未到期前通常不会出售或重分类。因此,持有至到期投资的会计处理主要应解决该金融资产实际利率的计算、摊余成本的确定、持有期间的收益确认及将其处置时损益的处理。

1. 实际利率法

持有至到期投资在持有期间应当按照摊余成本和实际利率计算确认利息收入,计入投资收益。实际利率应当在取得持有至到期投资时确定,在该持有至到期投资预期存续期间或适用的更短期间内保持不变。实际利率与票面利率差别较小的,也可按票面利率计算利息收入,计入投资收益。

按照摊余成本和实际利率计算确认利息收入的方法称为实际利率法,即以持有至到期投资期初账面摊余成本乘以实际利率作为当期利息收入,以当期利息收入与当期按票面利率计算确定的应收未收利息的差额作为当期账面成本摊销额的一种方法。其中,实际利率是使持有至到期投资未来收回的利息和本金的现值恰等于持有至到期投资取得成本的折现率。

[例5-7] 2002年1月1日,宝力华生股份有限公司支付价款630 000元,从市场上购入迅达公司当日发行的5年期债券,面值600 000元,票面利率6%,按年支付利息(即每年年底付息36 000元),本金最后一次支付。合同约定,该债券的发行方在遇到特定情况时可以将债券赎回,且不需要为提前赎回支付额外款项。宝力华生股份有限公司在购买该债券时,预计发行方不会提前赎回。不考虑所得税、减值损失等因素。

要求:计算宝力华生股份有限公司该债券投资的实际利率及持有期间各期末摊余成本。

解答:
实际利率

由于宝力华生股份有限公司取得迅达公司债券的成本高于迅达公司债券的面值,所以持有至到期的债券的实际利率一定低于票面利率。拿5%作为折现率进行测算。查5期、5%年金现值系数为4.32947667;查5期、5%年金复利现值系数为0.78352617。迅达公司债券的利息和本金折现率计算的现值:

债券年利息额 = 600 000 × 6% = 36 000(元)

利息和本金的现值 = 36 000 × 4.32947667 + 600 000 × 0.78352617 = 625 976.86(元)

以上计算结果小于取得迅达公司债券的成本,说明实际利率小于5%。再按4%作为折现率进行测算计算结果如下:

利息和本金的现值 = 36 000 × 4.45182233 + 600 000 × 0.82192711 = 653 421.87(元)

以上计算结果大于取得迅达公司债券的成本,说明实际利率大于4%。

实际利率计算如下:

实际利率 = 4% + (5% - 4%) × (653 421.87 - 630 000)/(653 421.87 - 625 976.86)

   = 4.85%

各期现金流入(应收利息) = 面值 × 票面利率

实际利率 = 债券期初摊余成本 × 实际利率

持有期间各期末摊余成本

债券期末摊余成本 = 本期期初摊余成本 + 本期按实际利率计算的利息 - 分期付息债券本期按票面利率计算的应收利息。

各期末的摊余成本见表5-2。

表 5-2　　　　　　　　　利息收入计算表(实际利率法)　　　　　　　单位:元

计息期	应计利息	实际利率	利息收入	利息调整	摊余成本
2002年1月1日					630 000
2002年12月31日	36 000	4.85%	30 555	5 445	624 555
2003年12月31日	36 000	4.85%	30 291	5 709	618 846
2004年12月31日	36 000	4.85%	30 014	5 986	612 860
2005年12月31日	36 000	4.85%	29 724	6 276	606 584
2006年12月31日	36 000	4.85%	29 416	6 584	600 000
合计	180 000		150 000	30 000	

2. 会计处理

(1) 持有至到期投资的初始计量

持有至到期投资应当按取得时的公允价值和相关交易费用之和作为初始确认金额。如果支付的价款中包含已经到付息期但尚未领取的利息,应单独确认为应收项目。

企业取得持有至到期投资,应按该投资的面值,借记"持有至到期投资——成本"科目,按支付的价款中包含的已到付息期但尚未领取的利息,借记"应收利息"科目,按实际支付的金额,贷记"银行存款"等科目,按其差额,借记或贷记"持有至到期投资——利息调整"科目。收到支付的价款中包含的已到付息期但尚未领取的利息,借记"银行存款"科目,贷记"应收利息"科目。

(2) 持有至到期投资的后续计量

资产负债表日,持有至到期投资为分期付息、一次还本债券投资的,应按票面利率计算确定的应收未收利息,借记"应收利息"科目,按持有至到期投资摊余成本和实际利率计算确定的利息收入,贷记"投资收益"科目,按其差额,借记或贷记"持有至到期投资——利息调整"科目。

持有至到期投资为一次还本付息债券投资的,应于资产负债表日按票面利率计算确定的应收未收利息,借记"持有至到期投资——应计利息"科目,按持有至到期投资摊余成本和实际利率计算确定的利息收入,贷记"投资收益"科目,按其差额,借记或贷记"持有至到期投资——利息调整"科目。

(3) 持有至到期投资的处置

处置持有至到期投资时,应将所取得的价款与该投资账面价值之间的差额计入投资收益。其中,投资的账面价值是指投资的账面余额减除已经计提的减值准备后的差额。

处置持有至到期投资时,应按实际收到的金额,借记"银行存款"科目,按持有至到期投资账面余额,贷记"持有至到期投资——成本"、"持有至到期投资——应计利息"科目,贷记或借记"持有至到期投资——利息调整"科目,按其差额,贷记或借记"投资收益"科目。已计提减值准备的,还应同时结转减值准备。

[例5-8]接例[例5-7],要求宝力华生股份有限公司的相关会计处理。

解答

根据上例数据,宝力华生股份有限公司的有关会计处理如下:

① 2002年1月1日,购入债券

借:持有至到期投资——成本　　　600 000
　　持有至到期投资——利息调整　 30 000
　　　贷:银行存款　　　　　　　　　　630 000

② 2002年12月31日,确认实际利息收入、收到票面利息等

借:应收利息　　　　　　　　　36 000
　　贷:投资收益　　　　　　　　　　30 555
　　　　持有至到期投资——利息调整　 5 445

借:银行存款　　　　　　　　　36 000
　　贷:应收利息　　　　　　　　　　36 000

③ 2003年12月31日,确认实际利息收入、收到票面利息等

借:应收利息　　　　　　　　　36 000
　　贷:投资收益　　　　　　　　　　30 291
　　　　持有至到期投资——利息调整　 5 709

借:银行存款　　　　　　　　　36 000
　　贷:应收利息　　　　　　　　　　36 000

④ 2004年12月31日,确认实际利息收入、收到票面利息等

借:应收利息　　　　　　　　　36 000

贷:投资收益　　　　　　　　　　　　　30 014
　　　　持有至到期投资——利息调整　　　　5 986
借:银行存款　　　　　　　　　　　　　　36 000
　　贷:应收利息　　　　　　　　　　　　　36 000

⑤2005年12月31日,确认实际利息收入、收到票面利息等
借:应收利息　　　　　　　　　　　　　　36 000
　　贷:投资收益　　　　　　　　　　　　　29 724
　　　　持有至到期投资——利息调整　　　　6 276
借:银行存款　　　　　　　　　　　　　　36 000
　　贷:应收利息　　　　　　　　　　　　　36 000

⑥2006年12月31日,确认实际利息收入、收到票面利息和本金等
借:应收利息　　　　　　　　　　　　　　36 000
　　贷:投资收益　　　　　　　　　　　　　29 416
　　　　持有至到期投资——利息调整　　　　6 584
借:银行存款　　　　　　　　　　　　　　36 000
　　贷:应收利息　　　　　　　　　　　　　36 000
借:银行存款等　　　　　　　　　　　　 600 000
　　贷:持有至到期投资——成本　　　　　 600 000

[例5-9] 宝力华生股份有限公司于2007年1月1日,以680万元的价格购进当日发行的面值为600万元的公司债券。其中债券的买价为675万元,相关税费为5万元。该公司债券票面利率为8%,期限为5年,一次还本付息。企业准备持有至到期。

解答:2007.1.1
借:持有至到期投资——成本　　6 000 000
　　　　　　　　　——利息调整　 800 000
　　贷:银行存款　　　　　　　　　　　　6 800 000

每一年的利息计算为 $6\ 000\ 000 \times 8\% = 480\ 000$

实际利率 r 有:$(48 \times 5 + 6\ 000\ 000)/(1+r) \times 5 = 680\quad r = 4.317\%$

表 5-9　　　　　　　　利息调整计算表（实际利率法）

单位：元

计息调整期	应计利息	实际利率	投资收益	利息调整	摊余成本
2002年1月1日					6 800 000
2007年12月31日	480 000	4.317%	293 556	186 444	7 093 556
2008年12月31日	480 000	4.317%	306 229	173 771	7 399 785
2009年12月31日	480 000	4.317%	319 449	160 551	7 719 234
2010年12月31日	480 000	4.317%	333 239	146 761	8 052 473
2011年12月31日	480 000	4.317%	347 527	132 473	8 400 000
合　计	2 400 000		1 600 000	800 000	

2007.12.31

借：持有至到期投资——应计利息 480 000

　　贷：投资收益　　　　　　　　　293 556

　　　　持有至到期投资——利息调整　186 444

2008.12.31

借：持有至到期投资——应计利息 480 000

　　贷：投资收益　　　　　　　　　306 229

　　　　持有至到期投资——利息调整　173 771

2009.12.31

借：持有至到期投资——应计利息 480 000

　　贷：投资收益　　　　　　　　　319 449

　　　　持有至到期投资——利息调整　160 551

2010.12.31

借：持有至到期投资——应计利息 480 000

　　　　　贷：投资收益　　　　　　　　　　333 239
　　　　　　　持有至到期投资——利息调整　　146 761
　2011.12.31
　　　借：持有至到期投资——应计利息 480 000
　　　　　贷：投资收益　　　　　　　　　　347 527＊
　　　　　　　持有至到期投资——利息调整　　132 473＊
　　　借：银行存款　　　　　　　　8 400 000
　　　　　贷：持有至到期投资——成本　　　6 000 000
　　　　　　　　　　　　　　——应计利息　2 400 000

注：带 ＊ 尾数调整

5.3.4 持有至到期投资的减值

在资产负债表中，持有至到期投资通常应按账面摊余成本列示其价值。但有客观证据表明其发生了减值的，应当根据其账面摊余成本与预计未来现金流量现值之间的差额计算确认减值损失。

企业对持有至到期投资进行减值测试时，应根据本企业的实际情况，将持有至到期投资分为单项金额重大和非重大两类。对单项金额重大的持有至到期投资，应单独进行减值测试；对单项金额不重大的持有至到期投资，可以单独进行减值测试，或者将其包含在具有类似信用风险特征的持有至到期投资组合中进行减值测试。单独测试未发生减值的持有至到期投资，也应包括在具有类似信用风险特征的持有至到期投资组合中再进行减值测试。

企业进行持有至到期投资减值测试时，可以根据自身管理水平和业务特点，确定单项金额重大持有至到期投资的标准。比如，可以将取得成本大于或等于一定金额的持有至到期投资作为单项金额重大的持有至到期投资，此标准以下的持有至到期投资属于单项金额非重大的持有至到期投资。单项金额重大持有至到期投资的标准一经确定，不得随意变更。

企业对于单独进行减值测试的持有至到期投资，有客观证据表明其发生了减值的，应当计算资产负债表日的未来现金流量现值（通常以初始确认时确定的实际利率作为折现率），该现值低于其账面摊余成本的差额，确认为持有至到期投资减值损失。企业采用组合方式对持有至到期投资进行减值测试的，可以根据自身风险管理模式和数据支持程度，选择合理的方法确认和计量减值损失。

资产负债表日，持有至到期投资发生减值的，按应减记的金额，借记"资产减值损失"科目，贷记"持有至到期投资减值准备"科目；已计提减值准备的持有至到期投资，若其价值以后又得以恢复，应在原计提的减值准备金额内，按恢复增加的金额，借记"持有至到期投资减值准备"科目,贷记"资产减值损失"科目。

[例5-10]宝力华生股份有限公司于2005年1月1日(债券发行日)购入面值200 000元、期限6年、票面利率6%、每年12月31日付息的A公司债券作为持有至到期投资。2007年12月31日,宝力华生股份有限公司在对持有至到期投资进行减值测试时发现,因A公司发生财务困难,所持有的A公司债券预计只能收回分期支付的利息以及80%的本金。该项持有至到期投资在初始确认时确定的实际利率为5%,2007年12月31日,A公司债券账面摊余成本为205 000元,则:

A公司债券预计到期可收回本金 = 200 000 × 80% = 160 000(元)

A公司债券预计每年可收回利息 = 200 000 × 6% = 12 000(元)

查复利现值系数表和年金现值系数表可知,3期、5%的复利现值系数和年金现值系数分别为0.8638和2.7232。A公司债券预计可收回本金和利息按5%作为折现率计算的现值如下:

A公司债券预计可收回本息的现值 = 160 000 × 0.8638 + 12 000 × 2.7232 = 170 886(元)

A公司债券减值损失 = 205 000 - 170 886 = 34 114(元)

借:资产减值损失　　　　　　　　34 114

　　贷:持有至到期投资减值准备　　　　34 114

5.4 可供出售金融资产

5.4.1 可供出售金融资产的含义

可供出售金融资产,是指初始确认时即被指定为可供出售的非衍生金融资产,以及除下列各类资产以外的金融资产:(1)贷款和应收款项;(2)持有至到期投资;(3)以公允价值计量且其变动计入当期损益的金融资产。通常情况下,划分为此类的金融资产应当在活跃的市场上有报价,因此,企业从二级市场上购入的、有报价的债券投资、股票投资、基金投资等,可以划分为可供出售金融资产。

5.4.2 可供出售金融资产的会计处理

1. 可供出售金融资产的初始计量

可供出售金融资产应当按取得该金融资产的公允价值和相关交易费用之和作为初始确认金额。如果支付的价款中包含已到付息期但尚未领取的债券利息或已宣告但尚未发放的现金股利,应单独确认为应收项目。

企业取得可供出售金融资产,应按其公允价值与交易费用之和,借记"可供出售金融资产——成本"科目,按支付的价款中包含的已宣告但尚未发放的现金股利,借记"应收股利"科目,按实际支付的金额,贷记"银行存款"等科目。企业取得的可供出售金融资产为债券投资的,应按债券的面值,借记"可供出售金融资产——成本",按支付的价款中包含的已到付息期但尚未领取的利息,借记"应收利息"科目,按实际支付的金额,贷记"银行存款"等科目,按差额借记或贷记"可供出售金融资产——利息调整"科目。

收到支付的价款中包含的已宣告但尚未发放的现金股利或已到付息期但尚未领取的利息,借记"银行存款"科目,贷记"应收利息"或"应收股利"科目。

[例5-11]2005年4月20日,宝力华生股份有限公司按每股15.20元的价格购入A公司每股面值1元的股票160 000股作为可供出售金融资产,并支付交易费用5 000元。股票购买价格中包含每股0.40元已宣告但尚未领取的现金股利,该现金股利于2005年5月10日发放。其账务处理如下:

(1)2005年4月20日,购入A公司股票。

初始投资成本 = 160 000 × (15.20 - 0.40) + 5 000 = 2 363 000(元)

应收现金股利 = 160 000 × 0.40 = 64 000(元)

借:可供出售金融资产——A公司股票(成本)
        2 363 000
  应收股利   64 000
 贷:银行存款   2 427 000

(2)2005年5月10日,收到A公司发放的现金股利。

借:银行存款   64 000
 贷:应收股利   64 000

[例5-12]2006年1月1日,宝力华生股份有限公司购入B公司当日发行的面值1 200 000元、期限3年、票面利率8%、每年12月31日付息、到期还本的债券作为可供出售金融资产,实际支付的购买价款为1 240 000元。

借:可供出售金融资产——B公司债券(成本)
        1 200 000
    ——B公司债券(利息调整)
        40 000
 贷:银行存款   1 240 000

2.可供出售金融资产的后续计量

(1)资产负债表日计算利息

资产负债表日,可供出售债券为分期付息、一次还本债券投资的,应按票面利率计算确定的应收未收利息,借记"应收利息"科目,按可供出售债券的摊余成本和实际利率计算确定的利息收入,贷记"投资收益"科目,按其差额借记或贷记"可供出售金融资产——

利息调整"科目。

可供出售债券为一次还本付息债券投资的,应于资产负债表日按票面利率计算确定的应收未收利息,借记"可供出售金融资产——应计利息"科目,按可供出售债券的摊余成本和实际利率计算确定的利息收入,贷记"投资收益"科目,按其差额借记或贷记"可供出售金融资产——利息调整"科目。

(2)资产负债表日的计量

资产负债表日,可供出售金融资产应以公允价值计量,其公允价值与账面余额的差额,计入所有者权益。待出售该项金融资产时,表明该公允价值变动已经实现,应从所有者权益转入当期损益。

可供出售金融资产的公允价值高于其账面余额的差额,借记"可供出售金融资产——公允价值变动"科目,贷记"资本公积——其他资本公积"科目;公允价值低于其账面余额的差额做相反的会计分录。

3. 可供出售金融资产的处置

处置可供出售金融资产时,应将取得的价款与该金融资产账面余额之间的差额,计入投资收益;同时,将原直接计入所有者权益的公允价值变动累计额对应处置部分的金额转出,计入投资收益。其中,可供出售金融资产的账面余额,是指可供出售金融资产的初始计量金额加上或减去资产负债表日公允价值变动后的金额。

处置可供出售金融资产时,应按实际收到的金额,借记"银行存款"科目,按其账面余额,贷记"可供出售金融资产——成本"、"可供出售金融资产——应计利息"科目,贷记或借记"可供出售金融资产——利息调整"、"可供出售金融资产——公允价值变动"科目,按应从所有者权益中转出的公允价值累计变动额,借记或贷记"资本公积——其他资本公积"科目,按其差额贷记或借记"投资收益"科目。

[例5-13]宝力华生股份有限公司于2007年8月15日从二级市场购入股票2 000 000股,每股市价30元,手续费60 000元;初始确认时,该股票划分为可供出售金融资产。

宝力华生股份有限公司至2007年12月31日仍持有该股票。该股票当时的市价为32元。2008年3月11日,宝力华生股份有限公司将该股票售出,售价为每股26元,另支付交易费用26 000元。要求:假定不考虑其他因素,做出宝力华生股份有限公司的相关会计处理。

解答:宝力华生股份有限公司的相关会计处理如下。

(1)2007年8月15日,购入股票

借:可供出售金融资产——成本　　　　　　　　　　60 060 000

　　贷:银行存款　　　　　　　　　　　　　　　　　　60 060 000

(2)2007年12月31日,确认股票价格变动

借:可供出售金融资产——公允价值变动
          3 940 000
  贷:资本公积——其他资本公积 3 940 000

(3)2008年3月11日,出售股票

借:银行存款   51 974 000
  资本公积——其他资本公积 3 940 000
  投资收益   8 086 000
  贷:可供出售金融资产——成本 60 060 000
       ——公允价值 3 940 000

4. 可供出售金融资产的减值

分析判断可供出售金融资产是否发生减值,应当注重该金融资产公允价值是否持续下降。通常情况下,如果可供出售金融资产的公允价值发生较大幅度下降,或在综合考虑各种相关因素后,预期这种下降趋势属于非暂时性的,可以认定该可供出售金融资产已发生减值,应当确认减值损失。

可供出售金融资产发生减值的,在确认减值损失时,应当将原直接计入所有者权益的公允价值下降形成的累计损失一并转出,计入减值损失。

确定可供出售金融资产发生减值的,按应减记的金额,借记"资产减值损失"科目,按应从所有者权益中转出原计入资本公积的累计损失金额,贷记"资本公积——其他资本公积"科目,按其差额贷记"可供出售金融资产——公允价值变动"科目。对于已确认减值损失的可供出售金融资产,在随后会计期间内公允价值已上升客观上与确认原减值损失事项有关的,应按原确认的减值损失,借记"可供出售金融资产——公允价值变动"科目,贷记"资产减值损失"科目;但可供出售金融资产为股票等权益工具投资的(不含在活跃市场上没有报价、公允价值不能可靠计量的权益工具投资),借记"可供出售金融资产——公允价值变动"科目,贷记"资本公积——其他资本公积"科目。

[例5-14]2007年1月1日,宝力华生股份有限公司从股票二级市场以每股30元的价格购入甲公司发行的股票4 000 000股,占甲公司有表决权股份的5%,对甲公司无重大影响,划分为可供出售金融资产。

2007年5月10日,宝力华生股份有限公司收到甲公司发放的上年现金股利800 000元。

2007年12月31日,该股票的市场价格为每股26元。宝力华生股份有限公司预计该股票的价格下跌是暂时的。

2008年,甲公司因违反相关证券法规,受到证券监管部门查处。受此影响,甲公司股票的价格发生下跌。至2008年12月31日,该股票的市场价格下跌到每股12元。

2009年,宝力华生股份有限公司整改完成,加之市场宏观面好转,股票价格有所回升,至2009年12月31日,该股票的市场价格上升到每股20元。

假定2008年和2009年均未分派现金股利。

要求:不考虑其他因素,做出甲公司有关的会计处理。

解答

甲公司有关的会计处理如下。

(1) 2007年1月1日购入股票

借:可供出售金融资产——成本　　　　120 000 000
　　贷:银行存款　　　　　　　　　　　　　　　120 000 000

(2) 2007年5月确认现金股利

借:应收股利　　　　　　　　　　　800 000
　　贷:可供出售金融资产——成本　　　　　　800 000

借:银行存款　　　　　　　　　　　800 000
　　贷:应收股利　　　　　　　　　　　　　　　800 000

(3) 2007年12月31日确认股票公允价值变动

借:资本公积——其他资本公积　　　15 200 000
　　贷:可供出售金融资产——公允价值变动　　15 200 000

(4) 2008年12月31日,确认股票投资的减值损失

借:资产减值损失　　　　　　　　　71 200 000
　　贷:资本公积——其他资本公积　　　　　　15 200 000
　　　　可供出售金融资产——公允价值变动　56 000 000

(5) 2009年12月31日确认股票价格上涨

借:可供出售金融资产——公允价值变动
　　　　　　　　　　　　　　　　　32 000 000
　　贷:资本公积——其他资本公积　　　　　　32 000 000

5.5 长期股权投资

5.5.1 长期股权投资的含义

长期股权投资指投资企业能够取得并意图长期持有被投资单位股份的投资,按所持股份比例享有被投资单位权益并承担相应责任,包括股票投资和其他股权投资。股票投资是指企业以购买股票的方式对其他企业所进行的投资。其他股权投资是指除股票投资以外具有股权性质的投资,一般是企业直接将现金、实物或无形资产等投资到其他企

业而取得股权的一种投资。长期股权投资的特点：

1. 长期持有。企业进行长期股权投资,目的是为了长期持有被投资单位的股份,对被投资单位实施控制或施加重大影响,或为了长期赢利,或为了改善和巩固贸易关系,或为了与被投资单位建立密切关系以分散风险等。

2. 获取经济利益,并承担相应风险。长期股权投资的经济利益可以通过分得利润或股利获取,也可以通过其他方式取得,如投资企业通过所持股份可对被投资单位实施控制或重大影响,由此在市场原材料价格波动较大的情况下,能从被投资单位处取得价格比较稳定的原材料,以保证生产经营顺利进行。但是,当被投资单位出现经营状况不佳,或者破产清算等情况时,投资企业作为股东,也需要承担相应的投资损失。

3. 除股票投资外,投资通常不能随时出售。投资企业依所持股份份额享有股东的权利并承担相应义务,一般情况下不能随意抽回投资。

5.5.2 长期股权投资的初始计量及核算

5.5.2.1 长期股权投资的初始计量

长期股权投资可以通过企业合并形成,也可以通过支付现金、发行权益证券、投资者投入、非货币性资产交换、债务重组等企业合并以外的其他方式取得。在不同的取得方式下,长期股权投资初始成本的确定方法有所不同。但是,无论企业以何种方式取得长期股权投资,实际支付的价款或对价中包含的已宣告但尚未领取的现金股利或利润都应作为应收项目单独入账,不构成取得长期股权投资的成本。按照《企业会计准则第2号——长期股权投资》规定,长期股权投资初始成本的确定,应当区分企业合并形成的长期股权投资和其他方式取得的长期股权投资两种情况。

1. 企业合并形成的长期股权投资

企业合并指两个或者两个以上单独的企业合并形成一个报告主体的交易或事项。以是否在同一控制下进行企业合并为基础,在企业合并中形成的长期股权投资还应进一步区分同一控制下的企业合并和非同一控制下的企业合并两种方式。

（1）同一控制下企业合并形成的长期股权投资

同一控制下企业合并是指参与合并的企业在合并前后均受同一方或相同的多方最终控制且该控制并非暂时性的情况下进行的合并。同一控制下的企业合并,在合并日取得对其他参与合并企业控制权的一方为合并方,参与合并的其他企业为被合并方。合并日指合并方实际取得对被合并方控制权的日期。

对于同一控制的企业合并,从能够对参与合并各方在合并前及合并后均实施最终控制的一方来看,最终控制方在企业合并前及合并后能够控制的资产并没有发生变化。因此,在同一控制下的企业合并,合并方在企业合并中取得的资产和负债,应当按照合并日其在被合并方的账面价值计量。合并方取得的净资产账面价值与支付的合并对价账面价值(或发行股份面值总额)的差额,应当调整资本公积(仅指资本溢价或股本溢价);资本公积不足冲减的,调整留存收益。

①同一控制下的企业合并,合并方以支付现金、转让非现金资产或承担债务方式作为合并对价的,应当在合并日按照取得被合并方所有者权益账面价值的份额作为长期股权投资的初始投资成本。长期股权投资初始投资成本与支付的现金、转让的非现金资产以及所承担债务账面价值之间的差额,应当调整资本公积;资本公积不足冲减的,调整留存收益。

合并方应在合并日按取得被合并方所有者权益账面价值的份额,借记"长期股权投资——成本"科目,按享有被投资单位已宣告但尚未发放的现金股利或利润,借记"应收股利"科目,按支付的合并对价的账面价值,贷记有关资产等科目,按其贷方差额,贷记"资本公积——资本溢价或股本溢价"科目。如为借方差额,应借记"资本公积——资本溢价或股本溢价"科目,资本公积(资本溢价或股本溢价)不足冲减的,应依次借记"盈余公积"、"利润分配——未分配利润"科目。

[例5-15] A公司和B公司同属于一企业集团的子公司,A公司以银行存款2 360万元取得B公司80%的股权。合并日被合并企业的账面所有者权益总额为2 400万元。

A公司拥有的长期股权投资 = 24 000 000 × 80% = 19 200 000

借:长期股权投资　　　　　19 200 000
　　资本公积——资本溢价　　4 400 000
　　贷:银行存款　　　　　　　　　　23 600 000

如果A公司资本公积不足冲减,则冲减其留存收益。

②合并方以发行权益性证券作为合并对价的,应当在合并日按照取得被合并方所有者权益账面价值的份额作为长期股权投资的初始投资成本。按照发行股份的面值总额作为股本,长期股权投资初始投资成本与所发行股份面值总额之间的差额,应当调整资本公积;资本公积不足冲减的,调整留存收益。

合并方应在合并日按取得被合并方所有者权益账面价值的份额,借记"长期股权投资——成本"科目,按享有被投资单位已宣告但尚未发放的现金股利或利润,借记"应收股利"科目,按发行股份的面值总额,贷记"股本"科目,按支付的权益性证券发行费用,贷记"银行存款"等科目,按其贷方差额,贷记"资本公积——资本溢价或股本溢价"科目。如为借方差额,应借记"资本公积——资本溢价或股本溢价"科目,资本公积(资本溢价或股本溢价)不足冲减的,应依次借记"盈余公积"、"利润分配——未分配利润"科目。

[例5-16] A公司和B公司同属于一企业集团的子公司,2007年6月,A公司发行普通股(每股面值1元)1 000万元作为代价取得B公司50%的股权,合并日B公司账面所有者权益总额为2 400万元。

```
借：长期股权投资              12 000 000
    贷：股本                              10 000 000
        资本公积——资本溢价                 2 000 000
```

(2) 非同一控制下企业合并形成的长期股权投资。

参与合并的各方在合并前后不受同一方或相同的多方最终控制的，为非同一控制下的企业合并。非同一控制下的企业合并，在购买日取得对其他参与合并企业控制权的一方为购买方，参与合并的其他企业为被购买方。

非同一控制下的企业合并，购买方应将企业合并作为一项购买交易，合理确定合并成本，作为长期股权投资的初始投资成本，应当区别下列情况确定合并成本。

①通过一次交换交易实现的企业合并，合并成本为购买方在购买日为取得对被购买方的控制权而付出的资产、发生或承担的负债以及发行的权益性证券的公允价值；

②通过多次交换交易分步实现的企业合并，合并成本为每一单项交易成本之和；

③购买方为进行企业合并发生的各项直接相关费用也应当计入企业合并成本，但该直接相关费用不包括为企业合并发行的债券或承担其他债务支付的手续费、佣金等，也不包括企业合并中发行权益性证券发生的手续费、佣金等费用；

④在合并合同或协议中对可能影响合并成本的未来事项作出约定的，购买日如果估计未来事项很可能发生并且对合并成本的影响金额能够可靠计量的，购买方应当将其计入合并成本。

非同一控制下的企业合并所形成的长期股权投资，应在购买日按所放弃的资产、发生或承担的负债及发行的权益性证券的公允价值及相关费用，借记"长期股权投资——成本"科目，按享有被投资企业已宣告但尚未发放的现金股利或利润，借记"应收股利"科目，按支付的合并对价的账面价值，贷记有关资产或有关负债科目，按发生的直接相关费用，贷记"银行存款"科目，按其差额，贷记"营业外收入"或借记"营业外支出"等科目。非同一控制下的企业合并涉及以库存商品等作为合并对价的，应按库存商品的公允价值，贷记"主营业务收入"科目，并同时结转相关的成本。涉及增值税额的，还应进行相应的处理。

[例5-17] 宝力华生股份有限公司以其固定资产向甲公司投资，占甲公司注册资本的60%，该固定资产的账面原价为8 000万元，已计提折旧1 000万元，其中目前市场价格为7 600万元。

```
借：长期股权投资              76 000 000
    累计折旧                  10 000 000
    贷：固定资产                          80 000 000
        营业外收入                         6 000 000
```

2. 以企业合并以外的方式取得的长期股权投资

以支付现金、非现金资产等其他方式取得的长期股权投资,应根据长期股权投资准则确定的初始投资成本,借记"长期股权投资——××公司(成本)"科目,应按被投资单位收取的已宣告但尚未发放的现金股利或利润,借记"应收股利"科目贷记"银行存款"等科目。

[例5-18] 宝力华生股份有限公司2007年6月1日从证券市场上购入甲公司发行在外的2 000万股股票作为长期股权投资,每股8元(含已宣告但尚未发放的现金股利1元),实际支付价款16 000万元,另支付相关税费80万元。

应收的股利 = 20 000 000 × 1 = 20 000 000
长期股权投资成本 = 8 × 200 000 000 + 800 000 − 200 000 000 = 140 800 000

借:长期股权投资——甲公司(成本)   140 800 000
　　应收股利   20 000 000
　贷:银行存款   160 800 000

5.5.3 长期股权投资的后续计量及核算

企业取得长期股权投资后,其核算方法有两种,即成本法和权益法,核算方法不同,其后续计量要求也就不同。

5.5.3.1 长期股权投资核算的成本法

1. 成本法的概念和适用范围

成本法是指长期股权投资的价值通常按初始投资成本计量,除追加或收回投资外,一般不对长期股权投资的账面价值进行调整的一种会计处理方法。企业持有的长期股权投资,在下列情况下应采用成本法核算:

(1)投资企业能够对被投资单位实施控制的长期股权投资;

(2)投资企业对被投资单位的影响力在重大影响以下,且在活跃市场中没有报价,公允价值不能可靠计量的投资。

2. 成本法的核算

(1)初始投资或追加投资时,按初始投资或追加投资时的初始投资成本加上追加投资后的初始投资成本,作为长期股权投资的账面价值。但实际支付的价款或对价中包含的已宣告但尚未领取的现金股利应作为应收项目单独核算。

(2)被投资单位宣告分派的利润或现金股利,投资企业按应享有的部分,确认为当期投资收益,但投资企业确认的投资收益,仅限于所获得的被投资单位在接受投资后产生的累积净利润的分配额。如果投资企业所获得的被投资单位宣告分派的利润或现金股

利超过了被投资单位在接受投资后产生的累积净利润,则应作为初始投资成本的冲回,冲减长期股权投资的账面价值。具体处理如下:

第一,投资年度的利润或现金股利的处理。在会计实务中,被投资单位的年度利润,往往于下一会计年度进行分配。因此,投资企业投资当年分得的现金股利或利润,是由投资前被投资单位获得的利润分得的,故不能作为当期投资收益,而应作为初始投资成本的收回。如果投资企业投资当年分得的利润或现金股利,有一部分来自于投资后被投资单位的盈余分配,则确认为当期投资收益。其计算公式如下:

投资年度应享有的投资收益 = 投资当年被投资单位实现的净损益 × 投资企业持股比例 × [当年投资持有月份/全年月份(12)]

应冲减初始投资成本的金额 = 被投资单位分派的利润或现金股利 × 投资企业持股比例 - 投资企业投资年度应享有的投资收益

[例5-19] 2007年1月24日,宝力华生股份有限公司以每股7.60元的价格购入甲公司股票300 000股作为长期股权投资,支付交易税费5 200元,采用成本法核算。2007年3月28日,甲公司宣布2006年度股利分配方案,每股分派现金股利0.60元,并于4月20日发放。账务处理如下:

①2007年1月24日,宝力华生股份有限公司购入甲公司股票。

初始投资成本 = 300 000 × 7.60 + 5 200 = 2 285 200(元)

借:长期股权投资——甲公司(成本)　　　2 285 200
　　　贷:银行存款　　　　　　　　　　　　2 285 200

②2007年3月28日,甲公司宣告分派现金股利。

现金股利 = 300 000 × 0.60 = 180 000(元)

借:应收股利　　　　　　　　180 000
　　　贷:长期股权投资——甲公司(成本)　180 000

③20×7年4月20日,收到现金股利。

借:银行存款　　　　　　　　180 000
　　　贷:应收股利　　　　　　180 000

第二,投资年度以后的利润或现金股利的处理。投资企业收到被投资单位投资年度以后分派的利润或现金股利,按下列公式确认投资收益或冲减初始投资成本:

应冲减初始投资成本的金额 = (投资后至本年末止被投资单位累计分派的利润或现金股利 - 投资后至上年末止被投资单位累计实现的净损益) × 投资企业的持股比例 - 投资企业已冲减的初始投资成本

应确认的投资收益 = 投资企业当年获得的利润或现金股利 - 应冲减初始投资成本的金额

具体应用时应注意:1.如果应冲减初始投资成本的金额的计算公式中,括号内前者大于后者,则按公式计算确认应冲减投资成本的金额;如果前者等于或小于后者,则投资企业当期收到被投资单位分派的利润或现金股利,应全部确认为当期投资收益。2.如果被投资单位在年度中间宣告分派利润或现金股利,则企业无法取得被投资单位投资后至本年末累积分派的利润或现金股利,这时可按投资后至本次发放股利止累积分派的利润或现金股利计算。3.投资企业获得被投资单位投资前累积盈余的分配已冲减投资成本的部分,待被投资单位用以后年度未分配的利润弥补时,再恢复原冲减的投资成本,使投资成本仍保持原投资时的初始投资成本。

[例5-20] A公司于2007年1月1日购入B公司股票,占B公司有表决权资本的10%,并准备长期持有,投资成本为360 000元。A公司于2007年4月1日宣告分派2006年度现金股利400 000元,B公司于2007年度全年实现净利润1 200 000元。

①2007年1月1日投资时

借:长期股权投资　　　　　　　360 000
　　贷:银行存款　　　　　　　　　　　　360 000

②2007年4月1日,分派投资前现金股利时

借:应收股利　　　　　　　　　40 000
　　贷:长期股权投资　　　　　　　　　　40 000

③若2008年4月1日,乙公司宣告分派2007年度现金股利800 000元。

应冲减初始投资成本的金额 = [(400 000 + 800 000) - 1 200 000] × 10% - 40 000
　　　　　　　　　　　　= -40 000(元)

应确认的投资收益 = 800 000 × 10% - (-40 000) = 120 000(元)

借:应收股利　　　　　　　　　80 000
　　长期股权投资　　　　　　　40 000
　　贷:投资收益　　　　　　　　　　　　120 000

④若2008年4月1日,乙公司宣告分派2007年度的现金股利1 200 000元。

应冲减初始投资成本的金额 = [(400 000 + 1 200 000) - 1 200 000] × 10% - 40 000 = 0

应确认的投资收益 = 1 200 000 × 10% = 120 000(元)

借:应收股利　　　　　　　　　120 000
　　贷:投资收益　　　　　　　　　　　　120 000

⑤若2008年4月1日,乙公司宣告分派2007年度的现金股利1 300 000元。

应冲减初始投资成本的金额 = [(400 000 + 1 300 000) - 1 200 000] × 10% - 40 000
　　　　　　　　　　　　= 10 000(元)

应确认的投资收益 = 1 300 000 × 10% - 10 000 = 120 000(元)

借:应收股利　　　　　　　　　　　　130 000
　　贷:投资收益　　　　　　　　　　　　　　120 000
　　　　长期股权投资　　　　　　　　　　　　10 000

5.5.3.2 长期股权投资核算的权益法

1. 权益法的概念和适用范围

权益法是指投资以初始投资成本计量后,在投资持有期间根据企业享有被投资单位所有者权益份额的变动对投资的账面价值进行调整的方法。在权益法下,长期股权投资的账面价值随着被投资单位所有者权益的变动而变动,包括被投资单位实现的净利润或发生的净亏损以及其他所有者权益项目的变动。投资企业对被投资单位具有共同控制或重大影响时,长期股权投资应采用权益法核算。

2. 权益法的核算

(1)初始投资或追加投资时,将初始投资成本或追加投资成本记入"长期股权投资——×公司(成本)"明细科目。

(2)获得被投资企业所有者权益总额的信息时,计算出投资成本与应享有被投资企业所有者权益中可辨认净资产公允价值份额的差额,该部分差额可以看做被投资企业的股东给予投资企业的让步,或是出于其他方面的考虑,被投资企业的原有股东无偿赠与投资企业的价值,因而应确认为当期收益,同时调整长期股权投资的成本,按其差额,借记"长期股权投资——××公司(成本)"科目,贷记"营业外收入"科目。

[例5-21]A公司于2007年1月1日以6 000万元取得B公司40%股权,取得投资时被投资企业可辨认净资产的公允价值为14 000万元。假设A企业能够对B公司实施重大影响。则甲公司取得投资时:

借:长期股权投资——B公司(成本)　　60 000 000
　　贷:银行存款　　　　　　　　　　　　　　60 000 000

[例5-22]接上例,如果投资时B公司可辨认净资产的公允价值为16 000万元,其他条件与上例相同。

借:长期股权投资——B公司(成本)
　　　　　　　　　　　　　　　　　　64 000 000
　　贷:银行存款　　　　　　　　　　　　　　60 000 000
　　　　营业外收入　　　　　　　　　　　　　4 000 000

(3)投资后,收到被投资企业年度财务报表时,应根据表中实现的净利润,按持股比例计算应享有的份额,借记"长期股权投资——×公司(损益调整)"科目,贷记"投资收益"科目。或根据被投资企业发生的净亏损,作相反会计分录,但以"长期股权投资"科目的账面价值减计至零为限;还需要承担的投资损失,应将其他实质上构成对被投资企业净投资的"长期应收款"等科目的账面价值减计至零为限;除按照以上步骤已确认的损失外,按照投资合同或协议约定将承担的损失,确认为预计负债。发生亏损的被投资企业以后实现净利润,应按与上述相反的顺序进行处理。

被投资企业以后宣告发放现金股利或利润时,投资企业应区分两种情况:

如果被投资企业宣告分派的是投资前实现的净利润,计算应分得的部分,借记"应收股利"科目,贷记"长期股权投资——×公司(成本)"科目。

如果分派的是投资后实现的净利润,计算应分得的部分,借记"应收股利"科目,贷记"长期股权投资——×公司(损益调整)"科目。收到被投资企业宣告发放的股票股利,不进行账务处理,但应在备查簿中登记。

[例5-23] 承[例5-20],B公司于2007年4月1日宣告分派2006年度利润600万元。2008年3月2日,B公司报出的年报显示该公司2007年度实现净利润1 000万元。2008年4月11日,B公司宣告分派2007年度利润800万元。2009年3月20日,B公司报出的年报显示该公司2008年度发生净亏损1 400万元。2010年3月22日,B公司报出的年报显示该公司2009年度发生净亏损14 000万元。2011年3月2日,B公司报出的年报显示该公司2010年度实现净利润4 000万元。

①2007年4月1日:

借:应收股利　　　　　　　　　　　　2 400 000
　　贷:长期股权投资——B公司(成本)　　2 400 000

②2008年3月2日:

借:长期股权投资——B公司(损益调整)
　　　　　　　　　　　　　　　　　　4 000 000
　　贷:投资收益　　　　　　　　　　　4 000 000

③2008年4月11日:

借:应收股利　　　　　　　　　　　　3 200 000
　　贷:长期股权——B公司(损益调整)　　3 200 000

④2009年3月20日:

借:投资收益　　　　　　　　　　　　5 600 000
　　贷:长期股权投资——B公司(损益调整)　5 600 000

⑤2010年3月22日,2009年度发生净亏损14 000万元,A公司应分担5 600万元(14 000×40%)。但本企业可减少的"长期股权投资——B公司"科目的账面价值为5 280万元(6 000-240+400-320-560),备查簿中应记录未确认的亏损分担金额为320万元。

借:投资收益　　　　　　　　　　　　52 800 000
　　贷:长期股权投资——B公司(损益调整)　52 800 000

⑥2011年3月2日,2010年度实现净利润4 000万元,可恢复"长期股权投资——B公司"科目账面价值为1 280万元(4 000×40% - 320)。

  借:长期股权投资——B公司(损益调整) 12 800 000
   贷:投资收益   12 800 000

(4)投资企业对于被投资企业除净损益以外所有者权益的其他变动,应当调整长期股权投资的账面价值并计入所有者权益。

在持股比例不变的情况下,被投资单位除净损益以外所有者权益的其他变动,企业按持股比例计算应享有的份额,借记或贷记"长期股权投资——公司(其他权益变动)"科目,贷记或借记"资本公积——其他资本公积"科目。

[例5-24] 宝力华生股份有限公司对甲公司的投资占其有表决权资本的比例为40%,甲公司2007年8月20日将自用房地产转换为采用公允价值模式计量的投资性房地产,该项房地产在转换日的公允价值大于其账面价值的差额为200万元。

  借:长期股权投资——甲公司(其他权益变动) 80
   贷:资本公积——其他资本公积   80

5.5.4 长期股权投资核算方法的转换

5.5.4.1 成本法转换为权益法

投资企业对于因追加投资等原因,能够对被投资单位实施共同控制或产生重大影响但不构成控制的长期股权投资,应由成本法改为权益法核算。投资企业在中止成本法时,应按长期股权投资的账面价值作为权益法核算的初始投资成本,初始投资成本小于转换时占被投资单位可辨认净资产公允价值份额的差额,借记"长期股权投资——××公司(成本)"科目,贷记"营业外收入"科目。

[例5-25] 2006年1月1日,宝力华生股份有限公司以9 270 000元的价款(包括相关税费)取得甲公司股票300万股作为长期股权投资,占甲公司有表决权股份的10%,采用成本法核算。2007年1月1日,宝力华生股份有限公司再次以13 700 000元的价款(包括相关税费)取得甲公司股票450万股,占甲公司有表决权股份的15%。至此,宝力华生股份有限公司已累计持有甲公司25%的股份,对甲公司的股权投资改按权益法核算。2006年12月31日,甲公司可辨认净资产公允价值为96 000 000元。

(1)2006年1月1日,购入甲公司股票

  借:长期股权投资——甲公司(成本) 9 270 000
   贷:银行存款   9 270 000

(2)2007年1月1日,再次购入甲公司股票

  借:长期股权投资——甲公司(成本) 13 700 000
   贷:银行存款   13 700 000

（3）成本法转换为权益法

长期股权投资账面价值 = 9 270 000 + 13 700 000 = 22 970 000

占甲公司净资产公允价值份额 = 96 000 000 × 25% = 24 000 000（元）

成本法下核算的长期股权投资账面价值 22 970 000 元即为权益法下的初始投资成本。由于该初始投资成本小于应享有甲公司可辨认净资产公允价值的份额，因此，应将其差额计入当期营业外收入，同时调整权益法下的初始投资成本。宝力华生股份有限公司应作如下会计处理：

初始投资成本调整额 = 24 000 000 - 22 970 000 = 1 030 000（元）

借：长期股权投资——甲公司（成本）　　　　　　1 030 000
　　贷：营业外收入　　　　　　　　　　　　　　　　　　1 030 000

调整后的投资成本 = 22 970 000 + 1 030 000 = 24 000 000（元）

5.5.4.2 权益法转换为成本法

投资企业因减少投资等原因对被投资单位不再具有共同控制或重大影响，并且在活跃市场中没有报价、公允价值不能可靠计量的长期股权投资，应当改按成本法核算，并以权益法下长期股权投资的账面价值作为按照成本法核算的初始投资成本。对中止采用权益法前被投资单位实现的净利润或发生的净亏损，仍应按权益法的核算要求调整投资的账面价值，并确认投资损益；其后，被投资单位宣告分派现金股利或利润时，属于已计入长期股权投资账面价值的部分，作为成本法下初始投资成本的收回，冲减投资成本。

[例 5-26] 宝力华生股份有限公司持有乙公司股份 2 000 万股，占乙公司有表决权股份的 20%，采用权益法核算。截至 2006 年 12 月 31 日，该项股权投资的账面价值为 7200 万元，其中，成本 4 800 万元，损益调整 2 400 万元（假定应享有乙公司 20×6 年度的收益份额已确认入账）。2007 年 1 月 1 日，宝力华生股份有限公司将 1 500 万股乙公司股份转让给其他企业，收到转让价款 6 400 万元。由于宝力华生股份有限公司对乙公司的持股比例已降为 5%，不再具有重大影响，因此，改按成本法核算。2007 年 3 月 20 日，乙公司宣告 2006 年度利润分配方案，每股分派现金股利 0.20 元。其账务处理如下：

（1）2007 年 1 月 1 日，转让乙公司股份。

转让股份的账面价值 = 7 200 × 1 500/2 000 = 5400（万元）

其中：成本 = 4 800 × 1 500/2 000 = 3 600（万元）

损益调整 = 2 400 × 1 500/2 000 = 1 800（万元）

借：银行存款　　　　　　　　64 000 000
　　贷：长期股权投资——乙公司（成本）　　36 000 000
　　　　　　　　　　——乙公司（损益调整）18 000 000
　　　　投资收益　　　　　　　　　　　　　10 000 000

(2)权益法转换为成本法。

其中:成本 = 4 800 - 3 600 = 1 200(万元)

损益调整 = 2 400 - 1 800 = 600(万元)

借:长期股权投资——乙公司(成本) 18 000 000

  贷:长期股权投资——乙公司(成本) 12 000 000

    ——乙公司(损益调整) 6 000 000

(3)2007年3月20日,乙公司宣告分派现金股利。

宝力华生股份有限公司剩余股份应分得的现金股利为50万元(500万股×0.20元),属于采用成本法前乙公司实现净利润的分配额,而该部分利润分配额已按权益法的核算要求,确认了投资收益,并调整了股权投资的账面价值。因此,在宝力华生股份有限公司改按成本法核算后,应作为冲减投资成本处理。其账务处理如下:

借:应收股利 1 000 000

  贷:长期股权投资——乙公司(成本) 1 000 000

5.5.5 长期股权投资的处置

处置长期股权投资,其账面价值与实际取得价款的差额,应当计入当期损益(投资收益)。采用权益法核算的长期股权投资,因被投资单位除净损益以外所有者权益的其他变动而计入所有者权益的,处置该项投资时应当将原计入所有者权益的部分按相应比例转入当期损益(投资收益)。

部分处置某项长期股权投资时,应按该项投资的总平均成本确定其处置部分的成本,并按相应比例结转已计提的减值准备和资本公积项目。

出售长期股权投资时,应按实际收到的金额,借记"银行存款"等科目,原已计提减值准备的,借记"长期股权投资减值准备"科目,按其账面余额,贷记"长期股权投资"科目,按尚未领取的现金股利或利润,贷记"应收股利"科目,按其差额,贷记或借记"投资收益"科目。出售采用权益法核算的长期股权投资时,还应按处置长期股权投资的投资成本比例结转原计入资本公积的金额,借记或贷记"资本公积——其他资本公积"科目,贷记或借记"投资收益"科目。

[例5-27]宝力华生股份有限公司对持有的丙公司股份采用权益法核算。2007年4月5日,宝力华生股份有限公司将持有的丙公司股份全部转让,收到转让价款9 000万元,其中包括宝力华生股份有限公司应收丙公司已宣告但尚未发放的现金股利600万元。转让日,该项股权投资的账面价值为7 300万元,其中,成本4 400万元,损益调整(借方)2 400万元,其他权益变动(借方)500万元。其账务处理如下:

转让损益 = 9 000 - 7 300 - 600 = 1 100(万元)

借:银行存款　　　　　　　　　　　90 000 000
　　贷:长期股权投资——丙公司(成本)　　44 000 000
　　　　　　　　　　——丙公司(损益调整) 24 000 000
　　　　　　　　　　——丙公司(其他权益变动)
　　　　　　　　　　　　　　　　　　5 000 000
　　　应收股利　　　　　　　　　　　6 000 000
　　　投资收益　　　　　　　　　　　11 000 000
借:资本公积——其他资本公积　　　5 000 000
　　贷:投资收益　　　　　　　　　　　5 000 000

5.5.6 长期股权投资的减值

5.5.6.1 长期股权投资减值概述

长期股权投资减值是指长期股权投资预计未来可收回金额,低于其账面价值所发生的损失。预计未来可收回金额是指企业资产出售的净价与预期从该资产的持有和投资到期处置中形成的预计未来现金流量的现值两者之中的较高者。其中,资产出售净价是指资产的出售价值减去所发生的处理费用后的余额。

企业应定期或至少每年度终了对所持有的长期股权投资的账面价值进行检查。如果由于市场价格持续下跌或被投资单位经营状况变化等原因造成长期股权投资预计可收回金额低于其账面价值,根据稳健性原则,应当计提长期股权投资减值准备。

在实际工作中,应根据以下迹象加以判断是否发生减值,是否计提减值准备:1.市价持续两年低于账面价值;2.该项投资暂停交易一年;3.被投资单位当年发生严重亏损;4.被投资单位持续两年发生亏损;5.被投资单位进行清理整顿、清算或出现其他不能持续经营的迹象。当企业持有的长期股权投资出现上述迹象之一时,即可视为该项投资已发生减值损失,可以计提减值准备。对采用权益法核算的企业如果涉及商誉的,在计提减值准备时首先要调整商誉的价值,商誉价值减为零后再计提减值准备。

5.5.6.2 长期股权投资减值的核算

企业计提长期股权投资减值准备,应按单个投资项目计算确定,按应减记的金额,借记"资产减值损失"科目,贷记"长期股权投资减值准备"科目。企业的长期股权投资减值准备一经确认,在以后会计期间不得转回。处置长期股权投资时,应同时结转已计提的长期股权投资减值准备。

[例5-28] A公司2007年1月1日购入B公司股票80 000股,每股股价12元,投资成本为960 000元,该项投资采用权益法核算。2007年7月,B公司所在地区发生火灾,B企业大部分资产已遭受损失,并无恢复的可能,使其股票实价下跌为每股4元。

应计提减值准备 = 960 000 - 4×80 000 = 640 000(元)

借:投资收益——长期投资减值准备
　　　　　　　　　　　　　　　640 000
　贷:长期股权减值准备——B公司　　640 000

思考与练习:

1. 思考题

(1)什么是投资?如何对投资进行分类?

(2)交易性金融资产的含义?如何确认交易性金融资产投资成本与投资收益?

(3)如何确认持有至到期投资利息收益?

(4)长期股权投资的成本法及权益法的内容?成本法与权益法各自的适用范围是什么?

(5)什么是长期股权投资?长期股权投资初始投资成本如何确定?

(6)什么是长期股权投资减值?如何计提长期投资减值准备?

2. 练习题:

习题一

(1)目的:练习债券投资的会计处理。

(2)资料:甲股份有限公司20×3年1月1日购入乙公司当日发行的五年期债券,准备持有至到期。债券的票面利率为12%,债券面值1 000元,企业按1 050元的价格购入80张。该债券每年年末付息一次,最后一年还本并付最后一次利息。假设甲公司按年计算利息。假定不考虑相关税费。该债券的实际利率为10.66%。3)要求:做出甲公司有关上述债券投资的会计处理(计算结果保留整数)。

习题二

(1)目的:练习交易性金融资产的帐务处理。

(2)资料:某股份有限公司2007年有关交易性金融资产的资料如下:

①3月1日以银行存款购入A公司股票50 000股,并准备随时变现,每股买价16元,同时支付相关税费4 000元。

②4月20日A公司宣告发放的现金股利每股0.4元。

③4月21日又购入A公司股票50 000股,并准备随时变现,每股买价18.4元(其中包含已宣告发放尚未支取的股利每股0.4元),同时支付相关税费6 000元。

④4月25日收到A公司发放的现金股利20 000元。

⑤6月30日A公司股票市价为每股16.4元。

⑥7月18日该公司以每股17.5元的价格转让A公司股票60 000股,扣除相关税费10 000元,实得金额为1 040 000元。

⑦12月31日A公司股票市价为每股18元。

(3)要求:根据上述经济业务编制有关会计分录。

参考阅读材料:

刘永泽、陈立军主编.中级财务会计.大连东北财大学出版社,2007.2

银祥军主编.财务会计.上海.立信会计出版社

何卫红主编.财务会计新编.北京.清华大学出版社,2007.6

第6章 固定资产

本章主要内容：
- 固定资产的特征和分类
- 固定资产取得
- 固定资产折旧
- 固定资产的后续支出
- 固定资产处置
- 固定资产清查
- 固定资产的期末计价

6.1 固定资产概述

6.1.1 固定资产的概念和特征

1. 概念

固定资产作为一定种长期资产，可供企业生产经营长期使用，而且会给企业带来未来的经济利益。它是为生产商品、提供劳务、出租或经营管理而持有的，使用寿命超过一个会计期间的有形资产。

2. 确认条件

作为固定资产，首先是要符合固定资产的定义，然后还需要同时符合以下两个条件：一是与该项固定资产有关的经济利益很可能流入企业；二是该固定资产的成本能够可靠地计量。不能作为固定资产管理和核算的工具、器具等，应作为低值易耗品。

如果一项综合性固定资产的各组成部分具有不同特点、或不同使用寿命、或以不同方式为企业提供经济利益、适用不同折旧率或折旧方法的，应当分别将各组成部分确认为单项固定资产，而不应作为一项固定资产确认。

3. 根据上述定义，固定资产应具有以下特征：

（1）使用期限较长，但使用寿命有限（土地除外）。其使用期限都是超过一年或长于一年的一个营业周期，这一特征说明企业发生在固定资产上的支出属于资本性支出，而不是收益性支出，同时也表明对其有必要提取折旧，进行固定资产报废、更新等处理。

（2）使用过程中保持其原有的实物形态固定不变。这一特征有利于它与无形资产相区分。

（3）企业拥有固定资产的目的是用于生产经营活动而不是为了出售。这是与流动资产相区别的重要特征。

为了加强对固定资产的管理，企业应根据固定资产的有关特征，结合本企业的具体情况，制定适合本企业的固定资产目录、分类方法、每类或每项固定资产的折旧年限及折旧方法，作为对固定资产的核算依据。

6.1.2 固定资产的分类

企业固定资产的种类繁多，规格不一，用途各异，为了加强管理和核算，有必要按不同标准对其进行科学、合理的分类。

1. 按经济用途分类

（1）生产经营用固定资产，是指直接服务于企业生产、经营过程的房屋及建筑物、机器设备、运输设备、动力传导设备、工具器具等。

（2）非生产经营用固定资产，是指不直接服务于生产、经营过程的职工宿舍、食堂、浴室、理发室等使用的房屋、设备和其他固定资产等。

按照固定资产的经济用途分类，可以归类反映和监督生产经营用固定资产和非生产经营用固定资产的构成，分析各类固定资产构成的合理性。

2. 按使用情况分类

（1）使用中的固定资产，是指正在使用（包括企业内部使用和出租给其他单位使用）的各种固定资产，以及由于修理停用或季节性停用的固定资产；未使用的房屋及建筑物由于受到自然力的影响，会发生使用价值的损耗，因而也列入使用中的固定资产。

（2）未使用的固定资产，是指已经完工或购建的尚未交付使用的新增固定资产以及因进行改扩建等原因暂停使用的固定资产。

（3）不需用的固定资产，是指企业多余或不适用、需要调配处置的固定资产。

按照固定资产的使用情况分类，有利于反映固定资产的使用状况及其比例关系，便于分析固定资产的利用效率，挖掘固定资产的使用潜能，也便于企业合理地计提固定资产折旧。

3. 按所有权分类

（1）自有的固定资产，是指企业拥有所有权的固定资产。

（2）融资租入的固定资产，是指企业在租赁期间不拥有所有权但拥有实质控制权的各种固定资产;在租赁期内,它应视同为自有的固定资产进行管理,照提折旧。

4. 综合分类

(1) 生产经营用固定资产。

(2) 非生产经营用固定资产。

(3) 经营租出的固定资产。

(4) 不需用的固定资产。

(5) 未使用的固定资产。

(6) 土地。指过去已经单独入账的土地,企业不单独入账而取得的土地使用权应列为无形资产进行核算。

(7) 融资租入固定资产。

6.1.3 固定资产的计价

为了正确反映固定资产价值的增减变动情况,应按一定的计量基础进行计价,同时明确固定资产的初始计量原则,以及不同来源渠道取得固定资产的计价方法。

1. 固定资产的计量基础

(1) 按历史成本计量:即按固定资产的原始价值计量,简称原值或原价,是指购建某项固定资产达到使用状态前发生的全部耗费。企业新建固定资产的计价,确定计提折旧的依据等均应采用这种方法。它可以客观地反映固定资产的原始投资额,是固定资产的基本计量标准。一般来讲,企业从外部取得的固定资产,其原值应包括固定资产的买价(含增值税)、远杂费、包装费以及安装调试费等。

(2) 按重置完全价值计量

重置完全价值也称重置价值或现值,是指企业在当前的生产技术条件下,重新购置同样全新的固定资产所需的全部耗费。

(3) 按折余价值计量

折余价值也称净值,是指固定资产原值减去已提折旧后的余额。将固定资产原值与其净值对比,可以了解固定资产的新旧程度。

2. 固定资产的初始计量原则

固定资产的初始计量,原则上应按其取得时的历史成本计量。固定资产取得时的历史成本包括购建某项固定资产达到预定使用状态前发生的直接支出和间接支出两部分。直接支出包括买价、运杂费、包装费、相关税金及安装成本等;间接费用是指应承担的借款利息、外币折算差额及应分配的其他间接费用。

3. 不同来源渠道取得固定资产的计价方法

(1) 购置的固定资产,应按实际支付的买价,加上包装费、运杂费、安装成本、交纳的有关税费等作为入账价值。

（2）自行建造的固定资产，按建造该项固定资产达到预定使用状态前所发生的必要支出作为入账价值，包括工程物资成本、交纳的相关税费、应予资本化的借款利息及其他间接费用。

（3）投资者投入的固定资产，应当按照投资合同或协议约定的价值确定，但合同或协议约定价值不公允的除外。

（4）接受捐赠的固定资产，捐赠方提供了有关凭据（如发票、报关单、有关协议）的，按凭据上标明的金额加上应支付的相关税费，作为其入账价值。如果捐赠方未提供有关凭据的，按以下顺序确定其成本：

①同类或类似固定资产存在活跃市场的，按同类或类似资产的市场价值估计的金额，加上应支付的相关税费，作为其入账价值；

②同类或类似固定资产不存在活跃市场的，按接受捐赠资产的预计未来现金流量的现值，作为其入账价值。

（5）债务重组取得的固定资产，应当对受让的固定资产按其公允价值减去可抵扣的进项增值税后的差额，加上应支付的相关税费，作为其入账价值。重组债权的账面余额与受让固定资产的公允价值之间的差额，计入当期损益。

（6）非货币资产交换取得的固定资产，包括：以原材料换入固定资产，以一种固定资产换入另一种固定资产，以无形资产换入固定资产，以长期投资换入固定资产，以商品和产成品换入固定资产等，其换入资产的确认和计量，应分别具有商业实质和不具有商业实质的两种情况加以认定：

①非货币性资产交换具有商业实质，且换入资产或换出资产的公允价值能可靠计量的，应以公允价值加上相关税费作为换入固定资产的入账价值，若发生有补价，还要加上支付的补价或减去收到的补价。这时，公允价值与换出资产账面价值的差额计入当期损益。（注：换出资产为存货的，应以存货公允价值作为销售收入，同时结转其成本；换出资产是无形资产或另一种固定资产的，换出资产的公允价值与其账面价值的差额列入营业外支出或营业外收入；若换出资产是长期投资的，换出资产公允价值与其账面价值的差额计入投资损益）

②非货币性资产交换不具有商业实质，或者换入资产或换出资产的公允价值不能可靠计量的，应当以换出资产的账面价值加上相关税费作为换入固定资产的入账价值，若发生有补价，还要加上支付的补价或减去收到的补价。此时，不确认损益。

（7）融资租入的固定资产，承租方应于租赁开始日将租入固定资产公允价值与最低租赁付款额现值两者中较低者作为其入账价值，将最低租赁付款额作为长期应付款的入账价值，其差额作为未确认融资费用。

（8）盘盈的固定资产，应按重置完全价值和估计已提折旧作为其入账价值。

6.2 固定资产的取得

企业取得固定资产的来源主要包括购置、自行建造、租入、投资转入、接受捐赠等形式,取得的渠道不同,其账务处理也就有差别。会计核算应设置"固定资产"总账账户,反映固定资产原值的增减变化情况;同时,对于新建、改扩建以及需要安装的固定资产,为了核算其交付使用前发生的相关支出,还应设置和使用"在建工程"账户,该账户借方反映其工程发生的实际支出,贷方反映经验收交付使用固定资产的实际成本,余额表示未完工程支出的或已完工尚未交付使用的工程支出的实际成本,它一般应设置"建筑工程"、"安装工程"、"在安装设备"等明细账户;为了反映企业为工程准备的各种物资(包括工程用材料、尚未交付的安装设备及为生产准备的工具器具等)的实际成本,还应设置"工程物资"账户。

6.2.1 购置的固定资产

1. 购入不需要安装的固定资产

购入的不需要安装的固定资产,企业应根据购入时实际支付的全部价款(包含买价、相关税费等),加上运杂费、包装费等支出,借记"固定资产"账户,贷记"银行存款"账户。

[例6-1] A公司以银行存款购入一台不需要安装的机器一台,买价70 000元,进项增值税11 900元,另支付运费200元。机器已投入使用。企业应编制如下会计分录:

机器的原值 = 70 000 + 11 900 + 200 = 82 100(元)

借:固定资产　　　　　　　　　82 100
　　贷:银行存款　　　　　　　　　　　82 100

2. 购入需要安装的固定资产

购入的需要安装的固定资产,对安装工程完工前发生的支出均应通过"在建工程"进行核算,安装完毕后,再根据其全部安装工程成本进行结转,由"在建工程"账户转入"固定资产"账户。

[例6-2] B公司购入一台需要安装的设备,以银行存款支付买价100 000元,进项增值税17 000元,支付运杂费800元,包装费500元;安装过程中领用甲材料计10 000元(甲材料原采购时支付进项增值税1 700元),另以现金支付安装人员工资2 000元。根据有关凭证,企业应编制如下会计分录:

(1) 支付设备买价及税费款时:

借:在建工程——某设备　　　118 300
　　贷:银行存款　　　　　　　　　　　118 300

(2) 领用安装材料时:

```
借：在建工程——某设备            11 700
    贷：原材料——甲材料                 10 000
        应交税费——应交增值税（进项转出）
                                        1 700
```

（3）支付安装人员工资时：

```
借：在建工程——某设备             2 000
    贷：应付职工薪酬                    2 000
借：应付职工薪酬                  2 000
    贷：库存现金                        2 000
```

4）设备安装完毕时，应按安装发生的实际总成本132 000元作为原值。

```
借：固定资产——某设备           132 000
    贷：在建工程——某设备              132 000
```

6.2.2 自行建造的固定资产

自行建造的固定资产是指企业利用自己的力量自营建造以及出包给他人建造的固定资产。

企业自营建造的固定资产，原则上应包括建造过程中发生的全部支出，如直接材料、直接人工、其他与自营建造固定资产相关的支出以及在固定资产达到预定可使用状态前发生的长期借款费用等。为了正确确定固定资产价值，自营工程建造过程中发生的报废损失以及工程物资的盘盈、盘亏，减去保险公司和过失人赔偿后的差额，工程尚未完工的，调整工程成本；工程已完工的，计入营业外收支。

企业出包建造的固定资产，应以实际支付的全部工程价款以及应负担的长期借款费用等作为原值。

企业无论采用哪种方式自行建造固定资产，均应通过"在建工程"账户进行核算。

1．自营建造的固定资产

企业自营工程耗用的材料物资，一般应单独设置"工程物资"账户进行核算；基建工程领用本企业原材料的，应按原材料的实际成本加上不能抵扣的进项增值税，记入"在建工程"账户；领用本企业经营的商品时，应将发出商品视同为销售，按商品的实际成本（或进价）或计划成本（或售价）加上相关的税费，记入"在建工程"；自营工程应负担的职工工资和福利费记入工程成本，贷记"应付职工薪酬"账户；企业辅助生产部门为工程提供的水、电、设备装修、运输等劳务，根据实际成本和应负担的税费，记入"在建工程"账户。

[例6-3] 某公司自行建造仓库一座，发生下列相关支出：

（1）购入工程用材料300 000元，增值税51 000元，以银行存款支付，材料已入库。

```
借：工程物资                   351 000
```

贷：银行存款　　　　　　　　　　　　　351 000
　（2）自营工程领用原购全部物资。
　　　借：在建工程——自建仓库　　　351 000
　　　　　贷：工程物资　　　　　　　　　　　　　351 000
　（3）自营工程领用企业生产用甲材料计40 000元，应转出的进项增值税6 800元。
　　　借：在建工程——自建仓库　　　46 800
　　　　　贷：原材料——甲材料　　　　　　　　　40 000
　　　　　　　应交税费——应交增值税（进项转出）　6 800
　（4）工程应负担的职工工资20 000元，应付福利费2 800元。
　　　借：在建工程——自建仓库　　　22 800
　　　　　贷：应付职工薪酬　　　　　　　　　　　22 800
　（5）自营工程应负担的长期借款利息5 740元。
　　　借：在建工程——自建仓库　　　5 740
　　　　　贷：长期借款　　　　　　　　　　　　　5 740
　（6）工程完工后盘存剩余甲材料2 000元，增值税340元。
　　　借：原材料——甲材料　　　　　2 000
　　　　　应交税费——应交增值税　　340
　　　　　贷：在建工程——自建仓库　　　　　　　2 340
　（7）该项工程竣工验收，办理决算，实际总成本424 000元，转入固定资产。
　　　借：固定资产——仓库　　　　　424 000
　　　　　贷：在建工程——自建仓库　　　　　　　424 000
　2．出包建造的固定资产
　　企业采用出包方式建造固定资产，预付工程款和补付工程款，均应记入"在建工程"账户；出包工程竣工决算之前应负担的长期借款费用等记入工程成本。工程达到预定可使用状态时，办理竣工决算，将工程成本转作固定资产。
　　[例6-4]某企业拟建一座仓库，3月6日出包给华西建筑工程公司承建，按规定先预付工程价款250 000元，同年10月1日工程竣工决算时再补付工程价款150 000元，工程交付使用前应负担的长期借款利息4 600元。根据有关业务，编制如下会计分录：
　（1）以银行存款预付工程价款250 000元
　　　借：在建工程——出包仓库　　　250 000
　　　　　贷：银行存款　　　　　　　　　　　　　250 000
　（2）出包工程应负担的长期借款利息4 600元
　　　借：在建工程——出包仓库　　　4 600
　　　　　贷：长期借款　　　　　　　　　　　　　4 600

(3)工程完工,以银行存款补付价款150 000元
借:在建工程——出包仓库　　　150 000
　　贷:银行存款　　　　　　　　　　　　150 000
(4)工程竣工验收,办理竣工决算,工程总造价404 600元
借:固定资产——仓库　　　　　404 600
　　贷:在建工程——出包仓库　　　　　　404 600

6.2.3 投资转入的固定资产

企业对投资转入的机器设备等固定资产,一方面应反映固定资产的增加,另一方面应反映投资者投资额增加。投资转入固定资产,应按合同或协议约定的价值作为实际成本;按投资各方确认的价值在其注册资本中所占的份额,记入"实收资本"或"股本"账户。再按投资各方确认的价值与确认的实收资本额(或股本)的差额,贷记"资本公积"账户。

[例6-5]A公司注册资本2 000 000元,现接受B公司投资转入的设备一台,该设备的原账面原值为50 000元,已提折旧10 000元,按照协议确认的价值是35 000元,占A公司注册资本的1.5%。假定未发生相关税费。则应编制会计分录:
借:固定资产——某设备　　　　35 000
　　贷:实收资本——B公司　　　　　　　30 000
　　　　资本公积　　　　　　　　　　　　5 000

6.2.4 融资租入的固定资产

融资租赁是指实质上转移了与资产所有权有关的全部风险和报酬的租赁,是一种融资与融物相结合的租赁形式。租赁期满,租赁资产的所有权最终可能转移,也可能不转移。

对融资租入固定资产的核算,应在"固定资产"账户下单设"融资租入固定资产"明细账户。企业应在租赁开始日,按租赁资产的原账面价值与最低租赁付款额的现值两者中的较低者,借记入"固定资产"或"在建工程"(需安装的)账户,按最低租赁付款额贷记"长期应付款——应付融资租赁款"账户,再按其差额借记"未确认融资费用"账户。租赁期满,如合同规定将租赁资产转归承租企业时,再从"融资租入固定资产"明细账户转为自有的固定资产。

如果融资租赁资产占企业资产总额的比例等于或低于30%,在租赁开始日,企业也可按最低租赁付款额作为固定资产的入账价值,此时不核算"未确认融资费用"。

6.2.5 接受捐赠的固定资产

接受捐赠的固定资产,应区分捐赠方是否提供了有关凭据,按入账价值的不同规定,

账面上增记"固定资产"账户;按税法规定的入账价值与适用的所得税税率计提应交所得税,记入"递延所得税负债"账户;再按前述两者的差额记入"营业外收入"账户。接受捐赠过程中发生的相关费用,应记入捐赠资产价值。

[例6-6] A公司接受外商捐赠的设备一台,根据捐赠设备的发票、报关单等确定其价值60 000元(含税),估计折旧5 000元,发生运输费、包装费等计1 000元。该企业适用所得税税率为33%(按税法规定确认的价值是55 000元)。收到捐赠设备时,应作如下会计分录:

借:固定资产　　　　　　　　　　　56 000
　　贷:银行存款　　　　　　　　　　 1 000
　　　　递延所得税负债　　　　　　　18 150
　　　　营业外收入　　　　　　　　　36 850

6.2.6 债务重组取得的固定资产

企业通过债务重组方式取得的固定资产,应当按照受让固定资产的公允价值加上应支付的相关税费作为其入账价值。重组过程中产生的损益记入"营业外收入"或"营业外支出"账户。

[例6-7] 某公司收到B公司转来的一台设备,用来抵偿原欠货款70 200元;这台设备的原账面价值为80 000元,公允价值为65 000元。该公司对此项应收款已提坏账准备1 200元,另以银行存款支付运杂费1 000元。则该公司应作如下会计分录:

借:固定资产——某设备　　　　　　66 000
　　坏账准备　　　　　　　　　　　 1 200
　　营业外支出　　　　　　　　　　 4 000
　　贷:应收账款——B公司　　　　　70 200
　　　　银行存款　　　　　　　　　　1 000

6.3 固定资产折旧

1. 折旧的含义

企业的固定资产,除土地外,都有一定的使用寿命,它们的物质实体迟早会因为无法继续使用而损坏废弃,或者继续使用则会造成经济上的不合算而提早报废变卖。固定资产在有限的使用期内随着使用而逐渐损耗掉的价值,会计核算是通过计提折旧费的方式,从当期的销售收入中得到补偿。所谓折旧,是指在固定资产使用寿命内,按照确定的方法对应计折旧额进行的系统分摊。应计折旧额,是指应当计提折旧的固定资产的原价扣除其预计净残值(现值)后的金额。预计净残值,是假设固定资产预计使用寿命已满并处于使用寿命终了时的预期状态,目前从该项资产处置中获得的扣除预计处置费用后的金额。

固定资产折旧是由于其在使用期内的损耗造成的,它包括有形损耗和无形损耗两种。有形损耗是指固定资产在使用过程中由于使用、自然力的影响及意外毁损事故造成其使用价值和价值上的损耗。无形损耗由于技术进步而引起的固定资产价值上损耗。

固定资产与存货不同,它的价值不是一次转移计入产品成本或费用,而是长期使用过程中随着损耗程度以折旧费的形式分期计入产品成本或费用,并通过取得相应的收入而得到补偿。正确地计提折旧,不仅是正确计算产品成本的不可缺少的前提条件,也是保证固定资产简单再生产正常进行的重要措施。

2. 计提折旧应考虑的主要因素

(1)固定资产应提折旧总额。即计提折旧的基数,一般是指固定资产的原始成本,有时固定资产的重置成本或估计成本也可替代原始成本作为折旧的基数。

(2)预计净残值。它是假定固定资产预计使用寿命已满并处于使命寿命终了时的预期状态,目前从该项资产处置中获得的收益扣除预计处置费用后的余额,即固定资产预计净残值的现值。固定资产的预计净残值与固定资产原值的比率称为净残值率。企业应在有关规定范围内采用净残值率。固定资产净残值同其使用寿命一样,一经确定就不得随意变更。

(3)预计使用年限。固定资产使用年限的长短直接影响各期应提取的折旧额。确定固定资产的使用年限时,应同时考虑固定资产的有形损耗和无形损耗。也可以这样说,确定固定资产折旧年限时要综合考虑其物理使用年限和经济使用年限。按会计准则的有关规定,确定其使用寿命应考虑以下因素:一是预计的生产能力,二是预计的有形损耗和无形损耗,三是法律或者类似规定对资产使用的限制。

3. 固定资产计提折旧的范围

确定固定资产折旧的范围,就是要确定哪些固定资产应提取折旧,哪些固定资产不应提取折旧。根据我国会计准则的有关规定,除以下情况外,企业应对所有固定资产计提折旧:(1)已提足折旧仍在继续使用的固定资产;(2)按规定单独估价入账的土地。

已达到预定使用状态但尚未办理竣工决算的固定资产,应按暂估价入账,并计提折旧;待办理竣工决算后,再按实际成本予以调整,同时调整原已提折旧额。

另外,企业当月增加的固定资产,一般当月不计提折旧,从下月起开始计提;当月减少的固定资产,当月照提折旧,下月起停止计提;已提足折旧的固定资产,不论其是否仍在使用,均不再计提折旧。经营租入的固定资产不应计提折旧,融资租入的固定资产应视同为自有的固定资产进行管理和核算,因此,应对此计提折旧。

4. 固定资产折旧的计算方法

计算固定资产折旧的方法很多,有传统的折旧方法,如平均年限法和工作量法,还有加速折旧法及特殊折旧法等。按固定资产准则的规定,企业应当根据与固定资产有关的经济利益的预期实现方式,合理选择固定资产折旧方法。可供选用的折旧方法有平均年限法、工作量法、年数总和法及双倍余额递减法等。企业一经选定某种方法,不得随意变更。

企业应当按月计提固定资产折旧,并根据其用途计入生产成本或期间费用。

(1)平均年限法

平均年限法也称直线法,是将固定资产应提折旧总额在其预计使用年限内平均分摊的方法。这种方法计算的各期折旧额都是相等的。各期折旧额的大小,主要取决于固定资产原值和预计的使用年限这两个因素,预计固定资产报废时的净残值的多少也对折旧额有一定的影响。其基本计算公式如下:

$$固定资产年折旧额 = \frac{固定资产原值 - (预计残值收入 - 预计清理费用)}{固定资产预计使用年限}$$

固定资产月折旧额 = 固定资产年折旧额/12

在会计实务中,固定资产折旧额一般是根据固定资产原值乘以折旧率计算的。在平均年限法下,固定资产折旧率是固定资产折旧额与固定资产原值的比率,其计算公式为:

$$年折旧率 = \frac{1 - 预计净残值率}{预计使用年限}$$

月折旧率 = 年折旧率/12

月折旧额 = 固定资产原值 × 月折旧率

采用平均年限法计提折旧,其折旧率分为个别折旧率和分类折旧率两种。

[例6-8]某公司有设备一台,原值为80 000元,预计净残值率为4%,预计使用年限为10年。则应提折旧额计算如下:

$$年折旧率 = \frac{1 - 4\%}{10}$$

该设备的月折旧率 = 9.6%/12 = 0.8%

该设备的月折旧额 = 80 000 × 0.8% = 640(元)

上述采用个别折旧方式计提折旧,折旧额计算的准确性较高,但计算工作量较大。个别折旧的方式一般只适用固定资产数量不多或数量虽多但各月之间变化不大的企业。而分类折旧方式是按照固定资产类别计提折旧,某类固定资产的折旧额是根据该类固定资产原值乘以分类折旧率计算的。分类折旧率的计算公式如下:

$$某类固定资产年折旧率 = \frac{1 - 平均预计净残值率}{平均预计使用年限} \times 100\%$$

采用平均年限法计提折旧,各期的折旧额是相等的,计算工作简便,但忽视了固定资产各期的实际使用强度和使用效率的不均衡情况。比如汽车、大型设备等类固定资产,使用工作量法则更合理一些,当然,它也是一种平均法,只不过是按固定资产可完成的工作总量平均的。

(2)工作量法

它是按照固定资产预计可完成的工作总量,平均计提折旧的方法。采用这种方法,它是假定固定资产的服务潜能随着完成工作量的增加而逐渐递减,其效能与固定资产的新旧程度无关。因此,固定资产的应提折旧总额可以均匀地摊配于预计的每一单位工作量。不同的固定资产,其工作量有不同的表现形式。对于运输设备来说,其工作量表现为运输里程;对于机器设备,其工作量表现为机器工时或工作台班。采用工作量法计提折旧,首先应根据固定资产应提折旧总额和预计可完成的工作总量,确定单位工作量折旧额,然后再根据单位工作量折旧额和某月实际完成的工作量,就可计算出该月折旧额。计算公式如下:

$$\text{某项固定资产单位工作量折旧额} = \frac{\text{该项固定资产原值} - \text{预计净残值}}{\text{该项固定资产预计完成的工作总量}}$$

$$\text{该项固定资产月折旧} = \text{该项固定资产单位工作量折旧额} \times \text{该项固定资产当月实际完成的工作总量}$$

[例6-9] 某公司有运输汽车一辆,原值120 000元,预计净残值率为4%,预计行驶总里程为900 000公里。该汽车采用工作量法计提折旧。3月份该汽车行驶8 000公里。则该汽车的单位工作量折旧额和该月折旧额计算如下:

$$\text{单位里程折旧额} = \frac{120\,000 \times (1 - 4\%)}{900\,000} = 0.128(\text{元})$$

该汽车3月份应提折旧额 = $0.128 \times 8\,000 = 1\,024$(元)

工作量法一般适用于价值较高的大型精密机床以及运输设备等固定资产的折旧计算。这些固定资产的价值较高,各月的工作量一般不很均衡,采用平均年限法计提折旧,会使各月负担的折旧费不够合理。

(3)加速折旧法

也称递减费用法,是指在固定资产使用初期计提折旧较多,而在后期计提折旧较少,从而相对加速折旧的方法。采用加速法,各年的折旧额呈逐年递减趋势。加速折旧法一般只采用个别折旧的方式,较常用的有年数总和法和双倍余额递减法两种。

①年数总和法

年数总和法,又称年限合计法,是指按固定资产应提折旧总额和某年尚可使用年限占使用年数总和的比重(即年折旧率)计提折旧的方法。年数总和是预计使用年限的逐年数字总和。其年折旧率和年折旧额的计算公式如下:

$$\text{年折旧率} = \frac{\text{该年尚可使用的年数}}{\text{使用年数的总和}} \times 100\%$$

$$= \frac{预计使用的年数 - 已使用的年数}{预计使用年数 \times (预计使用年数 + 1)/2} \times 100\%$$

年折旧额 = (固定资产原值 - 预计净残值) × 年折旧率

月折旧额 = 年折旧额/12

如：预计使用 5 年的一项固定资产，其年数总和为 5(5+1)/2 = 15，或 5+4+3+2+1 = 15；上述公式的折旧基数各年计提折旧是不变的，但各年折旧率是一个逐年递减的分数。

[例 6-10] 某项固定资产，原值是 153 000 元，预计净残值为 3 000 元，预计使用年限为 5 年，用年数总和法计算的各年折旧额如下表：

表 6-1　　　　　　　　　　　折旧计算表

（年数总和法）　　　　　　　　　　　　　　　单位：元

年份	应提折旧总额	年折旧率	年折旧额	累计折旧
1	153000 - 3000 = 150000	5/15	50000	50000
2	150000	4/15	40000	90000
3	150000	3/15	30000	120000
4	150000	2/15	20000	140000
5	150000	1/15	10000	150000

② 双倍余额递减法

双倍余额递减法，是以固定资产期初账面净值为折旧基数，以直线折旧率的双倍（先不考虑净残值）作为折旧率来计算各期折旧的方法。由于先不考虑净残值，因此，在折旧年限的最后两年，应以账面净值减去预计净残值除以2，作为最后两年的折旧额；这种方法其折旧率不变，而折旧的基数逐年递减。其计算公式如下：

双倍直线年折旧率 = 2/预计使用年限 × 100%

固定资产年折旧额 = 固定资产期初净值 × 双倍直线年折旧率

固定资产月折旧额 = 固定资产年折旧额/12

[例 6-11] 某厂生产车间有设备一台，原值为 60 000 元，预计净残值为 1 000 元，使用年限为 5 年。用双倍余额递减法计算的各年折旧额如下表：

年折旧率 = 2/5 × 100% = 40%

表 6-2 折旧计算表
（双倍余额递减法）　　　　　　　单位：元

年份	期初净值	年折旧率	年折旧额	累计折旧	期末净值
1	60000	40%	24000	24000	36000
2	36000	40%	14400	38400	21600
3	21600	40%	8640	47040	12960
4	12960		5980	53020	6980
5	6980		5980	59000	1000

上表中第四、五年折旧额的计算公式为：

$$年折旧额 = \frac{12960 - 1000}{2} = 5980$$

（4）折旧方法的选用

企业应根据固定资产的性质和消耗方式，合理确定资产的预计使用年限和预计净残值，并根据科技发展、环境及其他因素选择合理的折旧方法，按管理权限，经股东大会或董事会（经理、厂长会决议）批准。如果采用加速折旧法，还应事先报当地主管税务机关备案。

5. 固定资产折旧的核算

为了核算固定资产折旧，企业应设置"累计折旧"账户，该账户是"固定资产"账户的备抵账户，借方反映因资产出售、报废清理、盘亏等原因减少固定资产时所转销的已提折旧额，贷方反映计提的固定资产折旧额和增加固定资产时应增加的折旧额，余额表示企业现有固定资产的累计折旧额。

企业按月计提折旧时，可在上月计提折旧的基础上，对当月固定资产的增减情况进行调整后计算当月应计提的折旧额。

当月固定资产　　　上月固定资产　　　上月增加固定资　　　上月减少固定资产
　　　　　　　＝　　　　　　　　＋　　　　　　　　　　－
应提折旧额　　　　应提折旧额　　　　产计提的折旧额　　　应计提的折旧额

在会计实务中，各月应提折旧额的计算一般是通过编制"固定资产折旧计算表"来完成的，其格式见下表：

表 6-3　　　　　　　　　　固定资产折旧计算表

××年3月　　　　　　　　　单位:元

使用部门	上月计提的折旧额(1)	上月增加固定资产应计折旧额(2)	上月减少固定资产应计折旧额(3)	本月应计提的折旧额(4)=(1)+(2)-(3)
基本生产车间	32000	4000	1000	35000
辅助生产车间	6000		800	5200
企业管理部门	11000	1500		12500
合　计	49000	5500	1800	52700

企业计提固定资产折旧,应按用途和使用部门进行分配,其中基本生产车间和辅助生产车间使用的固定资产所提取的折旧额,应记入"制造费用"账户;企业管理部门使用的固定资产所提取的折旧额,应记入"管理费用"账户;企业销售部门使用的固定资产所提取的折旧额,则应记入"销售费用"账户;出租用的固定资产所提取的折旧额,应记入"其他业务成本"账户等。

[例6-12]某公司采用平均年限法以个别折旧方式计提固定资产折旧,有关折旧计算资料如上表所示。编制会计分录如下:

借:制造费用——基本生产车间　　35 000
　　　　　　——辅助生产车间　　 5 200
　　管理费用——折旧费　　　　　12 500
　贷:累计折旧　　　　　　　　　　　　　52 700

6.4 固定资产的后续支出

固定资产后续支出,是指在取得固定资产以后的较长使用期内所发生的修理费用、更新改造等相关支出。它主要包括修理费支出和改扩建支出两个方面。与固定资产有关的后续支出,如果不可能使流入企业的经济利益超过原来的估计,则应在发生时将其确认为费用(费用化的后续支出);与固定资产有关的后续支出,如果使可能流入企业的经济利益超过原先的估计,比如延长了固定资产的使用寿命,或使产品的质量有实质性地提高等表现,则应计入固定资产的账面价值(资本化的后续支出)。

1.固定资产修理

固定资产在较长使用过程中,由于自然损耗或使用磨损等原因,加之其各个组成部分耐用程度或作用的条件不同,往往会发生部分零部件的损坏。为了保证固定资产的正常运转和使用,充分发挥其使用效能,企业需要对固定资产进行必要的维修。修理是一种恢复资产原有性能的行为。

(1) 固定资产修理的特点

固定资产修理的主要目的是恢复其使用价值。按其修理的零部件的复杂系数分类,包括日常修理和大修理两类。日常修理的特点是:修理范围小,成本支出少,修理次数多,间隔时间短;大修理的特点是:修理范围大,成本支出多,修理次数少,间隔时间长,但这种大额成本支出是相对于小修理而言的,其支出数额在企业全部费用支出中的比重不一定较大。

(2) 固定资产修理的核算

固定资产日常修理和大修理虽然各有特点,但界限的划分则比较困难,而且修理间隔时间长短与受益期限的关系不很明确,会计核算往往合并进行,采用不同的核算方法。

①直接列支法。它是将实际发生的修理费支出,直接计入产品成本或当期费用。这种方法适用于修理费支出数额较小或数额虽大但各月比较均衡的企业。采用这种方法应将实际发生的修理费用,按用途进行分配,分别记入"制造费用"、"管理费用"、"销售费用"和"其他业务成本"等账户。

[例6-13] 某企业3月份基本生产车间进行日常修理,领用修理用材料600元,发生修理人员工资300元。根据有关费用单据,编制如下会计分录:

借:制造费用——基本生产车间　　　900
　　贷:原材料　　　　　　　　　　　　600
　　　　应付职工薪酬　　　　　　　　　300

②分期摊销法。它是对某月个别数额较大或很大的修理支出,在本月和以后各月分期摊销的方法。它适用于各月修理支出基本均衡但数额较大的修理费用。摊销时需确定修理费用的摊销期限。一般来说,数额较大的修理费用,可以在一年以内分期摊销的,应记入"预付账款"账户;数额很大的修理费用、且受益期较长,可在一年以上的期间内分期摊销的,应记入"长期预付账款"账户。会计核算一般分为两个步骤:发生修理费用支出时,先借记"预付账款"账户,贷记"银行存款"或"原材料"等账户;按月分摊时,再根据各月摊销额,借记"制造费用"(管理费用)等成本费用账户,贷记"预付账款"账户。

③预提列支法。它是根据固定资产修理计划,按月预提,计入各期费用;实际发生时,再从已预提的费用中列支。会计核算按以下步骤进行:

第一步　按月预提时,

借:管理费用(制造费用等)
　　贷:应付账款

第二步　实际发生修理费用支出时,

借:应付账款
　　贷:银行存款

2. 固定资产改良

（1）所谓资产改良，就是对固定资产的改造、扩建。它一般支出的数额较大，受益期较长（超过一年），而且能从实质上提高固定资产的使用性能和其生产的产品质量。

（2）以下情形应认定为资产改良：

①使资产的使用寿命延长；

②使固定资产的生产能力提高；

③使其生产的产品质量能得到实质性提高；

④使其生产的产品生产成本能得到实质性降低；

⑤使其生产的产品品种、性能、规格等发生良好的变化；

⑥使企业经营管理环境或条件改善。

（3）固定资产改良的核算

在会计实务中，改良的固定资产成本，应按原有固定资产的原价减去改良过程中发生的变价收入，加上改良过程中发生的支出，计入改良后的固定资产价值。因改良而延长使用年限的固定资产，应对其原使用年限和折旧率进行调整。改良过程中发生的实际支出，是通过设置和使用"在建工程——改良工程"账户进行核算的。改良完毕，再按改良总成本连同原价值计入改量后的固定资产造价。

[例6-14] 某厂改造一台旧设备，其原值为120 000元，已提折旧50 000元，在改良过程中发生下列相关支出：

①将该设备移交改良工程：

借：在建工程——改良工程　　　　70 000

　　累计折旧　　　　　　　　　　50 000

　贷：固定资产——某设备　　　　　　　　120 000

②改造中领用材料20 000元，原进项增值税3 400元，投入工程使用：

借：在建工程——改良工程　　　　23 400

　贷：原材料　　　　　　　　　　　　　　20 000

　　　应交税费——应交增值税（进项转出）　3 400

③改造中拆除部件的残料计价3 000元，已入库：

借：原材料　　　　　　　　　　　3 000

　贷：在建工程——改良工程　　　　　　　3 000

④改造完毕，经验收合格交付使用：

借：固定资产——改良后设备　　　90 400

　贷：在建工程——改良工程　　　　　　　90 400

6.5 固定资产的处置

固定资产处置,包括固定资产的出售、转让、报废和毁损、对外投资、债务重组和非货币性交换等业务。因出售、报废和毁损等原因转出的固定资产价值及在清理过程中发生的清理费用,均应通过设置"固定资产清理"账户进行核算。该账户的借方登记清理的固定资产净值及其在清理过程中发生的清理费用、应交的税金及转出的清理净收益,贷方登记出售价款、残料价值和变价收入、保险公司或过失人赔偿款及转出的清理净损失,该账户的期末借方余额(清理净损失)或贷方余额(清理净收益)应分别转入"营业外支出"或"营业外收入"账户。

1. 固定资产出售

企业出售的固定资产,主要是那些多余的、不需要的固定资产,这样可以抽回资金,加快资金周转。

[例6-15] 某公司出售一台旧机床,该机床原账面原值是 200 000 元,已提折旧 110 000 元;出售取得价款 120 000 元,存入银行;应交增值税 6 000 元。该机床原账面已提减值准备 10 000 元。

(1) 注销出售资产的账面价值:

借:固定资产清理——某机床　　　80 000
　　累计折旧　　　　　　　　　　110 000
　　固定资产减值准备　　　　　　 10 000
　　贷:固定资产　　　　　　　　　　　　 200 000

(2) 取得收入价款:

借:银行存款　　　　　　　　　　120 000
　　贷:固定资产清理——某机床　　　　　 120 000

(3) 计提应交的增值税:

借:固定资产清理——某机床　　　 6 000
　　贷:应交税费——应交增值税　　　　　　 6 000

(4) 清理完毕,结转净收益:

借:固定资产清理——某机床　　　 34 000
　　贷:营业外收入——处理固定资产净收益　 34 000

2. 固定资产报废和毁损

固定资产经过较长时间的使用后,会由某些原因发生报废或毁损,如使用期限届满不再使用而形成的正常报废、遭受意外或责任事故以及由于技术进步必须由先进设备替代等形成非正常毁损。对报废或毁损的固定资产,要经技术部门鉴定,并填制"固定资产报废单",报经有关部门批准后进行清理。

[例6-16] 某公司一台生产用设备使用期满,进行报废清理;该设备原值为 79 000 元,已提折旧 70 000 元,已提减值准备 6 000 元;清理中以现金支付清理费 100 元,回收残料入库 2 000 元。

(1) 注销该设备的账面价值：

借：固定资产清理——某设备　　　　　3 000
　　累计折旧　　　　　　　　　　　　70 000
　　固定资产减值准备　　　　　　　　 6 000
　　　贷：固定资产　　　　　　　　　　　　　79 000

(2) 发生清理费用：

借：固定资产清理——某设备　　　　　 100
　　　贷：库存现金　　　　　　　　　　　　　　100

(3) 回收残料入库：

借：原材料　　　　　　　　　　　　 2 000
　　　贷：固定资产清理——某设备　　　　　　2 000

(4) 清理完毕,结转清理净损失：

借：营业外支出　　　　　　　　　　 1 100
　　　贷：固定资产清理——某设备　　　　　　1 100

[例6-17] 某厂一台生产用机器因山洪暴发而冲毁,其原值为 32 000 元,累计折旧 14 000 元;清理过程中收回残料对外出售,收回现金 1 000 元,另以银行存款支付清理费用 600 元。经保险公司核定,应收保险公司赔款 15 000 元。

(1) 注销机器的账面价值：

借：固定资产清理　　　　　　　　　18 000
　　累计折旧　　　　　　　　　　　14 000
　　　贷：固定资产　　　　　　　　　　　　 32 000

(2) 收回残料：

借：库存现金　　　　　　　　　　　 1 000
　　　贷：固定资产清理　　　　　　　　　　　1 000

(3) 支付清理费用：

借：固定资产清理　　　　　　　　　　 600
　　　贷：银行存款　　　　　　　　　　　　　　600

(4) 应收保险公司赔款：

借：其他应收款——保险公司　　　　15 000
　　　贷：固定资产清理　　　　　　　　　　 15 000

(5)清理完毕,结转清理净损失:
借:营业外支出——非常损失　　　　2 600
　　贷:固定资产清理　　　　　　　　　　　 2 600

3.固定资产投资转出

投资转出的固定资产,应按转出固定资产的账面价值加上应支付的相关税费计价,若发生有补价,还应加上支付的补价或减去收到的补价作为记入"长期股权投资"、"持有至到期投资"等的价值。

[例6-18] A公司将一台原值为70 000元,已提折旧20 000元的旧设备对外投资,该设备已提减值准备5 000元,另以银行存款支付包装费和运费等600元。根据相关原始单证,作如下会计分录:

借:固定资产清理　　　　　　　　45 000
　　累计折旧　　　　　　　　　　 20 000
　　固定资产减值准备　　　　　　 5 000
　　　贷:固定资产　　　　　　　　　　　　70 000
借:长期股权投资　　　　　　　　45 600
　　贷:固定资产清理　　　　　　　　　　 45 000
　　　银行存款　　　　　　　　　　　　　 600

6.6 固定资产的清查

企业的固定资产在每年编制决算前至少应进行一次全面清查。这不仅可以掌握固定资产的实存数量及其分布情况,检查账实是否相符,从而加强对固定资产的管理,保证企业财产的安全完整;而且可以了解固定资产的质量及保管使用情况,检查固定资产有无使用不当和长期闲置等情况,以便充分发挥固定资产的使用潜力。

在固定资产清查中,对发现的资产盈亏(溢缺),应填制固定资产盘盈、盘亏报告表,并查明原因,报经有关部门批准处理。

1.固定资产盘盈

在固定资产清查盘点过程中,如发现盘盈的固定资产,确属本企业所有,应根据盘盈凭证填制"固定资产交接单",经有关人员签字后,送交会计部门,为盘盈固定资产开立固定资产卡片,并按重置价值和估计折旧登记入账。

盘盈的固定资产在按规定程序批准以前,不能直接增加营业外收入,应先记入"待处理财产损益"账户。这时应按盘盈固定资产的同类或类似固定资产的市价,减去按该项固定资产的新旧程度估计的折旧的余额,作为固定资产的入账价值;当同类或类似资产不存在活跃市场时,则应按该项固定资产的预计未来现金流量现值作为入账价值,同时增加营业外收入。

[例6-19] 某厂在年末的固定资产清查中,发现生产车间有账外设备一台,经查该设备的市价为32 000元,按其新旧程度估计折旧是10 000元。编制会计分录如下:

(1) 批准前:

借:固定资产　　　　　　　　　　　　　22 000
　　贷:待处理财产损益——待处理固定资产损益　22 000

(2) 经批准,转销该设备的净值:

借:待处理财产损益——待处理固定资产损益
　　　　　　　　　　　　　　　　　　　22 000
　　贷:营业外收入——固定资产盘盈　　　22 000

2. 固定资产盘亏

在固定资产清查盘点过程中,如发现盘亏的固定资产,企业应及时办理固定资产注销手续;在按规定的程序批准前,应将固定资产卡片从原归档中抽出,另行保管。同时按盘亏固定资产的账面价值,相应地注销"固定资产"、"累计折旧"和"固定资产减值准备"等账户。在按规定程序批准后,应按盘亏固定资产的原值扣除累计折旧、过失人及保险公司赔偿后的差额,记入"营业外支出"账户。

[例6-20] 某厂年末财产清查中发现短少一台设备,其账面原值60 000元,已提折旧8 000元,已提减值准备2 000元。现根据固定资产盘亏报告表及有关单据作如下会计分录:

(1) 注销该设备的账面价值:

借:待处理财产损益——待处理固定资产损益　50 000
　　累计折旧　　　　　　　　　　　　　　　8 000
　　固定资产减值准备　　　　　　　　　　　2 000
　　贷:固定资产　　　　　　　　　　　　　60 000

(2) 经批准转作财产损失处理:

借:营业外支出——固定资产盘亏　　　　　50 000
　　贷:待处理财产损益——待处理固定资产损益　50 000

6.7 固定资产的期末计价

按照企业会计准则有关资产减值的规定,企业固定资产应当在期末按照其账面价值与可收回金额孰低计量,当可收回金额低于账面价值时,应当按其差额计提减值准备。

固定资产减值是指固定资产的可收回金额低于其账面价值。反之,如果某项固定资产的可收回金额高于其账面价值,该资产则没有发生减值损失,不需要提取减值准备。

这里的"可收回金额"是指资产的公允价值减去处置费用后的净额与资产预计未来现金流量的现值两者中较高者,其中,处置费用包括与资产处置有关的法律费用、相关税费、搬运费以及使资产达到可销售状态所发生的直接费用等。

1. 固定资产减值的确认

判断固定资产减值的主要迹象,包括:

(1) 固定资产市价大幅度下跌,其跌幅大大高于因时间推移或正常使命而预计的下跌,并且预计在近期内不可能恢复;

(2) 企业所处经营环境,如技术、市场、经济或法律环境,或者产品营销市场在当期发生重大变化,并对企业产生负面影响;

(3) 同期市场利率等大幅度提高,进而很可能影响企业计算固定资产可收回金额的折现率,并导致固定资产可收回金额大幅度降低;

(4) 固定资产陈旧过时或发生实体损坏;

(5) 固定资产预计使用方式发生重大不利变化,如企业计划终止或重组该资产所属的经营业务、提前处置资产等情形,从而对企业产生负面影响;

(6) 其他可能表明资产发生减值的情况。

如果存在下列情况之一的,企业应当按照该项固定资产的账面净值全额计提固定资产减值准备:

① 长期闲置不用,在可预见的未来不会再使用,且已无转让价值的固定资产;

② 由于技术进步等原因,已不能使用的固定资产;

③ 虽然固定资产尚可使用,但使用后产生大量不合格品的固定资产;

④ 已遭毁损,以致于不再具有使用价值和转让价值的固定资产;

⑤ 其他实质上已经不能再给企业带来经济利益的固定资产。

2. 计提固定资产减值准备及其账务处理

如果固定资产发生减值,企业应当计提减值准备。在会计实务中,计提固定资产减值准备需要经过以下步骤:第一步,考虑固定资产发生减值的迹象;第二步,计算确定固定资产可收回金额;第三步,比较固定资产账面价值与可收回金额之间的差额;第四步,进行账务处理。

在具体计提固定资产减值准备时,企业应按固定资产账面价值超过其可收回金额的部分提取减值准备。计提的减值准备,应通过设置和使用"固定资产减值准备"账户进行核算。如果当期应提取的减值准备金额高于已计提的"固定资产减值准备"账户余额,企业应按其差额补提减值准备;但是,当导致固定资产减值的因素消失,即如果当期应提取的减值准备金额低于已计提的"固定资产减值准备"账户余额(或固定资产可收回金额高于其账面价值)时,按会计准则的有关规定,禁止企业在原有计提准备的范围内予以转回。

[例 6-21] 某公司年末一台生产用设备的账面价值为 72 000 元,经减值测试,该设

备由于技术革新等原因,预计其可收回金额为60 000元。该项资产原账面已计提的减值准备余额为8 000元。按此年末应确认的减值为12 000元,与账面该资产已提准备数额比较还应补提4 000元。应作会计分录:

  借:资产减值损失   4 000
   贷:固定资产减值准备   4 000

  固定资产减值损失一经确认,在以后会计期间不得转回。但是,遇到资产处置、出售、对外投资、非货币性资产交易换出、债务重组用于抵偿债务等情况,同时符合资产终止确认条件的,企业则应当将相关固定资产减值准备予以转销。

思考和练习

1. 思考题

（1）固定资产的确认条件有哪些？是怎样对其进行分类的？

（2）影响固定资产折旧的因素有哪些？

（3）计提折旧的方法主要有哪几种？不同的折旧计算方法对企业纳税及现金流动有什么影响？

（4）固定资产报废和毁损有哪些情况？如何进行账务处理？

（5）固定资产减值准备如何确认？确认的固定资产减值准备额又如何进行账务处理？

2. 练习题

习题一

（1）目的:练习固定资产增减业务的核算。

（2）资料:某公司发生下列有关固定资产的经济业务:

①购入一台需要安装的设备,以银行存款支付买价30 000元,进项增值税5 100元;另以现金支付安装费600元,运杂费300元;安装过程中,领用生产用材料2 000元(原进项增值税340元);发生工资费用800元;安装完毕,该设备已交付使用。

②接受某华侨捐赠的汽车一辆,对方未提供有关凭据,按重置价值估价120 000元;在捐赠过程中,以银行存款支付相关费税5 000元。

③公司报废生产车间的机器一台,经批准进行清理;该机器原值为50 000元,已提折旧48 000元,已提减值准备1 000元;另以现金支付清理费400元;收回残料取得变价收入1 200元,已存入银行。

（3）要求:根据上述有关资料编制相应业务的会计分录。

习题二

(1)目的:练习固定资产折旧的计算。

(2)资料:兴达公司有生产用设备一台,原值52 000元,预计使用5年,预计期满有净残值2 000元。

(3)要求:试用平均年限法计算其月折旧额,再用双倍余额递减法和年数总和法分别计算各年折旧额。

参考阅读资料:

企业会计准则编审委员会编.《企业会计准则第4号——固定资产》.立信会计出版社

企业会计准则编审委员会编.《企业会计准则第4号——固定资产》应用指南.立信会计出版社

王君彩主编.《中级财务会计》(新版).经济出版社.2007年2月

葛家澍 耿金岭主编.《企业财务会计》.高等教育出版社

谢明香 刘铮主编.《中级财务会计》.经济管理出版社

第7章 无形资产及其他资产

本章主要内容：
- 无形资产的概念、特征、内容及确认条件
- 无形资产取得、摊销、减值、处置的核算
- 其他资产的核算

7.1 无形资产

7.1.1 无形资产概述

无形资产有有形的，也有无形的，从属性上看，除有形资产以外的资产可以作为"无形资产"的资产。就一般意义而言，无形资产其实包括的范围很广，但是作为会计术语的"无形资产"，应以会计确认、计量、记录和报告为依据，必须符合会计准则对无形资产的定义，并同时具备一定的确认条件。

7.1.1.1 无形资产的概念

无形资产指企业拥有或控制的没有实物形态的可辨认非货币性资产。资产能满足以下条件之一，就符合无形资产定义中的可辨认标准。

1. 能够从企业中分离或划分出来，并能单独或与相关合同、资产或负债一起，用于出售、转移、授予许可、租赁或者交换。
2. 源自合同性权利或其他法定权利，无论这些权利是否可以从企业或其他权利和义务中转移或者分离。

7.1.1.2 无形资产的特征

无形资产与其他资产相比，具有如下特征：

1. 无形性

无形资产区别于存货、固定资产及其他有形资产的最明显标志，是没有实物形态，但却具

有价值,能够为企业带来经济利益或使企业获取超额收益。通常表现为某种权利、某项专门技术或获得超额利润的综合能力,如土地使用权、特许权、专利权、非专利技术等。

2. 非货币性

无形资产区别于其他没有实物形态的货币性资产的主要特征是它属于非货币性的长期资产。由于能在多个生产经营周期内使用并使企业长期受益,所以是非流动资产。

3. 不确定性

无形资产的经济价值及其计量都具有较大的不确定性。其价值在很大程度上受企业外部因素的影响,比如相关新技术更新换代的速度、利用无形资产所生产产品的市场接受程度等,因此其预期的获利能力不能准确地加以确定。另外,无形资产的取得成本不一定代表其经济价值,因为,一项取得成本较高的无形资产可能为企业带来较少的经济利益,而取得成本较低的无形资产却可能给企业带来较大的经济利益。这种不确定性要求企业对无形资产进行确认和计量时应该持更为谨慎的态度。例如,判断一项产品的专利是否能为企业带来经济利益,首先应该看该项专利是否为企业所拥有或控制;其次看是否有证据表明该专利运用于产品生产后提高了产品质量或促进了产品销售量的增加等。

4. 可辨认性

无形资产虽然无形,但它能与企业脱离并独立存在,不同的无形资产可以进行辨别。这使无形资产可以单独转让、许可和交易,也使无形资产与商誉区别开来。例如,企业拥有的专利,表现为一种技术,但经专利局注册后,它可以与相关合同进行出售或者转让,属于非货币性资产。

5. 持有目的是使用而非出售

企业持有无形资产的目的是用于生产商品或提供劳务、出租给他人,或为企业经营管理服务,而不是为了对外销售。脱离了生产经营活动,无形资产就失去了其经济价值。例如,软件公司开发的、用于对外销售的计算机软件,对于购买方而言属于无形资产,而对于开发商而言却是存货。

7.1.1.3 无形资产的分类

根据企业的不同需要、不同要求,可以将无形资产进行适当分类。

1. 按取得来源分,无形资产可分为外来无形资产和自创无形资产,外来无形资产包括购入、接受投资、接受捐赠、以非货币性资产交换和接受债务人抵偿债务等形式取得的无形资产。自创无形资产是企业自行研究和开发而内部形成的无形资产。

2. 按使用寿命能否确定,无形资产可分为使用寿命有限的无形资产和使用寿命不确定的无形资产。有些无形资产(如专利权、商标权、特许权、版权等)使用寿命受法律法规、协议或合同的限制,可以确定;有些无形资产如非专利技术、永久性特许经营权、商号、秘密配方等的寿命则是无限的、或很难确定。

3. 按是否可辨认分,无形资产分为可辨认无形资产和不可辨认无形资产。可辨认无形资产是指可以具体认定的无形资产,绝大多数无形资产都属于这一类。不可辨认无形资产是指与企业整体相联系、不能单独认定的无形资产,一般指商誉。商誉是与企业整体相连,不能脱离企业而单独存在,不具有可辨认性。我国企业会计准则将无形资产定义为可辨认无形资产,因而,商誉不属于无形资产。按可辨认性分类,有利于对无形资产确认和计量。

7.1.1.4 无形资产的内容

企业无形资产主要由专利权、非专利技术、商标权、著作权、特许权和土地使用权构成。

1. 专利权

专利权指国家专利主管机关依法授予发明创造专利申请人对其发明创造在法定期限内所享有的专有权利,包括发明专利权、实用新型专利权和外观设计专利权。专利权是允许其持有者独家使用或控制的特权,但它并不保证一定能给持有者带来经济利益。

2. 非专利技术

非专利技术又称专有技术,指公众不知道的、在生产和经济活动的实践中已采用了的、在国内外不享受法律保护的各种技术知识和经验。非专利技术一般包括工业专有技术、商业贸易专有技术、管理专有技术等。非专利技术可以用蓝图、配方、技术记录、操作方法的说明等具体资料表现出来,也可以通过卖方派出技术人员进行指导,或接受买方人员进行技术实习等手段实现。非专利技术具有经济性、机密性和动态性等特点。企业的非专利技术,有些是自己开发研究的,有些是根据合同规定,从外部购入的。

3. 商标权

商标权指专门在某类指定的商品或产品上使用特定的名称或图案的权利。商标权的内容包括独占使用权和禁止使用权两个方面。根据商标法的规定,经商标局核准注册的商标为注册商标,商标注册人享有商标专用权,受法律保护。商标权的价值在于它能使享有人获得较高的赢利能力。我国商标法规定,商标权的有效期为 10 年,期满前可继续申请延长注册期。

4. 著作权

著作权又称版权,指作者对其创作的文学、科学和艺术作品依法享有的某些特殊权利。著作权包括两方面的权利,即精神权利(人身权利)和经济权利(财产权利)。前者指作品署名、发表作品、确认作者身份、保护作品的完整权;后者指以出版、表演、广播、展览、录制唱片、摄制影片等方式使用作品以及授权他人使用作品而获得经济利益的权利。

5. 特许权

特许权又称经营特许权、专营权,指企业在某一地区经营或销售某种特定商品的权利或是一家企业接受另一家企业使用其商标、商号、技术秘密等的权利。前者一般是由政府机构授权,准许企业使用或在一定地区享有经营某种业务的特权,如水、电、邮电、通信等专营权、烟草专卖权等;后者指企业间依照签订的合同,有限期或无限期使用另一企业的某些权利,如连锁分店使用总店的名称等。

6. 土地使用权

土地使用权指国家准许某一企业在一定期间内对国有土地享有开发、利用、经营的权利。根据我国现行土地管理法的规定,我国土地实行公有制,任何单位和个人不得侵占、买卖或者以其他形式非法转让。企业取得土地使用权的方式大致有以下几种:行政划拨取得、外购取得、投资者投入取得等。

7.1.1.5 无形资产的确认

一项无形资产要作为无形资产在会计上予以确认,首先要符合无形资产定义,其次应满足无形资产确认的条件。

1. 符合无形资产的定义

符合无形资产定义是无形资产确认的前提。一般来说,如果企业有权获得某项无形资产产生的经济利益,同时又能约束其他人获得这些经济利益,则说明企业控制了该无形资产,或者说控制了该无形资产产生的经济利益,具体表现为企业拥有该无形资产的法定所有权,或企业与他人签定了协议,使得企业的相关权利受到法律的保护。如果没有通过法定方式或合约方式等来认定企业所拥有的控制权,则说明相关的项目不符合无形资产的定义。比如,企业通常无法对因拥有一支熟练的员工队伍以及对他们进行过培训将产生的预期未来经济利益实施足够的控制,因而员工所拥有的技术和能力不符合无形资产的定义;出于类似的原因,特定的管理或技术才能、客户信赖、市场份额、企业与客户或供应商的关系等也不大可能符合无形资产的定义。

2. 满足无形资产确认的条件

第一,与该无形资产有关的经济利益很可能流入企业

资产最基本的特征是产生的经济利益预期很可能流入企业,如果某项资源产生的经济利益预期不能流入企业,就不能确认为企业的资产。对无形资产的确认来说,如果某一无形资产产生的经济利益预期不能流入企业,就不能确认为企业的无形资产;如果某一无形资产产生的经济利益很可能流入企业,且成本能够计量,那么,企业应将其确认为无形资产。另外,企业应能够控制无形资产所产生的经济利益,比如,企业通过拥有无形资产的法定所有权,或通过与他人签订了协议,使其权利受到法律保护,从而享有收益权。

因此,一般只有在企业确信这项无形资产会给企业带来经济利益,并且已具备应用的相当条件时,才能在会计上加以确认。如果一项专利技术被先进的技术取代,不能为企业带来经济利益,就不能被确认为无形资产。在判断无形资产产生的经济利益是否能流入企业时,企业管理层应对无形资产在预计使用年限内存在的各种因素作出稳健的估计。只有对企业能够控制其经济利益的无形资产会计上才能加以确认。

第二,该无形资产的成本能够可靠地计量

由于无形资产价值的不确定性,加之又缺乏活跃的交易市场,给无形资产计量带来

了很大的难度。出于对会计记录、会计报告的考虑,为确保会计信息的真实性、可靠性,无形资产应该采用实际成本计量。企业对于那些成本难以取得或不能可靠计量的无形资产不能确认。自创无形资产所发生的费用,由于有的要依附于其他资产或企业整体而使之难以分配计量,例如,内部产生的品牌、报刊名以及自创商誉等不予确认;有的大部分在自创过程中按照稳健性要求已计入期间费用,其他相关的注册商标权、研究开发支出(除非符合资本化条件)等一般不确认为无形资产。而成本能够可靠计量的外购无形资产则应予以确认。

7.1.2 无形资产的初始计量

无形资产应当按照成本进行初始计量。根据无形资产取得的不同方式,其成本构成也不同。

7.1.2.1 外购的无形资产

购入无形资产的成本,应当按照实际支付的价款计量,包括购买价款、相关税费以及直接归属于使该项资产达到预定用途所发生的其他支出。其中,直接归属于使该项无形资产达到预定用途所发生的其他支出,指使无形资产达到预定用途所发生的专业服务费、测试无形资产是否能够正常发挥作用的费用等。

企业购入的无形资产,应按实际支付的价款,借记"无形资产"账户,贷记"银行存款"等账户。

[例 7-1]2007 年 3 月 5 日,甲公司购入一项专利权,购买价款为 460 000 元,另支付相关税费 4 000 元,款项已通过银行转账支付。甲公司相关账务处理如下:

借:无形资产　　　　　　　　　　464 000
　　贷:银行存款　　　　　　　　　　　　464 000

7.1.2.2 研究与开发的无形资产

对于企业自行进行的研究开发项目,应当区分研究阶段与开发阶段分别进行核算。

研究是指为获取并理解新的科学或技术知识而进行的具有独创性和有计划的调查。研究阶段是探索性的,为进一步开发活动进行资料及相关方面的准备。比如,以获取知识为目的的活动;研究成果或其他知识的应用研究、评价和最终选择;材料、设备、产品、工序、系统或服务替代品的研究;新的或经改进的材料、设备、产品、工序、系统或服务的可替代品的配制、设计、评价和最终选择等等,均属于研究活动。

开发是指在进行商业性生产或使用前,将研究成果或其他知识应用于某项计划或设计,以生产出新的或具有实质性改进的材料、装置、产品等。相对于研究阶段而言,开发阶段应当是已经完成研究阶段的工作,在很大程度上具备了形成一项新产品或新技术的基本条件。比如,生产前或使用前的原型和模型的设计、建造和测试;不具有商业性生产经济规模的试生产设施的设计、建造和运营;新的或经改造的材料、设备、产品、工序、系统或服务所选定的替代品的设计、建造和测试等,均属于开发活动。

1. 研究与开发支出的会计处理原则

研究支出是企业在项目研究阶段所发生的支出。在研究阶段,由于研究成果将来是否转入开发、开发后是否形成无形资产等均具有较大的不确定性,因此,研究阶段的支出应予以费用化,并在其发生时直接计入当期损益。

开发阶段的支出,只有同时满足下列五个条件时,才能确认为无形资产。

(1)完成该无形资产以使其能够使用或出售在技术上具有可行性。

(2)具有完成该无形资产并使用或出售的意图。

(3)无形资产产生经济利益的方式,包括能够证明运用该无形资产生产的产品存在市场或无形资产自身存在市场,无形资产将在内部使用的,应当证明其有用性。

(4)有足够的技术、财务资源和其他资源支持,以完成该无形资产的开发,并有能力使用或出售该无形资产。

(5)归属于该无形资产开发阶段的支出能够可靠地计量。

2. 研究与开发支出的会计处理方法

企业应设置"研发支出"账户,用来核算企业进行研究与开发无形资产过程中发生的各项支出。该账户可按研究开发项目,分别"费用化支出"、"资本化支出"进行明细核算。

企业自行开发无形资产发生的研发支出,无论是否满足资本化的条件,均应先通过"研发支出"账户进行归集。不满足资本化条件的,借记"研发支出 —— 费用化支出"账户,满足资本化条件的,借记"研发支出 —— 资本化支出"账户,根据研究与开发过程中发生的原材料费用、直接参与研发人员的工资分别贷记"原材料"、"银行存款"、"应付职工薪酬"等账户。期末,应将"研发支出 —— 费用化支出"账户归集的不符合资本化条件的研发支出金额转入"管理费用"账户,借记"管理费用"账户,贷记"研发支出 —— 费用化支出"账户;符合资本化条件但尚未完成的开发费用,继续保留在"研发支出 —— 资本化支出"账户中,待开发项目完成达到预定用途形成无形资产时,再将其发生的实际成本转入无形资产,借记"无形资产"账户,贷记"研发支出 —— 资本化支出"账户。

对于企业外购或以其他方式取得的,正在研发过程中应予资本化的项目,先计入"研发支出"账户,其后发生的成本比照上述原则进行处理。

[例7-2]:2005年1月16日,甲公司进行一种新产品的开发,开发活动分三个阶段进行。第一阶段为市场调研阶段,发生相应的费用300 000元。第二阶段为研究阶段,发生相应的原材料费用2 000 000元,科研人员的工资550 000,其他费用50 000元。第三阶段为开发阶段,发生的费用共为8 000 000元,其中符合资本化条件的支出为6 000 000元。期末,该专利技术已经达到预定用途。甲公司的账务处理如下:

(1)第一阶段

借：研发支出——××产品（费用化支出）300 000
　　贷：银行存款　　　　　　　　　　　　　300 000
（2）第二阶段
借：研发支出——××产品（费用化支出2 600 000
　　贷：原材料　　　　　　　　　　　　　2 000 000
　　　　应付职工薪酬　　　　　　　　　　　550 000
　　　　银行存款　　　　　　　　　　　　　50 000
（3）第三阶段
借：研发支出——××产品（资本化支出）
　　　　　　　　　　　　　　　　　　　6 000 000
　　研发支出——××产品（费用化支出）
　　　　　　　　　　　　　　　　　　　2 000 000
　　贷：银行存款　　　　　　　　　　　　8 000 000
（4）期末该专利技术达到预定用途时
借：无形资产　　　　　　　　　　　　　6 000 000
　　管理费用　　　　　　　　　　　　　4 900 000
　　贷：研发支出——××产品（资本化支出）6 000 000
　　　　研发支出——××产品（费用化支出）4 900 000

7.1.2.3 投资者投入的无形资产

投资者投入的无形资产，应当按照投资合同或协议约定的价值作为成本，但合同或协议约定价值不公允的除外。具体而言，投资者投入的无形资产，应按投资各方确认的价值，借记"无形资产"账户，按其注册资本或股本所占份额，贷记"实收资本"或"股本"账户，按所确认初始成本与实收资本或股本之间的差额，调整资本公积。

[例7-3]2006年5月13日，甲公司接受乙公司以其所拥有的专利权作为出资，该专利权的账面价值为25 000 000元，双方协议约定的价值为35 000 000元，该专利权的公允价值为30 000 000元，已办妥相关手续。甲公司的账务处理如下：

借：无形资产　　　　　　　　　　　　30 000 000
　　资本公积　　　　　　　　　　　　 5 000 000
　　贷：实收资本　　　　　　　　　　　35 000 000

7.1.2.4 接受捐赠的无形资产

企业接受捐赠的无形资产，应按下列情况分别进行计价：
1. 如果捐赠者提供了有关凭据，应按凭据中的金额加上应支付的相关税费计价。
2. 如果捐赠者没有提供有关凭据，则应按下列顺序计价：

(1)同类或类似无形资产存在活跃的市场,应参照同类或类似无形资产的市场价格估计的金额,加上应支付的相关税费计价。

(2)同类或类似无形资产不存在活跃的市场,应按其预计未来现金流量的现值计价。

企业接受无形资产捐赠时,应根据确定的价值,借记"无形资产"账户,贷记"营业外收入"账户。

[例7-4]某企业接受一项专利技术捐赠,捐赠者提供的有关凭据表明该项专利技术的价值为500 000元。该企业的账户处理如下:

借:无形资产——专利权　　　　　500 000
　　贷:营业外收入　　　　　　　　　　500 000

7.1.2.5 企业取得的土地使用权

1. 作为无形资产核算

企业取得的土地使用权通常应按照取得时所支付的价款及相关税费确认为无形资产。土地使用权用于自行开发建造厂房等地上建筑物时,土地使用权的账面价值不与地上建筑物合并计算其成本,而仍作为无形资产进行核算。

企业为取得土地使用权支付的费用应确认为企业的无形资产,自行开发建造厂房等建筑物,相关的土地使用权与建筑物应当分别进行处理,所以用于建造厂房的土地使用权的价值也应计入无形资产的成本。

[例7-5]甲公司为扩建厂房通过当地政府相关部门获得了90亩土地的使用权,为此支付价款1 800 000元,其中60亩用于建造厂房。

借:无形资产——土地使用权　　　1 800 000
　　贷:银行存款　　　　　　　　　　1 800 000

2. 作为固定资产核算

企业外购房屋建筑物所支付的价款中包括土地使用权以及建筑物的价值的,应当对实际支付的价款按照合理的方法(例如,公允价值相对比例)在土地使用权和地上建筑物之间进行分配;难以合理分配的,应当全部作为固定资产,按照固定资产确认和计量的原则进行处理。

房地产开发企业取得的土地使用权用于建造对外出售的房屋建筑物的,其相关的土地使用权账面价值应当计入所建造的房屋建筑物成本。

3. 作为投资性房地产核算的

企业改变土地使用权的用途,停止自用土地使用权而用于赚取租金或资本增值时,应当将其账面价值转为投资性房地产。

7.1.3 无形资产的后续计量

无形资产的后续计量指企业对无形资产进行初始计量确定其成本之后,对其价值变动的计量,主要包括摊销、减值测试及计提减值准备等。

7.1.3.1 无形资产摊销

无形资产作为企业的长期资产,能够在未来较长时间内给企业带来经济利益,但无形资产通常有一定的有效期限,它所具有的价值权利或特权终究会结束或消失。因此,企业应当在取得无形资产时分析判断其使用寿命,从而决定是否应对其进行摊销以及采用何种方法进行摊销。

1. 无形资产使用寿命的判断和确定

(1)企业在估计无形资产使用寿命时,应当综合考虑如下因素:①运用该资产生产的产品通常的寿命周期、可获得的类似资产使用寿命的信息;②技术、工艺等方面的现阶段情况及对未来发展趋势的估计;③以该资产生产的产品或提供服务的市场需求情况;④现在或潜在的竞争者预期采取的行动;⑤为维持该资产带来经济利益能力的预期维护支出,以及企业预计支付有关支出的能力;⑥对该资产控制期限的相关法律规定或类似限制,如特许使用期、租赁期等;⑦与企业持有其他资产使用寿命的关联性等。

(2)在会计实务中,确定无形资产的使用寿命还应该注意:

①估计的无形资产使用寿命不应超过合同规定的受益年限或法律规定的有效年限。

例如,甲公司与乙公司签订协议使用乙公司的某项非专利技术,协议期为3年,法律没有规定非专利技术的有效年限,则甲公司取得的该项特许权(非专利技术)的使用寿命不超过3年。

②合同约定了受益年限,同时,法律又规定了有效年限的,按照稳健性原则,无形资产的使用寿命应采用两者之中较短的来确定。

③合同或法律都没有规定年限的,企业应当综合各方面因素判断,比如,与同行业的情况进行比较、参考历史经验、聘请相关专家进行论证等,以确定无形资产的使用寿命,通常不应超过10年。

④如果按照上述方法仍无法确定无形资产为企业带来经济利益期限的,该项无形资产应当视为使用寿命不确定的无形资产。使用寿命不确定的无形资产不予摊销。

2. 无形资产的摊销

使用寿命有限的无形资产,应当在其预计的使用寿命内采用系统合理的方法对应摊销金额进行摊销。

(1)摊销的时间

企业按期(月)计提无形资产的摊销。企业摊销无形资产,应当自无形资产可供使用时起,至不再作为无形资产确认时止。也就是说,当月增加的无形资产,当月开始摊销,当月减少的无形资产,当月不再摊销。

(2)摊销的方法

在无形资产的使用寿命内系统地分摊应摊销金额,存在多种方法。这些方法包括直线法、生产总量法等。企业选择的无形资产摊销方法,应当能够反映与该项无形资产有关的经济利益的预期实现方式,并一致地运用于不同会计期间;无法可靠确定预期实现方式的,应当采用直线法进行摊销。

（3）摊销的金额

无形资产的应摊销金额为其成本扣除预计残值后的金额。已计提减值准备的无形资产,还应扣除已计提的无形资产减值准备累计金额。使用寿命有限的无形资产,其残值应当视为零,但下列情况除外。

①有第三方承诺在无形资产使用寿命结束时购买无形资产。

②可以根据活跃市场得到预计残值信息,并且该市场在无形资产使用寿命结束时很可能存在。

（4）摊销的会计处理

无形资产的摊销应通过"累计摊销"账户。"累计摊销"账户核算企业对使用寿命有限的无形资产计提的累计摊销额,该账户可按无形资产项目进行明细核算。无形资产的摊销金额一般应计入当期损益。企业按期（月）计提无形资产的摊销,应借记"管理费用"、"其他业务成本"等账户,贷记"累计摊销"账户。

如果某项无形资产是专门用于生产某种产品或者其他资产的,其所包含的经济利益是通过所生产的产品或其他资产实现的,则该无形资产的摊销金额应当计入相关资产的成本。例如,某项专门用于生产过程中的无形资产,其摊销金额应构成所生产产品成本的一部分,计入该产品的制造费用。

[例7-6]：甲公司从乙公司购入某项专利权,成本为9 000 000元,估计使用寿命为9年,该专利用于产品的生产;同时购入一项商标权,实际成本为7 000 000元,估计使用寿命为10年。假定这两项无形资产的净残值均为零。购买价款均以银行存款支付。该公司的账务处理如下：

（1）取得无形资产时：

借：无形资产——专利权　　9 000 000
　　　　　　——商标权　　7 000 000
　　贷：银行存款　　　　　　　　16 000 000

（2）每年摊销时：

借：制造费用——专利权摊销　1 000 000
　　管理费用——商标权摊销　　700 000
　　贷：累计摊销　　　　　　　　1 700 000

7.1.3.2 无形资产的减值

对于有使用寿命的无形资产,如果出现无形资产减值的迹象时,应当对无形资产进行减值测试。企业发生无形资产减值时,应当将该项无形资产的账面价值减记至可收回金额,减记的金额借记"资产减值损失"账户,贷记"无形资产减值准备"账户。无形资产减值损失确认后,减值资产的摊销应当在未来期间作相应调整,以使该资产在剩余使用寿命内,系统地分摊调整后的资产账面价值(扣除预计净残值)。无形资产减值损失一经确认,在以后会计期间不得转回。

[例7-7]:某企业2002年1月5日购入一项专利权,实际支付价款300 000元,预计使用年限为10年。2005年12月31日,该项专利权发生减值,预计未来现金流量的现值为120 000元,无公允价值。该项专利权发生减值以后,预计剩余使用年限为5年。根据以上资料,编制会计分录如下:

(1)计算该项专利权在计提减值准备前的账面余额。

账面余额 = 300 000 - 300 000/10 × 4 = 180 000(元)

(2)计提减值准备

应计提的减值准备 = 180 000 - 120 000 = 60 000(元)

借:资产减值损失　　　　　　　60 000
　　贷:无形资产减值准备　　　　　　　60 000

(3)计算剩余使用年限内年摊销额

剩余使用年限内年摊销额 = 120 000/5 = 24 000(元)

7.1.3.3 无形资产使用寿命和摊销方法的复核

企业至少应当于每年年度终了,对使用寿命有限的无形资产的使用寿命及摊销方法进行复核。无形资产的使用寿命及摊销方法与以前估计不同的,应当改变摊销期限和摊销方法。

企业应当在每个会计期间对使用寿命不确定的无形资产的使用寿命进行复核。如果有证据表明无形资产的使用寿命是有限的,应当估计其使用寿命,并按无形资产准则的相关规定处理。

7.1.4 无形资产的处置

7.1.4.1 无形资产的出租

无形资产的出租,即无形资产使用权的转让,是指企业将所拥有无形资产的使用权让渡给他人,并收取租金的经济事项。无形资产的出租收入应在符合以下条件时予以确认:1)与出租交易相关的经济利益能够流入企业;2)租金收入的金额能够可靠地计量。通常租金收入应按合同或协议规定计算确定。为确保收入与费用相配比,在确认租金收入的同时,还应确认相关费用。但是,企业如果将取得的土地使用权出租时,应将账面价值转为投资性房地产核算。

7.1.4.2 无形资产的出售

无形资产出售,即无形资产所有权转让,是企业对无形资产所有权的放弃,是资产所有权的转移。企业出售无形资产时,应按实际收到的金额等,借记"银行存款"等账户,按已计提的累计摊销,借记"累计摊销"账户,按应支付的相关税费及其他费用,贷记"应交税费"、"银行存款"等账户,按其账面余额,贷记"无形资产"账户,按其差额,贷记"营业外收入——处置非流动资产利得"账户或借记"营业外支出——处置非流动资产损失"账户。已计提减值准备的,还应同时结转减值准备。

[例7-8]甲公司所拥有的某项商标权的成本为7 000 000元,已摊销金额为5 000 000元,已计提的减值准备为800 000元。该公司于当期出售该商标权的所有权,取得出售收入4 000 000元,应当缴纳的营业税等相关税费为240 000元。该公司的账务处理如下:

借:银行存款　　　　　　　　　　4 000 000
　　累计摊销　　　　　　　　　　5 000 000
　　无形资产减值准备　　　　　　　800 000
　　贷:无形资产　　　　　　　　　　　　　7 000 000
　　　　应交税费——应交营业税　　　　　　240 000
　　　　营业外收入——处置非流动资产利得 2 560 000

7.1.4.3 无形资产的报废

如果无形资产预期不能为企业带来经济利益,就已经基本丧失了其经济价值和未来服务潜能,从而不再符合资产的定义,应该将其转销。企业可以根据以下迹象判断某项无形资产是否丧失了经济价值:1)该无形资产是否已被其他新技术等所替代,且已不能为企业带来经济利益;2)该无形资产是否不再受法律的保护,且不能给企业带来经济利益;3)其他足以证明某项无形资产实质上已经丧失了使用价值的情形。当存在上述一项或几项情况时,可认定为该无形资产不能为企业带来经济利益,应将其予以转销。

转销时,应将无形资产的账面价值全部计入当期损益,按已提减值准备,借记"无形资产减值准备"账户,按累计摊销数,借记"累计摊销"账户,按其差额(账面净值),借记"营业外支出"账户或贷记"营业外收入"账户,按账面余额,贷记"无形资产"账户。

[例7-9]:2006年12月31日,甲公司某项专利权的账面余额为5 000 000元。该专利权的摊销期限为10年,采用直线法进行摊销,已摊销5年。该专利权的残值为零,已累计计提减值准备1 200 000元。假定以该专利权生产的产品已没有市场,预期不能再为企业带来经济利益。该公司的账务处理如下:

借:累计摊销　　　　　　　　　　2 500 000
　　无形资产减值准备　　　　　　1 200 000
　　营业外支出——处置非流动资产损失
　　　　　　　　　　　　　　　　1 300 000
　　贷:无形资产——专利权　　　　　　　5 000 000

7.2 其他资产

其他资产指不包括在流动资产、长期股权投资、金融资产、固定资产、无形资产等以外的资产,主要包括长期待摊费用和其他非流动资产等。

7.2.1 长期待摊费用

长期待摊费用指企业当期发生的,应在1年以上的期间内分期摊销计入产品成本或期间费用的支出,主要包括开办费、固定资产大修理支出和股票发行费等。

长期待摊费用与无形资产不同。长期待摊费用虽然也没有实物形态,也是一项长期资产,但其本身没有交换价值,不可转让。长期待摊费用是一种预付费用,一经发生,其消费过程就已结束,只是尚未计入产品成本和期间费用,因此长期待摊费用不具有抵偿债务的价值,更不具有转让价值。

企业在确认长期待摊费用时,一般应考虑两个条件:

(1)受益期间在1年以上。在这种情况下,将支出计入长期待摊费用,符合权责发生制原则和配比原则。

(2)未来会计期间获得的收益能够抵补分期摊销的支出。如果预计未来会计期间获得的收益不能抵补分摊的支出,按照稳健原则,可以将当期发生的支出全部计入当期损益。

此外,对于受益期间虽然在1年以上但数额很小的支出,按照重要性原则,也可以不予分期摊销,直接计入当期损益。

7.2.1.1 开办费

开办费是指企业在筹建期间发生的不能计入各项资产价值的支出,主要包括筹建期间人员的工资、办公费、培训费、差旅费、印刷费、注册登记费以及不计入固定资产价值的汇兑损益、利息支出等。开办费应在企业生产经营开始之日一次摊销。

企业发生各项开办费时,应借记"长期待摊费用"账户,贷记有关账户;摊销时,应借记"管理费用"账户,贷记"长期待摊费用"账户。

[例7-10]:某企业在筹建期间发生人员工资、注册登记费、差旅费、办公费等开办费共计300 000元,在生产经营开始之日一次摊销。根据以上资料,该公司账务处理如下:

(1)发生开办费

借:长期待摊费用　　　　　　　　　　300 000
　　贷:应付职工薪酬、银行存款等　　　　　　　300 000

(2)摊销

借:管理费用　　　　　　　　　　　　300 000
　　贷:长期待摊费用　　　　　　　　　　　　300 000

7.2.1.2 固定资产大修理支出

企业发生的数额很大而且摊销期限超过1年的修理费用支出,应作为长期待摊费用处理。发生大修理支出时,应借记"长期待摊费用——大修理支出"等账户,贷记有关账户;分期摊销时,应借记"制造费用"、"管理费用"等账户,贷记"长期待摊费用——大修理支出"账户。

[例7-11]:

某企业对一台机器设备进行大修理,用银行存款支付大修理费72 000元,采用分期摊销法在3年内平均摊销,每月摊销2000元[72 000/(3×12)]。

根据以上资料,该企业账务处理如下:

(1) 支付大修理费

借:长期待摊费用——大修理支出　　72 000
　　贷:银行存款　　　　　　　　　　　　　72 000

(2) 分期摊销

借:制造费用　　　　　　　　　　　2 000
　　贷:长期待摊费用——大修理支出　　　　2 000

7.2.1.3 股票发行费

股票发行费是指股份有限公司发生的与股票发行直接相关的支出,主要包括股票承销费、注册会计师费(包括审计、验资、盈利预测等支出)、评估费、律师费、公关及广告费、印刷费及其他直接支出等。

股份有限公司的股票按面值发行,实际发生的发行费减去股票发行冻结期间的利息收入后的余额,如果数额不大,一般直接计入当期损益;如果数额较大,则应确认为长期待摊费用,在不超过2年的期限内平均摊销,计入损益。

股份有限公司的股票溢价发行,实际发生的发行费减去股票发行冻结期间的利息收入后的余额,应先从溢价收入中扣除,股票发行费大于溢价收入而未能抵扣部分,如果数额不大,一般应计入当期损益;如果数额较大,则也可以确认为长期待摊费用,在不超过2年的期限内平均摊销,计入损益。

7.2.2 其他非流动资产

其他非流动资产包括企业期末持有的"衍生工具"、"套期工具"、"被套期项目"的借方余额以及公益性生物资产等。"衍生工具"、"套期工具"、"被套期项目"的贷方余额则应在非流动负债项目反映。

思考与练习：

1. 思考题：

（1）无形资产有哪些特征？

（2）企业应如何划分内部研究开发项目的两个发展阶段？对其费用支出应如何进行核算？

（3）什么是无形资产的初始计量？无形资产的初始计量的基本原则是什么？

（4）什么是无形资产的后续计量？无形资产后续计量的基本要求是什么？

（5）其他资产包括哪些内容？

2. 案例讨论：

注册会计师王丽检查甲公司2007年度会计报表时，了解到该公司2007年3月1日购买某项专有技术，支付价款240万元，根据相关法律规定，该项无形资产的有效使用年限为10年。2007年12月31日，与转让技术的单位发生合同纠纷，专有技术的使用范围也受到一定限制而可能造成减值，经有关专有技术人员估计，预计可收回金额为50万元。除了该公司在2007年3月1日购买该项专有技术时作为无形资产入账外，以后未发现该公司进行相关账务处理。

讨论问题：甲公司的会计处理正确吗？应如何进行？

参考资料：

1. 财政部．《企业会计准则（2006）》经济科学出版社．2006年2月第1版。

2. 财政部．《企业会计准则——应用指南（2006）》．中国财政经济出版社．2006年11月第1版。

3. 张维宾主编．《中级财务会计学》．立信会计出版社．2007年7月第1版。

4. 何卫红主编．《财务会计新编第2版（上）》．清华大学出版社．2007年6月第2版。

5. 戴德明 林钢主编．《财务会计学》．中国人民大学出版社．2006年12月第4版。

6. 程坚主编．《财务会计第二版》．中国财政经济出版社．2007年6月第2版。

7. 孙铮主编．《财务会计》．上海财经大学出版社．2006年6月第1版。

8. 杜国梁主编．《财务会计》．中国经济出版社．2007年6月第1版。

第8章 流动负债

本章主要内容：
- 负债、流动负债的概念
- 短期借款、应付票据、应付和预收款项等基本账务处理
- 其他应付款的基本账务处理。

8.1 流动负债概述

8.1.1 负债的概念

1. 负债的定义及特征

负债指企业过去的交易或事项形成的、预期会导致经济利益流出企业的现时义务。具有以下特征：

（1）负债是基于过去的交易或事项而产生的。

（2）负债是企业承担的现时义务。

（3）负债的清偿预期会导致经济利益流出企业。

（4）负债一般有确切的偿付金额、受款人和偿付日期，或者偿付金额、受款人和偿付时间可以通过合理的方法加以确定。

2. 负债的分类

负债可以按照偿付时间的长短分为流动负债和非流动负债两大类。企业会计准则规定以"1年或超过1年的一个营业周期"作为划分流动负债和非流动负债的界限，在1年或者超过1年的一个营业周期内偿还的负债作为流动负债，包括短期借款、应付账款、预收账款等；将偿还期在1年或者超过1年的一个营业周期以上的负债作为非流动负债，包括长期借款、应付债券、长期应付款项等。

8.1.2 流动负债的概念

流动负债是指将在1年或者超过1年的一个营业周期内偿还的债务。作为流动负债必须符合两个条件:(1)到期日在1年或一个营业周期以内;(2)到期时应动用流动资产或以新的流动负债作为偿还手段。

流动负债的特点是:(1)偿还期限短。到期日在一年以内或超过一年的一个营业周期内。(2)筹资成本低。流动负债能在短期内为企业提供资金来源,而且发生频繁,周转较快,除短期借款需要支付利息外,其他流动负债一般无需负担利息费用。

8.1.3 流动负债的分类

流动负债按照不同的标准,可以进行不同的分类:

1. 按照偿付手段分类

(1)货币性流动负债。指需要以货币资金来偿还的流动负债,主要包括短期借款、应付票据、应付账款、应付职工薪酬、应付股利、应交税费、预计负债和其他应付款、预提费用中需要用货币资产偿还的债务。

(2)非货币性流动负债。指不需要用货币资金来偿还的流动负债,主要包括预收账款以及其他应付款、预提费用中不需要用货币资产偿还的债务。

2. 按照偿付金额是否确定分类

(1)金额可以确定的流动负债。指有确切的债权人和偿付日期并有确切的偿付金额的流动负债,主要包括短期借款、应付票据、已经取得结算凭证的应付账款、预收账款、应付职工薪酬、应付股利、应交税费和其他应付款等。

(2)金额需要估计的流动负债。指没有确切的债权人和偿付日期,或虽有确切的债权人和偿付日期但其偿付金额需要估计的流动负债,主要包括没取得结算凭证的应付账款、预提费用和预计负债等。

3. 按照形成方式分类

(1)融资活动形成的流动负债。指企业从银行和其他金融机构筹集资金形成的流动负债,主要包括短期借款和预提的借款利息。

(2)营业活动形成的流动负债。指企业在正常的生产经营活动中形成的流动负债,可以分为外部业务结算形成的流动负债和内部往来形成的流动负债。

8.1.4 流动负债的计价

流动负债的计价,从理论上讲,应按未来偿付金额的现值计量。但是,流动负债的偿付时间一般不超过1年,未来应付的金额与贴现值相差不多,按照重要性原则,其差额往往忽略不计,因而,流动负债一般按照业务发生时的金额计价。

8.2 短期借款

短期借款指企业向银行或其他金融机构借入的,偿还期在1年以内(含1年,特殊情况下在超过1年的一个营业周期内)的各种借款。

8.2.1 短期借款的取得

企业从银行或其他金融机构借入款项时,应签订借款合同,注明借款金额、借款利率和还款时间等。取得短期借款时,应借记"银行存款"账户,贷记"短期借款"账户。"短期借款"账户应按债权人以及借款种类、还款时间设置明细账。

[例8-1]:某企业4月1日从银行取得偿还期为6个月的借款80 000元,年利率为6%,每季度结息一次。根据以上资料,编制会计分录如下:

借:银行存款　　　　　　　　　80 000
　　贷:短期借款　　　　　　　　　　　80 000

8.2.2 短期借款的偿还

企业在短期借款到期偿还本金时,应借记"短期借款"账户,贷记"银行存款"账户。

[例8-2]:某企业10月1日偿还短期借款80 000元,编制会计分录如下:

借:短期借款　　　　　　　　　80 000
　　贷:银行存款　　　　　　　　　　　80 000

8.2.3 短期借款的利息费用

企业取得短期借款而发生的利息费用,一般应作为财务费用处理,计入当期损益。但是由于支付的情况不同,要分别对待。

第一种情况,当短期借款的利息按季度或按半年支付并且金额较大时,一般按月计入费用。计提时,借记"财务费用",贷记"应付利息";实际支付时,按照已经计提的利息金额,借记"应付利息",按照实际支付的数额与已计提额之间的差额,借记"财务费用",按实际支付数额贷记"银行存款"。

第二种情况,若短期借款的利息是按月支付的,或者利息虽是在到期时连本金一起归还但数额较小,在实际支付利息或收到银行的计息通知时,直接计入当期损益,借记"财务费用",贷记"银行存款"。

[例8-3]:某公司于11月1日向银行借入款项600 000元,期限为3个月,年利率5%。按月计提利息费用,到期一次还本付息。

根据以上材料,编制会计分录如下:

(1) 11月1日,借入时

借:银行存款　　　　　　　　　　600 000
　　贷:短期借款　　　　　　　　　　　　　600 000

(2) 11月30日、12月31日,分别确认利息费用(600 000×5%÷12)

借:财务费用　　　　　　　　　　2 500
　　贷:应付利息　　　　　　　　　　　　　2 500

(3) 次年1月31日,还本付息时

借:应付利息　　　　　　　　　　5 000
　　财务费用　　　　　　　　　　2 500
　　短期借款　　　　　　　　　　600 000
　　贷:银行存款　　　　　　　　　　　　　607 500

8.3 应付票据

应付票据是由出票人出票,委托付款人在指定日期无条件支付确认的金额给收款人或持票人的票据。应付票据也是委托付款人允诺在一定时期内支付一定款额的书面证明。在我国,应付票据是在经济往来活动中由于采用商业汇票方式而发生的,由签发人签发、承兑人承兑的商业票据。

应付票据按照是否带息分为带息应付票据和不带息应付票据两种。无论哪种票据,在我国会计实务中取得时都采用按票据的面值入账的方法。企业在开出、承兑商业票据或以承兑的商业票据抵付货款和应付账款时,借记"材料采购(或在途物资)"、"原材料(或库存商品)"、"应交税费——应交增值税(进项税额)"、"应付账款"等账户,贷记"应付票据"账户。

8.3.1 带息应付票据

带息应付票据指在票据到期日,按票面上列示的利率,以票面金额加上到期利息支付的票据。这种票据的到期值是面值加利息。带息的商业汇票,应于会计期末计算利息,计入财务费用的同时,增加应付利息的账面价值,即借记"财务费用"账户,贷记"应付利息"账户。在票据到期支付本息时,将最后一期的利息计入财务费用的同时,连同应付票据已经计提的利息和面值,以货币资金进行支付,即借记"财务费用"、"应付利息"、"应付票据"账户,贷记"银行存款"等账户。

[例8-4]:某公司2007年11月1日购入价款为30 000元的商品一批,增值税为5 100元,出具期限为3个月的带息票据一张,年利率5%。

编制会计分录如下：

(1) 11月1日购入商品时

借：库存商品　　　　　　　　　　　30 000
　　应交税费——应交增值税(进项税额)
　　　　　　　　　　　　　　　　　5 100
　贷：应付票据　　　　　　　　　　35 100

(2) 12月31日,确认两个月利息费用292.50元(35 100×5%×2÷12)

借：财务费用　　　　　　　292.50
　贷：应付利息　　　　　　　　　　292.50

(3) 2008年2月1日到期付款时

借：应付票据　　　　　　　35 100
　　应付利息　　　　　　　　292.50
　　财务费用　　　　　　　　146.25
　贷：银行存款　　　　　　　　　35538.75

8.3.2　不带息应付票据

不带息应付票据,其面值就是票据到期时的应付金额。在期末时,不用计提利息费用,到期支付时,只要支付面值金额。

企业开出并承兑的商业承兑汇票到期时,如无力支付票款,应将"应付票据"的账面余额(包括带息票据已计入"应付利息"的利息部分)转入"应付账款"账户。

8.4　应付账款及预收账款

8.4.1　应付账款的确认和计量

1. 应付账款的确认

应付账款指因购买材料、商品或接受劳务供应等而发生的债务。这是买卖双方在购销活动中,由于取得物资或劳务与支付货款在时间上不一致而产生的负债。

应付账款入账时间应以所购买物资的所有权转移或接受劳务已发生为标志。但在实际工作中应区别情况处理:1) 在物资和发票账单同时到达的情况下,一般等物资验收入库后,才按发票账单登记入库;2) 在物资先到入库,发票后到付款的情况下,平时暂不作财务处理,待收到发票账单时再作单货同到处理。若在月终时仍未收到账单,应按暂估价入账,次月初再红字冲回。

2. 应付账款的计量

应付账款一般按应付金额,即发票价格入账,而不按到期应付金额的现值入账。按发票上记载的全部应付金额,借记有关账户,贷记"应付账款"账户;付款时获得的现金折扣,冲减财务费用。

偿还应付账款时,直接借记"应付账款"账户,贷记"银行存款"等账户。应付账款一般在较短期限内支付,有些应付账款由于债权单位撤消或其他原因而无法支付。这笔无法支付的应付账款列入资本公积处理。

[例8-5]:

甲公司2004年2月向乙公司赊购一批材料,专用发票价格60 000元,增值税10 200元,现金折扣条件为"2/10,n/30",材料已入库。折扣期内付款50 000元,余款及税款在折扣期后支付。

编制会计分录如下:

(1)记录赊购的业务

借:原材料   60 000
    应交税费——应交增值税(进项税额)
                                      10 200
    贷:应付账款——乙公司   70 200

(2)折扣期内付款

借:应付账款——乙公司   50 000
    贷:银行存款   49 000
        财务费用   1000

(3)折扣期后付款

借:应付账款——乙公司   20 200
    贷:银行存款   20 200

[例8-6]:

甲公司2005年5月7日向乙公司采购一批材料,材料已入库,但月底尚未收到发票账单,按照以往的价格估计材料价值50 000元。6月10日,收到乙公司转来的发票账单,价格50 000元,税款8 500元,直接付款给对方。

月底编制会计分录如下::

(1)5月底,根据入库单暂估入账

借:原材料   50 000
    贷:应付账款——乙公司   50 000

(2)6月初,红字冲回暂估入账

借:原材料   50 000

　　　　贷：应付账款——乙公司　　　　　　　　　50 000

（3）6月10日，收到发票，付款

　　借：原材料　　　　　　　　　　50 000

　　　　应交税费——应交增值税（进项税额）

　　　　　　　　　　　　　　　　　　8 500

　　　　贷：银行存款　　　　　　　　　　　　　58 500

8.4.2 预收账款

预收账款是指企业在销货之前预先向购买方收取的款项，应在1年以内用产品或劳务来偿付。

企业发生的预收账款业务，通过"预收账款"账户核算。收到预收账款时，应借记"银行存款"账户，贷记"预收账款"账户；销售货物或提供劳务时，应借记"预收账款"账户，贷记"主营业务收入"、"应交税费——应交增值税"等账户；退还多收的货款时，应借记"预收账款"账户，贷记"银行存款"账户；收到购买方补付的货款时，应借记"银行存款"账户，贷记"预收账款"账户。当销货款大于预收账款而未收到补付账款时，"预收账款"账户所属明细账户会有借方余额，月末，应列入资产负债表"应收账款"项目。

在企业预收账款业务不多的情况下，可以不设"预收账款"账户，预收的账款记入"应收账款"账户的贷方。当"应收账款"账户的贷方有余额时，月末，应列入资产负债表的"预收账款"账户。

[**例8－7**]某企业根据发生的有关预收账款业务，编制会计分录如下：

（1）如果该企业设"预收账款"账户，发生业务应编制会计分录如下：

① 8月31日，预收乙公司货款30 000元，存入银行。

　　借：银行存款　　　　　　　　　　30 000

　　　　贷：预收账款 —— 乙公司　　　　　　　30 000

② 9月30日，向乙公司发货一批，不含税的价款为50 000元，增值税8 500元，用银行存款代垫运杂费100元，共计58 600元；乙公司尚未补付货款。

　　借：预收账款　　　　　　　　　　58 600

　　　　贷：主营业务收入　　　　　　　　　　50 000

　　　　　　应交税金 —— 应交增值税　　　　 8 500

　　　　　　银行存款　　　　　　　　　　　　　100

9月30日，"预收账款——乙公司"明细账户借方余额28 600元，列入资产负债表的"应收账款"项目。

③ 10月6日，收到乙公司补付的货款28 600元，存入银行。

　　借：银行存款　　　　　　　　　　28 600

　　　　贷:预收账款 ——乙公司　　　　　　　　　　　　28 600
　（2）如果该企业不设"预收账款"账户,发生上述业务应编制会计分录如下:
8月31日预收货款:
　　借:银行存款　　　　　　　　　　　　30 000
　　　　贷:应收账款 ——乙公司　　　　　　　　　　　　30 000
　①8月31日,"应收账款 ——乙公司"明细账户贷方余额30 000元,应列入资产负债表的"预收账款"项目。
　②9月30日发货:
　　借:应收账款　　　　　　　　　　　　58 600
　　　　贷:主营业务收入　　　　　　　　　　　　50 000
　　　　　　应交税金 —— 应交增值税　　　　　　　　8 500
　　　　　　银行存款　　　　　　　　　　　　　　　　100
10月6日收到补付货款:
　　借:银行存款　　　　　　　　　　　　28 600
　　　　贷:应收账款　　　　　　　　　　　　　　　　28 600

8.5 应交税费

应交税费指企业按照税收法规的规定应向国家缴纳的各种税金和其他相关费用。

8.5.1 税金概述

企业应缴纳的税金,按照征税对象可以分为三类:流转税、所得税和其他税种。

流转税指对从事商品生产、销售及提供劳务的企业,按照商品和劳务的流转额来计算征收的税金,包括增值税、营业税、消费税等。

所得税指对纳税人在一定期间内获得的各种所得征收的一类税种。包括企业所得税、个人所得税、外商投资企业和外国企业所得税。随着国际经济的一体化,最后一类税已与企业所得税合并。

其他税种包括:1)资源、土地税类,具体包括资源税、土地使用税、土地增值税等;2)农业税类;3)行为税类,包括印花税、城市维护建设税、车船使用税等;4)财产税类,主要包括房产税和契税等。

企业应交的以上各类税金除了印花税、耕地占用税以及其他不需要预计应交数的税金直接以货币资金支付外,其他都必须通过"应交税费"账户核算。企业缴纳的印花税,在缴纳时,借记"管理费用"账户,贷记"银行存款"账户,缴纳的耕地占用税,借记"在建工程"账户,贷记"银行存款"账户。

企业期末在预计城镇土地使用税、房产税、车船使用税时也计入"管理费用"账户。

企业直接对外销售产品时应交的消费税、资源税、城市维护建设税以及非工商企业计算缴纳的营业税,计入"营业税金及附加"账户。房地产开发企业的土地增值税计入"营业税金及附加"账户。其他企业按照征用土地的不同用途计入"其他业务成本"、"在建工程"、"固定资产清理"等账户。

企业代职工缴纳的个人所得税,应借记"应付职工薪酬"账户,贷记"应交税费——应交个人所得税"。企业所得税是企业的一项费用,一般计入"所得税费用"账户。

上述各种税种,通过"应交税费"账户核算的,应交税费应该按照税种设立明细核算账户。其借方反映已交的税金,贷方登记应该缴纳的税金,贷方余额反映企业尚未缴纳的税金。

8.5.2 应交增值税

增值税是以销售货物和应税劳务的增值额为征税对象的一种流转税。从理论上讲,增值税是对纳税人在生产经营过程中新创造的那部分价值征收的税金;从实务上讲,是对纳税人在一定时期内因销售商品或提供劳务取得的收入额减去为生产经营而消耗的外购货物或劳务成本后的余额征收的税金。

增值税按经营规模及会计核算的健全程度,分为一般纳税人和小规模纳税人。

8.5.2.1 一般纳税人应交增值税的会计处理

1. 应交增值税的计算。一般纳税人销售货物或提供劳务,应纳税额为当期销项税额抵扣进项税额之后的余额。计算公式为:应交增值税 = 当期销项税额 − 当期进项税额

其中:销项税额按不含税销售额的17%计算,并向购买方收取;进项税额为纳税人购进货物或接受应税劳务时支付给销货方的税款,作为销项税额的抵扣款项。

(1) 能抵扣的进项税额的规定

准予从销项税额中抵扣的进项税额,限于下列增值税专用发票上注明的增值税额:①从销货方取得的增值税专用发票上注明的增值税额;②进口货物时从海关取得的完税凭证上注明的增值税额;③购进免税农产品或支付运费,按照税务机关批准的收购凭证上注明的价款的10%计算进项税额,或按照运输单据上的运输费金额的7%计算进项税额,并以此作为扣税的依据。

(2) 不能抵扣的进项税额的规定

企业购入货物或者接受应税劳务,没有按照规定取得并保存增值税扣税凭证,或者增值税扣税凭证上未按规定注明增值税款及其他有关事项,进项税额不能从销项税额中抵扣。另外,下列项目的进项税额也不得从销项税额中抵扣:①购进固定资产的进项税;②购进用于非应税项目、免税项目、集体福利或者个人消费的货物或者应税劳务等的进项税;③发生非正常损失的购进货物的进项税。这些已支付的增值税只能计入购入货物

或接受劳务的成本中。从会计核算上,对不能抵扣的进项税额直接计入所购货物或接受劳务的成本,不能作为进项税额核算。若当期销项税额小于当期进项税额时,不足抵扣的进项税额可结转下期继续抵扣。

2. 一般纳税人应交增值税的账户设置

一般纳税人在核算应交增值税时,要在"应交税费"账户下设置"应交增值税"和"未交增值税"两个明细账户进行核算。

(1)"应交增值税"明细账户。

该明细账户的借方发生额反映企业购进货物或接受应税劳务支付的进项税额、实际已缴纳的增值税、转出未交增值税等;贷方发生额反映销售货物或提供应税劳务应缴纳的增值税额(销项税额)、出口货物退税、转出多交增值税等;期末借方余额反映企业尚未抵扣的增值税进项税额。因此,"应交税费——应交增值税"设以下专栏:

①"进项税额"专栏,记录企业购入货物或接受应税劳务而支付的、准予从销项税额中抵扣的增值税额。企业购入货物或接受应税劳务支付的进项税额,用蓝字登记;退回所购货物应冲销的进项税额,用红字登记。

②"已交税金"专栏,记录企业已缴纳的增值税额。企业已缴纳的增值税额用蓝字登记;退回多交的增值税额,用红字登记。

③"销项税额"专栏,记录企业销售货物或提供应税劳务应收取的增值税额。企业销售货物或提供应税劳务应收取的销项税额,用蓝字登记;退回销售货物应冲销的销项税额,用红字登记。

④"出口退税"专栏,记录企业出口货物,向海关办理报关出口手续后,凭出口报关单等有关凭证,向税务机关申报办理出口退税而收到退回的税款。出口货物退回的增值税额,用蓝字登记;出口货物办理退税后发生退货或者退关而补交已退税款,用红字登记。

⑤"进项税额转出"专栏,记录企业的购进货物、在产品、库存商品等发生非正常损失以及其他原因而不应从销项税额中抵扣,按规定应予以转出的进项税额。

⑥"转出多交增值税"专栏,反映企业月份终了转出多交的增值税。

⑦"转出未交增值税"专栏,反映企业月份终了转出未交的增值税。

⑧"减免税款"专栏,反映企业按规定减免的增值税款。

⑨"出口抵减内销产品应纳税额"专栏,反映企业按照规定计算的出口货物的进项税额抵减内销产品的应纳税额。

(2)"未交增值税"明细账户。

该明细账户核算期末从"应交增值税"明细账户中结转的本期多交或未交的增值税,借方登记月终转入的当月多交增值税和本月缴纳上月应交未交的增值税;贷方登记月终转入当月应交未交的增值税;期末借方余额表示多交增值税,若为贷方余额表示未交增值税。

3. 一般纳税人应交增值税的账务处理

（1）一般购销业务

一般纳税人企业对一般购销业务在账务处理上主要具有以下特点：①在购进阶段实行价税分离，价与税分离的依据为增值税专用发票上注明的价款和增值税，价款部分计入购入货物的成本；增值税部分计入进项税额。②在销售阶段，销售价格不含增值税，如果是含税价销售，要进行价税分离，分解为不含税销售额和增值税，并将增值税部分计入销项税额。

[例8-8]：某有限责任公司购入一批原材料，专用发票上注明价款为50万元，增值税额为8.5万元，货款已付，原料已到达并验收入库。该公司当期销货收入为100万元，增值税额为17万元，货款尚未收到。根据有关原始凭证，分别编制会计分录如下：

购入原材料时：

借：原材料 —— ××材料　　　　500 000

　　应交税费 —— 应交增值税（进项税额）

　　　　　　　　　　　　　　　　85 000

　　贷：银行存款　　　　　　　585 000

销售产品时：

借：应收账款 —— ××公司　　1 170 000

　　贷：主营业务收入　　　　　1 000 000

　　　　应交税费 —— 应交增值税（销项税额）170 000

（2）购进免税产品

按《增值税暂行条例》的规定，小企业购进农业生产者生产的农业产品，或者向小规模纳税人购买的农产品，可按买价加上按规定代收代缴的农业特产税为基数的13%计算可抵扣进项税额；小企业废旧物资回收经营单位销售的免税废旧物资，可按废旧物资经营单位开具的由税务机关监制的普通发票上所注明金额的10%计算抵扣进项税额。

[例8-9]：某有限责任公司收购农产品，以银行存款支付价款60万元，已验收入库。根据有关原始凭证，编制会计分录如下：

可抵扣增值税 = 600 000 × 13% = 78 000（元）

借：库存商品 —— ××农产品　　522 000

　　应交税费 —— 应交增值税（进项税额）

　　　　　　　　　　　　　　　　78 000

　　贷：银行存款　　　　　　　600 000

（3）进出口物资

企业进口货物，按组成计税价格和规定的增值税率计算应纳税额。进口货物缴纳的增值税，以从海关取得的完税凭证为依据，计入"应交税费——应交增值税（进项税额)",其核算方法与国内购进货物相同,只是确定进项税额的依据不同。

对于有进口经营权的生产企业自营出口或委托外贸企业代理出口货物的增值税实行"免、抵、退"办法。会计核算时,出口货物在购进环节支付的增值税,仍作为进项税额核算,出口货物时,对按规定计算出的当期应退税额,在"出口退税"和"出口抵减内销产品税额"专栏中反映。

(4)视同销售

按照《增值税暂行条例实施细则》的规定,企业将自产、委托加工或购买的货物分配给股东或投资者,用于集体福利或个人消费,以及用于对外捐赠等行为,作视同销售货物处理,应计算缴纳增值税。视同销售是指从企业会计核算角度一般不作销售处理,只按成本结转,但从税法角度应作为销售行为依法纳税的事项。对视同销售业务,无论会计上是否作销售处理,只要税法规定需缴纳增值税的,都要计算应缴纳的增值税销项税额。

[例8-10]:某有限责任公司将自产货物8万元用于在建工程项目。计税价格为9万元,增值税率为17%。根据有关原始凭证,会计处理如下:增值税销项税额 = 90 000 × 17% = 15 300(元)

借:在建工程——××工程项目　　　95 300
　　贷:库存商品　　　　　　　　　　　　　　　80 000
　　　　应交税费——应交增值税(销项税额)　15 300

(5)不予抵扣项目

《增值税暂行条例》及其实施细则规定,企业购进固定资产、用于非应税项目的购进货物或应税劳务等,其进项税额不能抵扣。对货物购入时即能认定其进项税额不能抵扣的,如购入固定资产、购入货物直接用于免税项目、非应税项目、或直接用于集体福利和个人消费,将增值税专用发票上注明的增值税,直接计入购入货物及劳务的成本;属于购入货物时不能直接认定其进项税额能否抵扣的,购入时仍作为"进项税额"核算,以后用于按规定不能抵扣进项税额项目时,作"进项税额转出"处理。

[例8-11]:某有限责任公司因工程项目建设需要,从仓库领用原材料一批,实际成本6万元。根据材料领用凭证,编制会计分录如下:

借:在建工程——××工程项目　　　70 200
　　贷:应交税费——应交增值税(进项税额转出)
　　　　　　　　　　　　　　　　　　　　　　　10 200
　　　　原材料——×材料　　　　　　　　　　　60 000

(6)其他应计增值税项目

企业接受投资、捐赠等转入的货物,应按专用发票上注明的增值税额,借记"应交税费——应交增值税(销项税额)",按确认的货物价值,借记"原材料"账户,按价款计数,分别贷记"实收资本"、"营业外收入"等账户。

随同产品出售而单独计价的包装物,按规定应缴纳的增值税,借记"应收账款"账户,贷记"应交税费——应交增值税(销项税额)"账户;企业没收逾期未退还包装物押金应缴纳的增值税,借记"其他应付款"账户,贷记"应交税费——应交增值税(销项税额)"等账户。

企业购进的货物,生产的在产品、产成品等发生非常损失,其进项税额应借记"营业外支出"账户,贷记"应交税费——应交增值税(进项税额转出)"。

(7)期末结转增值额

为了分别反映一般纳税人欠交增值税和抵扣增值税的情况,避免以前月份欠交增值税抵扣以后月份未抵扣增值税情况的发生,确保企业及时、足额上交增值税。在月份终了时,企业要计算并转出当月应交未交增值税或多交增值税,对转出的应交未交增值税,借记"应交税费——应交增值税(转出未交增值税)"账户,贷记"应交税费——未交增值税"账户;对转出的当月多交的增值税,借记"应交税费——未交增值税"账户,贷记"应交税费——应交增值税(转出多交增值税)"账户。结转后,"应交税费——应交增值税"账户的余额,反映企业尚未抵扣的增值税进项税额。

(8)企业缴纳增值税

当月缴纳当月的增值税,借记"应交税费——应交增值税(已交税金)"账户,贷记"银行存款"账户;若当月缴纳以前各期未交增值税,则借记"应交税费——未交增值税"账户,贷记"银行存款"账户。

(9)增值税退回

国家对某些企业实行增值税先征后退方法,如残疾人达到一定比例的民政福利企业,按规定享受退税的优惠政策。收到退回的增值税时,借记"银行存款"账户,贷记"营业外收入"账户。

8.5.2.2 小规模纳税人应交增值税的会计处理

1. 小规模纳税人的定义

小规模纳税人指年销售额在规定标准以下,而且会计核算不健全,不能按规定保管有关税务资料的增值税纳税人。

小规模纳税人认定的标准为:1)从事货物生产或提供应税劳务的纳税人,以及从事货物生产或提供应税劳务为主,并兼营货物批发或零售的纳税人,年应税销售额在100万元以下;2)从事货物批发或零售的纳税人,年应税销售额在180万元以下。

2. 小规模纳税人的账务处理

小规模纳税人企业具有如下特点:一是小规模纳税企业销售货物或者提供应税劳务,一般情况下,只能开具普通发票,不能开具增值税专用发票;二是小规模纳税企业销售货物或提供劳务,实行简易办法计算应纳税额,按照销售额的4%或者6%计算征收;三是小规模纳税企业的销售额同样不包括增值税。采用销售额和应纳税额合并定价方法的,按照公式"销售额 = 含税销售额 ÷ (1 + 征收率)"还原为不含税销售额计算。小规模纳税人购买货物后支付的税金一般计入购货成本,不能抵扣。另外,小规模纳税人只需要设置"应交增值税"明细账户,不需要在"应交增值税"明细账户中设置各专栏。

[例8-12]:某公司为小规模纳税人。2007年3月发生以下业务:

(1) 3月4日,购进原料一批,取得专用发票,注明价款60 000元,税款10 200元,材料已入库,尚未付款;

(2) 3月8日,销售产品,开具普通发票,发票金额为169 600元,货款已收到;

(3) 3月18日,上交本月税款。

根据以上业务,编制会计分录如下:

(1) 购进原料时:

借:原材料　　　　　　　　　　　　70 200
　　贷:应付货款　　　　　　　　　　　　　70 200

(2) 销售产品时:

不含税价 = 169 600 ÷ (1 + 6%) = 160 000(元)

应交增值税额 = 160 000 × 6% = 9 600(元)

借:银行存款　　　　　　　　　　　169 900
　　贷:主营业务收入　　　　　　　　　　160 000
　　　　应交税费——应交增值税　　　　　　9 600

(3) 上交本月税款时:

借:应交税费——应交增值税　　　　9 600
　　贷:银行存款　　　　　　　　　　　　　9 600

8.5.3 应交消费税

消费税是对我国境内生产、委托加工和进口应税消费品的单位和个人,就其销售额或销售数量征收的一种流转税。为了调节消费结构,正确引导消费方向,国家在普遍征收增值税的基础上,选择部分消费品,再征收一道消费税。在《消费税暂行条例》中,规定了11种应税消费品,它们是:烟、酒及酒精、化妆品、护肤护发品、贵重首饰及珠宝玉石、鞭炮焰火、汽油、汽车轮胎、摩托车、小汽车。出口应税消费品,免征消费税。

8.5.3.1 消费税的计算

消费税按不同应税消费品的价格和计量特点,选择不同的计税方法。目前我国对消费税的征收方法有两种:从价定率和从量定额的方法。

1. 从价定率:按应税消费品消费额的一定比例计算征收消费税。这里的销售额包括向购买方收取的全部价款和价外费用,但不包括应向购买方收取的增值税税款。计算公式为:

应纳税额 = 销售额 × 适用税率

2. 从量定额：按应税消费品的销售数量和单位销售量的应纳消费税额计算征收消费税。计算公式为：

应纳税额 = 销售数量 × 单位税额（适用的定额税率）

3. 进口的应税消费品，实行从价定率方法计算应纳税额。计算公式为：

应纳税额 = 组成计税价格 × 消费税率

组成计税价格 = （关税完税价格 + 关税）÷（1 - 消费税率）

4. 委托加工的应税消费品，按受托方同类消费品的价格计算纳税；没有同类消费品销售价格的，按组成计税价格计算纳税，计算公式为：

组成计税价格 = （材料成本 + 加工费）÷（1 - 消费税率）

5. 自产自用应税消费品，以同类消费品的销售价格为计税依据，没有同类消费品销售价格的，按照组成计税价格计算纳税。计算公式如下：

组成计税价格 = （成本 + 利润）÷（1 - 消费税率）

公式中的"成本"指应税消费品的产品生产成本，"利润"指根据应税消费品的全国平均成本利润率计算的利润。

8.5.3.2 消费税的会计处理

缴纳消费税的小企业，应在"应交税费"账户下设置"应交消费税"明细账户进行核算。该明细账户的借方登记小企业实际缴纳和待抵扣的消费税；贷方登记小企业按应税消费品的销售额和销售数量计提的应纳消费税；贷方余额反映尚未缴纳的消费税；借方余额反映多交或待扣的消费税。

1. 计提销售环节应纳消费税的账务处理

应税消费品销售包括对外销售和视同销售。计提应纳消费税时，要针对不同情况作不同处理。对外销售应税消费品应缴纳的消费税，借记"营业税金及附加"账户，贷记"应交税费——应交消费税"账户；以应税消费品用于非货币性资产交换换取其他货物应缴纳的消费税，借记"原材料"等存货账户，贷记"应交税费——应交消费税"账户；以应税消费品用于抵偿债务应缴纳的消费税，借记"应付账款"等账户，贷记"应交税费——应交消费税"等账户；以应税消费品用于对外投资、在建工程和非生产经营等其他方面应缴纳的消费税，借记"长期股权投资"或"在建工程"等账户，贷记"应交税费——应交消费税"账户。

[例8-13]：甲公司以自制的应税消费品与乙公司交换A材料，该产品公允价值为25万元（不含增值税），产品成本为16万元，消费税率为10%，乙公司的A材料公允价也为25万元。产品已发出，A材料收到入库，假定交易过程中无其他费用发生。甲公司根据有关原始凭证进行会计处理如下：

应交增值税 = 250 000 × 17% = 42 500（元）

应交消费税 = 250 000 × 10% = 25 000(元)
换入 A 材料入账价值 = 250 000 + 25 000 = 275 000(元)
借：原材料 —— A 材料　　　　　　275 000
　　应交税费 —— 应交增值税(进项税额)
　　　　　　　　　　　　　　　　 42 500
　　贷：主营业务收入　　　　　　　　250 000
　　　　应交税费 —— 应交增值税(销项税额)　42 500
　　　　　　　　 —— 应交消费税　　　25 000
借：主营业务成本　　　　　　　　160 000
　　贷：库存商品　　　　　　　　　　160 000

2. 委托加工应税消费品的账务处理

小企业委托加工的应税消费品，由受托方在向委托方交货时代收代缴消费税税款。对受托方代收代缴的消费税，委托方要根据委托加工的应税消费品的用途决定其账务处理。收回的委托加工应税消费品用于连续生产的，所纳消费税款按规定予以抵扣，借记"应交税费 —— 应交消费税"账户，贷记"银行存款"账户；收回的委托加工应税消费品直接出售的，所纳消费税款计入委托加工产品成本，借记"委托加工物资"账户，贷记"银行存款"账户。

[例 8 – 14]：甲公司委托外单位将 A 材料加工成 B 材料，A 材料实际成本 15 万元，加工费 5 万元，由受托方代收代缴的消费税 5 000 元，B 材料加工完毕验收入库，加工费尚未支付。材料采用实际成本法核算。

(1) 委托方将收回的加工后的 B 材料用于继续生产应税消费品，账务处理如下：
借：委托加工物资 —— B 材料　　　150 000
　　贷：原材料 —— A 材料　　　　　　150 000
借：委托加工物资 —— B 材料　　　 50 000
　　应交税费 —— 应交消费税　　　　5 000
　　贷：应付账款 —— ×受托加工企业　　55 000
借：原材料 —— B 材料　　　　　　200 000
　　贷：委托加工物资 —— B 材料　　　200 000

(2) 若委托方将收回的加工后的 B 材料直接用于销售，账务处理如下：
借：委托加工物资 —— B 材料　　　150 000
　　贷：原材料 —— A 材料　　　　　　150 000
借：委托加工物资 —— B 材料　　　 55 000
　　贷：应付账款 —— ×受托加工企业　　55 000
借：原材料 —— B 材料　　　　　　205 000

贷：委托加工物资 —— B材料　　　　　205 000

3. 进口应税消费品的账务处理

　　小企业进口应税消费品所缴纳的消费税,计入该项应税消费品的成本,按进口物资的用途,借记"固定资产"、"在途物资"、"原材料"等账户,贷记"银行存款"账户。

　　小企业因多计等原因退回的消费税,应于实际收到时,借记"银行存款"账户,贷记"营业税金及附加"等账户。

8.5.4 应交营业税

　　营业税是对提供劳务、转让无形资产或销售不动产的单位和个人征收的一种税。营业税按营业额和规定的税率计算缴纳,计算公式为:

　　应纳税额 = 营业额 × 税率

　　营业额是指企业提供应税劳务转让无形资产或销售不动产时向对方收取的全部价款和价外费用。价外费用包括向对方收取的手续费、基金、集资费、代收款项、代垫款项及其他各种性质的价外收费。

　　营业税的核算,应通过设置"应交税费 —— 应交营业税"账户进行。对于从事以应税劳务为主营业务的运输业、建筑业、金融保险业、邮电通讯业、文化体育业、娱乐业、服务业等,以及从事生产、流通为主的企业应缴纳的营业税金都在"营业税金及附加"账户列支。

　　[例8-15] 某公司附营咨询业务,12月份咨询收入12万元,营业税率为5%。根据有关原始凭证,编制会计分录如下:

　　借：营业税金及附加　　　　　　　　6 000
　　　　贷：应交税费 —— 应交营业税　　　　6 000

　　销售不动产应缴纳的营业税应通过"固定资产清理"账户核算。

　　企业因多计等原因退回的营业税,应于实际收到时,借记"银行存款"账户,贷记"营业税金及附加"账户。

8.5.5 其他应交税费

8.5.5.1 应交城市维护建设税

　　城市维护建设税是对在城镇从事工商经营,并缴纳增值税、消费税、营业税的单位和个人征收的一种税。该税以纳税人实际缴纳的增值税、消费税、营业税额为纳税依据,并按规定税率计算征收,税率按企业所在地为划分依据,即所在地在市区的为7%,在县、镇的为5%,在市区、县、镇以外的为1%,计算公式为:

　　应纳税额 = (纳税人实际缴纳的增值税 + 消费税 + 营业税税额) × 税率

　　城市维护建设税的核算主要通过"应交税费 —— 应交城市维护建设税"账户进行。

企业按期计提城市维护建设税时,借记"营业税金及附加"账户,贷记"应交税费——应交城市维护建设税"账户;实际缴纳时,借记"应交税费——应交城市维护建设税"账户,贷记"银行存款"账户。

8.5.5.2 应交所得税

企业所得税是指国家对境内企业生产、经营所得和其他所得依法征收的一种税。它是国家参与企业利润分配的重要手段。计算公式为:

应交所得税 = 应纳税所得额 × 所得税率

企业计算出应交所得税时,借记"所得税费用"账户,贷记"应交税费——应交所得税"账户;缴纳所得税时,借记"应交税费——应交所得税"账户,贷记"银行存款"账户。

企业因多计或先征后退等原因退回的所得税,在实际收到时,冲减收到当期的所得税费用,借记"银行存款"账户,贷记"所得税费用"账户。

8.5.5.3 应交个人所得税

个人所得税是对个人取得的各项应税所得征收的一种税。其征税对象为工资、薪金所得、劳务报酬所得、稿费所得、利息及股息所得、财产转让所得等。应交个人所得税的金额按超额累进税率计算。小企业按规定计算出代扣代交的职工个人所得税时,借记"应付职工薪酬"账户,贷记"应交税费——应交个人所得税"账户;缴纳个人所得税时,借记"应交税费——应交个人所得税"账户,贷记"银行存款"账户。

8.5.5.4 资源税

资源税是以各种自然资源为课税对象、为了调节级差收入并体现国有资源有偿使用而向在我国境内开采矿产品或生产盐的单位和个人征收的一种税。资源税实行从量定额征收的方法,采用地区差别定额税率,不同产品的产品税额不同。计税时,按照应税产品的课税数量和规定的单位税额计算,计算公式为:

应纳资源税税额 = 课税数量 × 单位税额

企业应纳资源税在"应交税费——应交资源税"账户中核算。企业销售开采或生产的应税产品时,以销售数量作为课税数量计算应交的资源税,列入营业税金及附加。即借记"营业税金及附加"账户,贷记"应交税费——应交资源税"账户。纳税人将开采或生产的应税产品自用或捐赠的,以自用或捐赠数量作为课税数量应缴纳的资源税,借记"生产成本"、"制造费用"或"营业外支出"账户,贷记"应交税费——应交资源税"账户。企业收购未完税矿产品,于收购环节代扣代缴资源税,以收购数量作为课税数量计算资源税。企业将收购实际支付的价款以及代扣代缴的资源税,作为收购矿产品的采购成本,借记"材料采购"或"原材料"等账户,贷记"应交税费——应交资源税"账户。

8.5.5.5 土地增值税

土地增值税是对有偿转让国有土地使用权及地上建筑物和其他附着物产权、取得增值性收入的单位和个人征收的一种税。土地增值税的计税依据是转让房地产的增值额,即纳税人转让房地产的收入减去税法规定的扣除项目金额后的余额。它实行的是超额累进税率,增值额越高,税率也越高。缴纳土地增值税的企业应在"应交税费"下设置"应交土地增值税"明细账户进行核算。主营房地产开发业务的企业,应由当期营业收入负担的土地增值税,借记"营业税金及附加"账户,贷记"应交税费——应交土地增值税"账户。企业转让的国有土地使用权连同地上建筑物及其附着物一并在"固定资产"或"在建工程"账户核算的,转让时缴纳的土地增值税,借记"固定资产清理"、"在建工程"账户,贷记"应交税费——应交土地增值税"账户。

8.5.5.6 房产税、土地使用税、车船使用税、印花税

房产税是以房产为征税对象,依据房产价格或房产租金收入向房产所有人或经营人征收的一种税。房产税的计税依据是房产的计税价值或房产的租金收入。土地使用税是以城镇土地为征税对象,按实际占用土地面积向使用土地的单位和个人征收的一种税。车船使用税是对行驶于公共道路上的车辆和航行于国内河流、湖泊和领海口岸的船舶,按其种类、吨位征收的一种行为税,按年计征,分期缴纳。房产税、土地使用税和车船使用税都属于在管理费用中列支的税费,其核算主要通过设置"应交税费——应交房产税"、"应交税费——应交土地使用税"、"应交税费——车船使用税"账户进行。计提各项税费时,借记"管理费用"账户,贷记"应交税费——应交房产税"等账户;缴纳各项税费时,借记"应交税费——应交房产税"等账户,贷记"银行存款"账户。

印花税是在我国境内书立、领受的凭证所征收的一种税。其征税范围包括商事合同、产权转移书、营业账簿、权利和许可证照等;其税率采用比例税率和定额税率两种,前者按凭证所载应税额的比例税率征收,后者按凭证件数计征。印花税的核算不通过"应交税费"账户,在缴纳时,直接借记"管理费用"账户,贷记"银行存款"账户。

8.5.5.7 教育费附加

教育费附加是国家为了发展我国的教育事业,提高人民的文化素质而征收的一种费用,按照企业缴纳流转税的一定比例计提,并与流转税一起缴纳。通过设置"应交税费——应交教育费附加"账户核算。企业按规定计算出应交教育费附加,借记"营业税金及附加"账户,贷记"应交税费——应交教育费附加"账户;实际缴纳时,借记"应交税费——应交教育费附加"账户,贷记"银行存款"账户。

8.6 应付股利

应付股利是指企业根据股东大会或类似机构审议批准分配的现金股利或利润。包括应付给投资者的现金股利、应付给国家以及其他单位和个人的利润等。企业与其他单位

或个人的合作项目,如按协议或合同的规定,应支付给其他单位或个人的利润也通过"应付股利"账户来核算。

企业按照董事会提请股东大会批准的利润分配方案中应分配给股东的现金股利,借记"利润分配"账户,贷记"应付股利"账户;股东大会批准的年度利润分配方案与董事会提请股东大会批准的利润分配方案不一致的,按股东大会批准的利润分配方案与董事会提请股东大会批准的利润方案中分配现金股利的差额,调整"利润分配"和"应付股利"账户,企业分配的股票股利,不通过"应付股利"账户核算。

[例 8 - 16]:2007 年 3 月 2 日某公司董事会提请股东大会批准的利润分配方案中,预备分配给股东现金股利 500 000 元,3 月 15 日,股东大会批准的年度利润分配方案为,分配现金股利 400 000 元。4 月 10 日,实际支付现金股利 400 000 元。

编制会计分录如下:

(1)3 月 2 日,根据董事会提请批准的方案

借:利润分配　　　　　　　　　500 000
　　贷:应付股利　　　　　　　　　500 000

(2)3 月 15 日,根据股东大会批准的分配方案调整

借:应付股利　　　　　　　　　100 000
　　贷:利润分配　　　　　　　　　100 000

(3)4 月 10 日,实际支付股利

借:应付股利　　　　　　　　　400 000
　　贷:银行存款　　　　　　　　　400 000

8.7 应付职工薪酬

8.7.1 应付职工薪酬的概念

职工薪酬,是指职工在职期间和离职后提供给职工的全部货币性薪酬和非货币性薪酬,既包括提供给职工本人的薪酬,也包括提供给职工配偶、子女或其他被赡养人的福利等。职工薪酬包括:

1. 职工工资、奖金、津贴和补贴;
2. 职工福利费;
3. 医疗保险费、养老保险费、失业保险费、工伤保险费和生育保险费等社会保险费;
4. 住房公积金;
5. 工会经费和职工教育经费;

6. 非货币性福利；

7. 因解除与职工的劳动关系给予的补偿；

8. 其他与获得职工提供的服务相关的支出。

为了反映职工薪酬的发放和提取情况，应设置"应付职工薪酬"账户进行核算，该账户应按照职工薪酬的类别设置明细账户。

8.7.2 应付职工薪酬的确认原则

1. 按受益对象配比

除因解除与职工的劳动关系给予的补偿外，企业根据职工提供服务的受益对象将职工薪酬分配计入相关的资产成本或费用，并将应付的职工薪酬确认为负债。具体如下：

（1）为生产产品、提供服务负担的职工薪酬应计入有关产品或劳务的成本；

（2）为构建固定资产负担的职工薪酬应计入在建工程成本；

（3）为开发无形资产负担的职工薪酬应计入无形资产成本；

（4）其他职工薪酬，计入当期管理费用、销售费用等；

（5）难以认定受益对象的非货币性福利，计入管理费用。

2. 根据受益时间配比

企业应在职工为其提供服务的会计期间，根据历史经验数据和自身实际情况，计算确定应付职工薪酬金额，同时确认企业的应付职工薪酬负债。每个资产负债表日，应当根据实际发生金额与预计金额的差异，综合考虑物价变动、预计实施的职工薪酬计划等因素，对下一会计期间预计金额进行调整。

企业发放给职工的非货币性福利和辞退福利等其他职工薪酬，应在有确凿证据表明是企业的责任时确认为应付职工薪酬，否则在实际支付时据实列支，并列入相关的资产成本和费用账户。

8.7.3 应付工资

1. 工资总额

工资总额是指企业在一定时期内实际支付给职工的劳动报酬总数。企业的工资总额一般由计时工资、计件工资、奖金、津贴和补贴、加班加点工资和特殊情况下支付的工资六个部分组成。

（1）计时工资。是按照职工的计时工资标准和工作时间支付给职工的劳动报酬。

（2）计件工资。是按照计件工资标准和职工完成工作的数量支付给职工的劳动报酬。

（3）奖金。是按照职工的超额劳动工作量和增收节支业绩支付职工的劳动报酬，如综合奖、节约奖等。

(4)津贴和补贴。津贴是为了补偿职工特殊或额外的劳动消耗和其他特殊原因支付给职工的劳动报酬,如保健津贴等;补贴是为了保证职工的工资水平不受物价变动的影响支付给职工的劳动报酬,如物价补贴等。

(5)加班加点工资。是按照规定的标准和职工加班加点的时间支付给职工的劳动报酬,如节日加班工资等。

(6)特殊情况下支付的工资。是按照国家法律、法规和政策支付给职工的非工作时间的劳动报酬,如病假、产假、探亲假工资等。

2. 工资核算

工资核算分为工资结算的核算和工资分配的核算。

(1)工资结算

工资结算包括工资的计算和发放。企业一般是在月度的上、中旬按照上月的出勤和产量计算发放当月的工资。企业有时还为某些部门代扣一些款项,如代扣社会保险费等。应付给职工的现金为应付职工的工资总额减去代扣款。企业在发放工资之前,应按照应发现金合计数提取现金,借记"库存现金"账户,贷记"银行存款"账户;实际发放工资时,按照实发工资数额,借记"应付职工薪酬——工资"账户,贷记"库存现金"账户;如果企业将应发给职工的工资通过银行转账方式直接转入职工的银行存款账户,则不必提取现金,应按照实发工资数额,借记"应付职工薪酬——工资"账户,贷记"银行存款"账户;结转代扣款时,借记"应付职工薪酬——工资"账户,贷记"其他应付款"等账户;结转代扣个人所得税时,借记"应付职工薪酬——工资"账户,贷记"应交税金"账户。

[例8-17]:某公司10月份根据有关的工资结算业务,编制会计分录如下:

①通过银行转账方式,实际发放工资89 700元。

借:应付职工薪酬——工资　　　89 700
　　贷:银行存款　　　　　　　　　　　89 700

②结转代扣款8 698元。

借:应付职工薪酬——工资　　　8 698
　　贷:其他应付款　　　　　　　　　　8 698

③结转代扣个人所得税4 200元。

借:应付职工薪酬——工资　　　4 200
　　贷:应交税费　　　　　　　　　　　4 200

(2)工资分配

工资分配是指将企业发放的工资,于月末按照用途进行分配。企业进行工资分配时,应按照工资的用途分别记入有关账户。一般来说,生产车间职工工资计入产品成本,其中生产工人的工资借记"生产成本"账户,车间管理人员的工资借记"制造费用"账户;销售人员的工资借记"销售费用"账户;在建工程人员工资借记"在建工程"账户;自行开发无形资产人员工资借记"研发支出"账户;其他人员的工资借记"管理费用"账户;根据职工工资额贷记"应付职工薪酬——工资"账户。

8.7.4 应付福利费

企业职工的福利是指职工除了领取劳动报酬以外,还享受一定的福利补助,如医疗费、独生子女保健费等。为了反映职工福利的支付与分配情况,应在"应付职工薪酬"账户下设置"职工福利"明细账户。

企业发生福利费支出时,应借记"应付职工薪酬——职工福利"账户,贷记有关账户。

月末,企业应按照用途对发生的职工福利费进行分配。借记"生产成本"、"制造费用"、"管理费用"、"销售费用"、"在建工程"和"研发支出"等账户,贷记"应付职工薪酬——职工福利"账户。

[例8-18] 某企业11月份用现金支付职工医疗费87 460元,编制会计分录如下:

借:应付职工薪酬——职工福利　　87 460
　　贷:库存现金　　　　　　　　　　　　87 460

8.7.5 应付社会保险费和住房公积金

社会保险费是按国家规定由企业和职工共同负担的费用,包括医疗保险费、养老保险费、失业保险费等。住房公积金是按照国家规定由企业和职工共同负担用于解决职工住房问题的费用。

提取时,应由职工个人负担的社会保险费和住房公积金,可根据职工工资的一定比例计算,并在职工工资中扣除,借记"应付职工薪酬——工资"账户,贷记"其他应付款"账户;应由企业负担的社会保险费和住房公积金,可根据职工工资的一定比例计算,按照规定的用途进行分配,借记"生产成本"、"制造费用"、"管理费用"、"销售费用"、"在建工程"和"研发支出"等账户,贷记"应付职工薪酬——社会保险费(或住房公积金)"账户。

缴纳时,根据职工负担的金额,借记"其他应付款"账户;根据企业负担的金额,借记"应付职工薪酬——社会保险费"和"应付职工薪酬——住房公积金"账户;根据缴纳的全部社会保险费和住房公积金,贷记"银行存款"账户。

8.7.6 应付工会经费和职工教育经费

工会经费是按照国家规定由企业负担的用于工会活动方面的经费。职工教育经费是按国家规定由企业负担的用于职工教育方面的经费。计提时,根据职工工资的一定比例计算,按职工工资的用途进行分配,借记"生产成本"、"制造费用"、"管理费用"等账户,贷记"应付职工薪酬——工会经费(或职工教育经费)"账户。

企业划拨工会经费时,应借记"应付职工薪酬——工会经费"账户,贷记有关账户。

企业计提的职工教育经费,一般由企业代管,发生各项支出时,借记"应付职工薪酬——职工教育经费"账户,贷记有关账户。

8.7.7 应付非货币性福利

非货币性福利是指企业以非货币性资产支付给职工的薪酬,主要包括企业以自己的产品或其他有形资产发放给职工作为福利等,向职工无偿提供自己拥有的资产供其使用,以及为职工无偿提供类似医疗保健服务等。

企业以其生产的产品或外购商品作为非货币性福利提供给职工的,借记"应付职工薪酬——非货币性福利"账户,贷记"主营业务收入"、"应交税费——应交增值税(销项税额)"账户。

企业无偿向职工提供住房等资产使用的,应当根据该住房每期应计提的折旧确定非货币性福利金额,借记"应付职工薪酬——非货币性福利"账户,贷记"累计折旧"等账户。租赁住房等资产供职工无偿使用的,应根据每期应付的租金确定非货币性福利金额,借记"应付职工薪酬——非货币性福利"账户,贷记"银行存款"等账户。

企业应按照用途对实际发生的非货币性福利进行分配,分配时,借记"生产成本"、"制造费用"、"管理费用"、"销售费用"、"在建工程"和"研发支出"等账户,贷记"应付职工薪酬——非货币性福利"账户。

8.7.8 辞退福利

辞退福利一般包括两方面的内容:一是在职工劳动合同尚未到期之前,不论职工本人是否愿意,企业解除与职工的劳动关系而给予的补偿;二是在职工劳动合同尚未到期前,为鼓励职工自愿接受裁减而给予的补偿,职工有权利选择继续在职或接受补偿离职。

对于职工没有选择权的辞退计划,应当根据计划条款规定拟解除劳动关系的职工数量、每一职位的辞退补偿等计提应付职工薪酬(预计负债);对于自愿接受裁减的建议,由于接受裁减的职工数量不确定,企业应当预计将会接受裁减建议的职工数量,根据预计的职工数量和每一职位的辞退补偿等,确认应付职工薪酬(辞退福利)。

企业按测算确定的补偿金额,借记"管理费用"账户,贷记"应付职工薪酬——辞退福利"账户。实际支付辞退福利时,借记"应付职工薪酬——辞退福利"账户,贷记"银行存款"或"库存现金"等账户。

8.7.9 股份支付

股份支付是指企业为获取职工和其他方提供的服务而授予权益工具或者承担以权益工具为基础确定的负债的交易。它是为了获得经营者和员工为企业的长期发展提供更多更好的服务而付出的代价,就这点而言,股份支付与一般的职工薪酬是相同的,其实质属于职工薪酬。按照结算方式的不同,股份支付分为以权益结算的股份支付和以现金结算的股份支付。以权益结算的股份支付是指企业为获取服务以股份或其他权益工具作为对价进行结算的交易。职工或其他提供服务方最终获得的是股份或认股权。以现金结算的股份支付是指企业为获取服务承担以股份或其他权益工具为基础计算确定的交付现金或其他资产义务的交易。

企业以现金与职工结算的股份支付,在授予日以企业承担负债的公允价值计入相关成本或费用,借计"生产成本"、"制造费用"和"管理费用"等账户,贷记"应付职工薪酬"账户。在可行权日之后,以现金结算的股份支付当期公允价值的变动金额,借(或贷)记"公允价值变动损益"账户,贷(或借)记"应付职工薪酬"账户。在行权日,借记"应付职工薪酬"账户,贷记"银行存款"或"库存现金"等账户。

思考与练习

1. 思考题:

(1) 什么是负债?其特征是什么?
(2) 什么是流动负债?如何对流动负债进行分类?
(3) 税金的内容有哪些?可通过哪个账户进行核算?
(4) 一般纳税人应交增值税主要有哪些核算环节?
(5) 小规模纳税人的认定标准是什么?
(6) 什么是职工薪酬?具体包括哪些内容?
(7) 应付职工薪酬的确认原则是什么?

2. 案例讨论:

(1) 案例背景:

信宇物贸股份有限公司于2003年设立,经营范围为金属材料、化工原料、建材、木材、针纺织品等货物的批发与零售,是增值税一般纳税人,经营的货物适用增值税率为17%,企业所得税税率为25%。为了搞活经营,公司整合各种资源,从2004年起向客户提供仓储服务,并另收取少许仓储服务费。

对仓储服务收入,信宇公司将其作为营业税的应税项目,按5%的税率纳税。

收到供应商的返利时,信宇公司出具收据,并将返利全部冲减相应货物的销售成本。

(2) 案例介绍:

2007年1月20日,经地区税务局税务检查小组对信宇物贸有限公司2006年度会计账证资料的检查,初步认为该公司存在下列问题:

① 销售环节上,信宇公司对加收的仓储服务费按5%税率缴纳营业税。

②采购环节上,信宇公司对供应商的现金返利出具收据并全部用于冲减销售成本。税务检查小组对该公司以前年度的会计账证资料进行追查,发现存在同样的问题。

(3)案例思考题:

关于仓储服务费和现金返利,信宇物贸股份有限公司分别需要补交或调整哪种流转税的应交税额?

参考资料:

1. 财政部:《企业会计准则(2006)》,经济科学出版社2006年2月第1版。

2. 财政部:《企业会计准则——应用指南(2006)》,中国财政经济出版社2006年11月第1版。

3. 张维宾主编:《中级财务会计学》,立信会计出版社2007年7月第1版。

4. 何卫红主编:《财务会计新编第2版(上)》,清华大学出版社2007年6月第2版。

5. 戴德明、林钢主编:《财务会计学》,中国人民大学出版社2006年12月第4版。

6. 程坚主编:《财务会计(第二版)》,中国财政经济出版社2007年6月第2版。

7. 孙铮主编:《财务会计》,上海财经大学出版社2006年6月第1版。

8. 杜国梁主编:《财务会计》,中国经济出版社2007年6月第1版。

第 9 章 非流动负债

本章主要内容
- 非流动负债概述
- 长期借款
- 应付债券
- 长期应付款

9.1 非流动负债

9.1.1 非流动负债概论

非流动负债又称为长期负债,是指企业由于过去的经营活动已经产生且目前仍然存在,预计需要在一年或一个正常营业周期以上偿还的债务。有观点认为,偿还期限在一至五年期限的属于中期负债,而超过五年期限的则属于长期负债。本文所指的长期负债是指偿还期限在一年或一个正常营业周期以上的债务。长期负债一般包括长期借款、应付债券、融资租赁、补偿贸易融资等。

9.1.2 非流动负债的作用和特点

非流动负债是企业筹集资金的主要渠道之一,它与增加资本金对比,有利方面表现为:一是可以为原投资者带来更多收益,因为企业在举债经营期内如果获得的投资报酬率高于非流动负债的利率,其高于部分只有原投资者可参与分配;二是举债经营在股份制企业有利于股东保持控股权,并不至于由于增发股票而使企业股票价值下跌。不利方面有:一是举债经营财务风险大,企业如不能及时地偿还债务,债权人有权使企业清算;二是举债经营将会降低企业的借款能力;三是在一定程度上增加企业负担,因为利息不像股利,是到期必须支付的。企业非流动负债随着时间的变化而偿还期不足一年时,在资产负债表应作为流动负债列示。

筹措非流动负债资金,可以解决企业长期资金的不足,如满足资金需要量大、周期长的资本性支出的需要。此外,由于非流动负债的归还期长,债务人可以对债务的归还做好合理的规划与安排,提前做好还款准备,可以大大减轻还款的风险与压力。但是,非流动负债筹资一般成本较高,即长期负债的利率一般要高于短期借款的利率;负债的限制性条款较多,即债权人往往会制订一些限制性条款来约束债务人,以保证债务本金和利息的及时、足额偿付。例如,借款的用途往往被限制;或者,规定债务人在还款期间不能举借新债,等等。

9.2 长期借款

长期借款是企业从银行和其他金融机构借入的,还款期限在一年以上(不含一年)的各种借款。包括一年以上的各种流动资金贷款、固定资产贷款和外汇借款等。长期借款的筹资渠道主要有两个途径:1.从银行筹措资金;2.从非银行金融机构(信托公司、投资公司等)筹措资金。按用途的不同,长期借款可以划分为商品流转借款、固定资产大修理借款、网点设施借款等;按借款的币种不同,可以分为人民币借款和外币借款两类;按计息方式的不同,可以分为单利借款和复利借款两种,我国目前主要使用单利的计息形式;按偿还方式的不同,可以划分为到期一次还本付息和分期偿还本息两种形式。

9.2.1 长期借款借入时的核算

企业为了扩大生产能力或经营能力,同时自有资金不足以满足需要时,可以通过长期借款筹措资金。企业应设立"长期借款"账户进行长期借款会计核算,该账户为负债类账户,贷方登记企业借入的长期借款;借方登记企业归还的长期借款;余额在贷方,反映尚未归还的长期借款。企业应按借款单位和种类来设置明细账。企业借入长期借款时,按实际收到的款项,借记"银行存款"科目,贷记"长期借款——本金"科目。借贷相抵如有差额,贷记"长期借款——利息调整"账户。

[例9-1]:某企业为建造厂房,向银行借入偿还期为三年的借款600 000元,根据有关凭证,做如下会计分录:

　　借:银行存款　　　　　　　　　　600 000
　　　贷:长期借款——本金　　　　　　　　600 000

9.2.2 长期借款利息的核算

借款利息的计算主要有单利计息和复利计息两种形式,按单利计息方式计算时,利息在借款期内只按借款数额计算单次利息;按复利形式计算时,不仅要按借款数额计算利息,以前期间产生的利息也要纳入本金总额来计算利息,即"利滚利"。目前,我国各大银行主要采用单利法计算利息。银行计算贷款利息的公式如下：

利息 = 本金 × 时期 × 利率

在资产负债表日，企业应按长期借款的摊余成本和实际利率计算确定的长期借款的利息费用，借记"在建工程"、"财务费用"、"制造费用"等科目，按借款本金和合同利率计算确定的应付未付利息，贷记"应付利息"科目，按其差额，贷记"长期借款——利息调整"科目。

[例9-2]：某公司接到银行书面通知，该公司因建设厂房举借长期借款本期利息为30 000元，会计分录如下：

借：在建工程　　　　　　　　30 000
　　贷：应付利息　　　　　　　　　　30 000

9.2.3 长期借款偿还的核算

长期借款到期，企业必须如期归还。归还长期借款时，按双方合同约定的长期借款本金，借记"长期借款——本金"科目，按转销的利息调整金额，贷记"长期借款——利息调整"科目，按实际归还的借款金额，贷记"银行存款"科目，按借贷双方之间的差额，借记"在建工程"、"财务费用"、"制造费用"等科目。

[例9-3]某公司因业务发展需要，建造营业楼一栋。2006年1月1日借入期限为两年的长期专项借款1 000 000元，款项已存入银行。借款利率为10%，每年付息一次，期满后一次性偿还本金。2006年初，以银行存款支付工程价款共计600 000元，2007年初又以银行存款支付工程费用400 000元。该厂房于2007年10月底竣工。假设不考虑该项借款资金存款的利息收入或者投资收益。根据上述业务编制有关会计分录如下：

（1）2006年1月1日，取得借款时：

借：银行存款　　　　　　　　1 000 000
　　贷：长期借款——本金　　　　　　1 000 000

（2）2006年初，支付工程款时：

借：在建工程　　　　　　　　600 000
　　贷：银行存款　　　　　　　　　　600 000

（3）2006年12月31日，计算2006年应计入工程成本的利息时：

借款利息 = 1 000 000 × 10% = 100 000（元）

借：在建工程　　　　　　　　100 000
　　贷：应付利息　　　　　　　　　　100 000

（4）2006年12月31日支付借款利息时：

借：应付利息　　　　　　　　100 000
　　贷：银行存款　　　　　　　　　　100 000

(5) 2007 年初支付工程款时：

借：在建工程　　　　　　　　　　400 000

　　贷：银行存款　　　　　　　　　　　400 000

(6) 2007 年 10 月底,达到预定可使用状态,该期应计入工程成本的利息 =(1 000 000×10%÷12)×10 = 83 333.33(元)

借：在建工程　　　　　　　　　　83 333.33

　　贷：应付利息　　　　　　　　　　　83 333.33

同时：

借：固定资产　　　　　　　　　　1 183 333.33

　　贷：在建工程　　　　　　　　　　　1 183 333.33

(7) 2007 年 12 月 31 日,计算 2007 年 11 - 12 月应计入财务费用的利息：(1 000 000×10%÷12)×2 = 16 666.67(元)

借：财务费用　　　　　　　　　　16 666.67

　　贷：应付利息　　　　　　　　　　　16 666.67

(8) 2007 年 12 月 31 日支付利息时：

借：应付利息　　　　　　　　　　100 000

　　贷：银行存款　　　　　　　　　　　100 000

(9) 2008 年 1 月 1 日到期还本时：

借：长期借款——本金　　　　　　1 000 000

　　贷：银行存款　　　　　　　　　　　1 000 000

9.3 应付债券

债券是企业作为债务人以筹资为目的,向债权人承诺在未来一定时期还本付息而发行的一种有价证券。企业(公司)发行的超过一年期以上的债券,构成了企业的长期负债。在本章中,如不特别说明,应付债券即指长期债券,即偿还期在一年以上或超过一年的一个营业周期的企业(公司)债券。发行债券是企业筹集资金的重要方式之一,通常,非公司企业发行的债券称为企业债券。按照国际惯例和我国公司法,股份有限公司和有限责任公司发行的债券为公司债券。企业发行债券的目的一般是为建设和发展筹集资金,实质是债券发行方以支付一定的利息为代价获得债券投资者让渡的资金使用权。但是,债券与一般的借贷凭证有一点很重要的区别,那就是企业(公司)债券可以在市场上流通和交易,债券所有者可以凭债券向银行或金融机构申请抵押或者办理贴现,当然也可以依法转让给其他投资者。

9.3.1 应付债券的基本要素

应付债券的基本要素是指发行的债券上必须载明的基本内容,这是明确债权人和债务人权力和义务的主要约定。

9.3.1.1 面值

应付债券的面值是指债券的票面价值,即债券到期时企业应偿还的本金数额,也是债券利息的计算依据。

9.3.1.2 利率

即债券利息与债券面值的比率,它是债券资金投资报酬的计算标准。债券利率一经确定,在发行期内一般不变。

9.3.1.3 付息期

企业支付每期利息的时间间隔,可以是到期一次支付,或者一年、半年或按季度或按月支付。

9.3.1.4 偿还期

即企业债券上注明的偿还债券本金的期限。

9.3.2 应付债券的种类

企业发行债券是其债务筹资的主要方式之一,企业应付债券的发行可按下列标准进行分类:

9.3.2.1 按利息的支付方式分类

按其利息支付方式的不同,应付债券可以分为附息债券和贴息债券。其中,所谓付息债券是指在债券的票面上附有息票的应付债券。息票,其实质也是有价证券,可以流通、转让;贴息债券是一种发行时按所规定利率进行折扣计算,俟债券发行时从债券票面价值中直接进行扣除,以低于票面价值发行债券的一种方式。

9.3.2.2 按有无抵押担保分类

根据抵押担保的有无,应付债券可以分为信用债券和担保债券,信用债券即无担保债券,是一种仅凭债券发行企业的信誉发行,无任何抵押品作担保的债券;担保债券,则是以有具体指定财产作担保的债券。一般而言,担保债券的财务风险要小于信用债券。

9.3.2.3 按债券是否记名分类

按这种分类方式,可分为记名债券和无记名债券。二者的本质区别在于债券票面上是否注明债券持有人的姓名。

9.3.2.4 按债券是否可转换为公司股票分类

可转换债券是指债券持有人依据指定的价格将公司债券转换成公司普通股的债券。反之,则为不可转换债券。一般而言,前者的利率要低于后者。根据我国《公司法》有关规定,发行可转换债券的主体仅限于上市公司。

9.3.2.5 按债券发行的价值分类

由于企业债券票面利率与市场实际利率有可能相同,也有可能不同,因此,按债券发行的价值可分为三种类型:面值发行、溢价发行、折价发行。假设其他条件不变,债券的票面利率高于同期银行存款利率时,企业可按超过债券票面价值的价格发行债券,称为溢价发行。溢价是企业以后各期多付利息而事先取得的补偿;反之,倘若债券的票面利率低于同期银行存款利率,那么企业通常只能按低于债券面值的价格发行债券,这称为折价发行,折价可视为企业以后各期少付利息而预先支付给投资者的补偿。当然,如果债券的票面利率等于同期银行存款利率,企业可以按其面值发行债券,简称为面值发行。溢价或折价的实质是债券发行企业对债券利息费用的一种调整。

9.3.3 应付债券的会计核算

为了总括地反映发行债券的经济业务,应设置"应付债券"账户,用来核算应付债券发行款项的收入、计息和偿还,以及尚未偿还的情况。其贷方登记发行债券本金数、应计利息数,借方登记债券本息偿还数,余额在贷方表示尚未偿还的债券本息数。本账户应设置"面值"、"利息调整"两个明细账户,并按债券种类进行明细核算。企业在准备发行债券时,还应建立"发行债券备查簿",登记待发行债券的票面金额、债券票面利率、还本付息期限与方式、发行总数、发行日期和编号、委托代售部门等内容。

9.3.3.1 债券发行的会计核算

企业发行债券时,如果发行费用大于发行期间冻结资金所产生的利息收入,按发行费用减去发行期间冻结资金所产生利息收入的差额,根据发行债券所筹集资金的用途,分别计入财务费用或相关资产成本。如果发行费用小于发行期间冻结资金所产生的利息收入,按发行期间冻结资金所产生的利息收入减去发行费用后的差额,视同发行债券的溢价收入,在债券存续期间于计提利息时摊销,分别计入财务费用或相关资产成本。

无论债券按面值发行,还是溢价发行或折价发行,均按债券面值记入"应付债券"科目的"面值"明细科目,实际收到的款项与债券面值的差额,记入"利息调整"明细科目。企业发行债券时,按实际收到的款项,借记"银行存款"、"库存现金"等科目,按债券票面价值,贷记"应付债券——面值"科目,按实际收到的款项与票面价值之间的差额,贷记或借记"应付债券——利息调整"科目。

[例9-4]某企业平价发行面值为 100 000 元的债券,所收款项存入银行。根据有关

凭证,作如下会计分录:

借:银行存款　　　　　　　　　　100 000
　　贷:应付债券——面值　　　　　　　100 000

[例9-5]某公司经批准于2007年1月1日发行利率为10%,五年期一次还本的企业债券1 000 000元,采用分期付息办法,每半年付息一次。假设发行时的市场利率为8%。溢价金额及其发行价格计算如下:

①债券面值按市场利率计算的现值 = 1 000 000 × (1 + 4%) = 675 564(元)

②债券各期利息按市场利率计算的现值 = $1\,000\,000 \times 5\% \times \dfrac{1-(1+4\%)^{-10}}{4\%}$ = 405 545(元)

③债券价值(发行价值) = 675 564 + 405 545 = 1 081 109(元)

④溢价金额 = 1 081 109 - 1 000 000 = 81 109(元)①

[例9-6]假定该公司按上例数据溢价发行债券,会计分录如下:

借:银行存款:　　　　　　　　　1 081 109
　　贷:应付债券——面值　　　　　　1 000 000
　　　　应付债券——利息调整　　　　　 81 109

[例9-7]某百货公司经有关部门批准,决定于2007年7月1日发行利率为10%,五年期一次还本的企业债券1 000 000元,采用分期付息的办法,每半年付息一次,假设发行时的市场利率为12%,折价金额与发行价值计算如下:

①债券面值按市场利率换算的现值 = $1\,000\,000 \times (1+6\%)^{-10}$ = 558 395(元)

②债券各期利息按市场利率换算的现值 = $1\,000\,000 \times 5\% \times \dfrac{1-(1+6\%)^{-10}}{6\%}$ = 368 004(元)

③债券价值 = 558 395 + 368 004 = 926 399(元)

④折价金额 = 1 000 000 - 926 399 = 73 601(元)

[例9-8]假定该公司按上例数据折价发行债券,会计分录如下:

借:银行存款:　　　　　　　　　926 399
　　应付债券——利息调整　　　　　73 601
　　贷:应付债券——面值　　　　　1 000 000

9.3.3.2 债券利息调整的摊销

利息调整的摊销方法共有两种,即直线摊销法和实际利率摊销法。所谓直线摊销法

---

① 注:式中的4%是每半年一次的市场利率;5%是每半年一期的票面利率;$(1+4\%)^{-10}$是利率为4%;期数为10期时的现值系数计算式;$\dfrac{1-(1+4\%)^{-10}}{4\%}$是利率为4%;期数为10期时的年金现值系数计算式。现值系数和年金现值系数也可以通过查表取得。本文中数值结果则是通过Excel2003运算求得。

是指将溢价或折价金额在债券付息期间内平均分摊转销的方法。直线摊销法的优点是简单易行,容易理解和操作;缺点是不能体现债券的时间价值。而实际利息摊销法是指在付息期内,按实际利息(即债券的置存价值与市场利率相乘积)与应付利息(即面值与账面利率相乘积)的差额进行摊销的方法。实际利息摊销法计算的摊销额符合逻辑,保持了应付利息与实际利息的关系,并能较正确的反映利息费用和债券的真实现值,但计算方法比较复杂。

[例9-9]某公司2007年发行长期债券用于构建固定资产,发行总额2 000 000元,5年期,票面利率为10%,市场利率为8%,每年付息一次;另支付手续费、印刷费等5000元。由于票面利率高于市场利率,可按溢价发行。分别用直线摊销法和实际利率法进行债券溢价的摊销,并做出适当会计分录。

1. 直线摊销法

债券溢价运用直线摊销法的计算结果如图表9-1所示,

其中,债券面值按市场利率计算的现值 = $2\,000\,000 \times (1+8\%)^{-5}$ = 1 361 166(元)

债券各期利息按市场利率换算的现值 = $2\,000\,000 \times 10\% \times \dfrac{1-(1+8\%)^{-5}}{8\%}$ = 798 542(元)

债券价值 = 1 361 166 + 798 542 = 2 159 708(元)

溢价金额 = 2 159 708 - 2 000 000 = 159 708(元)

图表9-1　　　　　应付债券溢价摊销表

（按直线摊销法）

付息日期	应付利息	债券溢价摊销	本期实际负担利息	尚未摊销溢价	债券发行价值	债券票面价值
①	②	③	④=②-③	⑤=⑤-③	⑥	⑦
2007年发行				159 708	2 159 708	2 000 000
2008年	200 000	31 942	168 058	127 766	2 127 766	2 000 000
2009年	200 000	31 942	168 058	95 825	2 095 825	2 000 000
2010年	200 000	31 942	168 058	63 883	2 063 883	2 000 000
2011年	200 000	31 942	168 058	31 942	2 031 942	2 000 000
2012年	200 000	31 942	168 058	0	2 000 000	2 000 000
合计	1 000 000	159 710	840 290			

根据以上计算结果进行发行,有关发行债券的经济业务,应做如下分录:

（1）实际收到发行债券的款项时:

借:银行存款　　　　　　　　　　2 159 708
　　贷:应付债券——面值　　　　　　　2 000 000
　　　　应付债券——利息调整　　　　　159 708

（2）支付手续费、印刷费，由于是购进固定资产，故应计入在建工程成本：

借：在建工程　　　　　　　　　5 000
　　贷：银行存款　　　　　　　　　　　5 000

（3）计算各期应付利息时，应将溢价数进行分期摊销，如图表9-1。

① 每期应付利息数为　　2 000 000×10% = 200 000
② 每期债券溢价摊销数为　159 708÷5 = 31 942

从图表9-1可以看出，企业债券溢价摊销数各期是相等的；最后，债券发行价值与债券票面价值相等。根据表中溢价摊销数和实付利息数，各期均可作如下分录：

计算应付利息和结转溢价摊销时：

借：在建工程　　　　　　　　　168 058
　　应付债券——利息调整　　　 31 942
　　贷：应付利息　　　　　　　　　　200 000

实际支付利息时：

借：应付利息　　　　　　　　　200 000
　　贷：银行存款　　　　　　　　　　200 000

2. 实际利率摊销法

运用实际利率摊销法的计算结果见图表9-2。

本期实际应负担利息 = 债券发行价值×市场利率

2008年　172 777 = 2 159 708×8%
2009年　170 599 = 2 132 485×8%
2010年　168 247 = 2 103 084×8%
2011年　165 706 = 2 071 331×8%
2012年　162 963 = 2 037 037×8%

图表9-2　　　　　　　应付债券溢价摊销表
（实际利率摊销法）

付息日期	应付利息	本期实际负担利息	债券溢价摊销	尚未摊销溢价	债券发行价值	债券票面价值
①	②	③	④=②-③	⑤=⑤-④	⑥	⑦
2007年发行				159 708	2 159 708	2 000 000
2008年	200 000	172 777	27 223	132 485	2 132 485	2 000 000
2009年	200 000	170 599	29 401	103 084	2 103 084	2 000 000
2010年	200 000	168 247	31 753	71 331	2 071 331	2 000 000
2011年	200 000	165 706	34 294	37 037	2 037 037	2 000 000
2012年	200 000	162 963	37 037	0	2 000 000	2 000 000
合计	1,000 000	840 292	159 708			

根据图表9-2,可以看出债券溢价摊销数各期是不同的,这是因为,在实际利率摊销法下,利息是按照实际利率为准,按债券发行价值相乘求得的。溢价摊销数则根据债券票面利率和票面价值所计算的应计利息,扣除按市场实际利率、债券发行价值计算的利息得到。以2008年和2012年为例,作会计分录如下:

2008年会计分录为:

计算应付利息时:

借:在建工程　　　　　　　　　172 777
　　应付债券——利息调整　　　 27 223
　　贷:应付利息　　　　　　　　　　　　　200 000

实际支付利息时:

借:应付利息　　　　　　　　　200 000
　　贷:银行存款　　　　　　　　　　　　　200 000

2012年会计分录为:

计算应付利息时:

借:在建工程　　　　　　　　　162 963
　　应付债——利息调整　　　　 37 037
　　贷:银行存款　　　　　　　　　　　　　200 000

到期支付偿还债券本金时:

借:应付债券——面值　　　　 2 000 000
　　贷:银行存款　　　　　　　　　　　　 2 000 000

[例9-10]某公司于2007年发行长期债券用于生产经营周转,发行总金额为2 000 000元,5年期,票面利率为10%,市场利率为12%,每年付息一次;另支付手续费、印刷费等2 000元。由于是票面利率低于市场利率,所以公司决定按折价发行。分别用直线摊销法和实际利率法进行债券折价的摊销,并做出适当会计分录。

1. 直线摊销法

债券折价运用直线摊销法的计算结果如图表9-3所示。

其中,债券面值按市场利率计算的现值 $= 2\ 000\ 000 \times (1 + 12\%)^{-5} = 1\ 134\ 854(元)$

债券各期利息按市场利率换算的现值 $= 2\ 000\ 000 \times 10\% \times \dfrac{1 - (1 + 12\%)^{-5}}{12\%} = 720\ 955(元)$

债券价值 $= 1\ 134\ 854 + 720\ 955 = 1\ 855\ 809(元)$

折价金额 $= 2\ 000\ 000 - 1\ 855\ 809 = 144\ 191(元)$

图表 9-3　　　　　　　　　应付债券折价摊销表
　　　　　　　　　　　　　　　（按直线摊销法）

付息日期	应付利息	债券折价摊销	本期实际负担利息	尚未摊销折价	债券发行价值	债券票面价值
①	②	③	④=②+③	⑤=⑤-③	⑥	⑦
2007 年发行				144,191	1,855,809	2,000,000
2008 年	200,000	28,838	228,838	115,353	1,884,647	2,000,000
2009 年	200,000	28,838	228,838	86,515	1,913,485	2,000,000
2010 年	200,000	28,838	228,838	57,674	1,942,324	2,000,000
2011 年	200,000	28,838	228,838	28,838	1,971,162	2,000,000
2012 年	200,000	28,838	228,838	0	2,000,000	2,000,000
合计	1,000,000	144,191	1,144,191			

根据以上计算结果进行发行,有关发行债券的经济业务,应做如下分录:
(1)实际收到发行债券的款项时:
借:银行存款　　　　　　　　　　1 855 809
　　应付债券——利息调整　　　　　144 191
　　贷:应付债券——面值　　　　　　　2 000 000
(2)支付手续费、印刷费,由于筹资用途是生产经营周转,故应列入损益:
借:财务费用　　　　　　　　　　2 000
　　贷:银行存款　　　　　　　　　　2 000
(3)计算各期应付利息,将溢价数进行分期摊销,如图表 9-3。
① 每期应付利息数为　2 000 000×10%=200 000
② 每期债券折价摊销数为　144 191÷5=28 838
计算各期应付利息和结转折价摊销时:
借:财务费用　　　　　　　　　　228 838
　　贷:应付债券——利息调整　　　　28 838
　　　　应付利息　　　　　　　　　　200 000
实际支付利息时:
借:应付利息　　　　　　　　　　200 000
　　贷:银行存款　　　　　　　　　　200 000
2. 实际利率摊销法
运用实际利率摊销法的计算结果见图表 9-4
本期应付利息 200 000(2 000 000×10%=200 000)

本期实际应负担利息 = 债券发行价值 × 市场利率

2008 年	222 697 = 1 855 809 × 8%
2009 年	225 421 = 1 878 506 × 8%
2010 年	228 471 = 1 903 927 × 8%
2011 年	231 888 = 1 932 398 × 8%
2012 年	235 714 = 1 964 286 × 8%

图表 9 – 4　　　　　　　　　应付债券折价摊销表

（实际利率摊销法）

付息日期 ①	应付利息 ②	本期实际负担利息 ③	债券折价摊销 ④=③-②	尚未摊销折价 ⑤	债券发行价值 ⑥=⑦-⑤	债券票面价值 ⑦=⑥+⑤
2007 年发行				144 191	1 855 809	2 000 000
2008 年	200 000	222 697	22 697	121 494	1 878 506	2 000 000
2009 年	200 000	225 421	25 421	96 073	1 903 927	2 000 000
2010 年	200 000	228 471	28 471	67 602	1 932 398	2 000 000
2011 年	200 000	231 888	31 888	35 714	1 964 286	2 000 000
2012 年	200 000	235 714	35 714	0	2 000 000	2 000 000
合计	1 000 000	1 144 191	144 191			

根据图表 9 – 4 数据可知，各期应付利息和折价摊销数是不同的，现以 2008 年为例，应作如下会计分录：

　　借：财务费用　　　　　　　　　　222 697
　　　　贷：应付债券——利息调整　　　　　22 697
　　　　　　应付利息　　　　　　　　　　　200 000

实际支付利息时：

　　借：应付利息　　　　　　　　　　200 000
　　　　贷：银行存款　　　　　　　　　　　200 000

2009 年的会计分录：

　　借：财务费用　　　　　　　　　　225 421
　　　　贷：应付债券——利息调整　　　　　25 421
　　　　　　应付利息　　　　　　　　　　　200 000

实际支付利息时：

　　借：应付利息　　　　　　　　　　200 000
　　　　贷：银行存款　　　　　　　　　　　200 000

到期偿还债券时：

　　借：应付债券——面值　　　　　2 000 000
　　　　贷：银行存款　　　　　　　　　　2 000 000

9.4 长期应付款

长期应付款,是指企业除长期借款和应付债券以外的其它各种长期应付款项,包括融资租入固定资产的租赁费、以分期付款方式购入固定资产发生的应付款项等。长期应付款应根据合同和有关协议的规定,按照实际发生数通过"长期应付款"账户进行核算。该账户为负债类账户,贷方登记企业因引进设备、融资租入固定资产等而发生的各种长期应付款;借方登记偿还的各种长期应付款;余额在贷方,表示尚待偿还的长期应付款。

9.4.1 融资租赁资产的账务处理(承租方)

9.4.1.1 融资租赁的判断标准

判断租赁性质是否为融资租赁时,企业应当全面考虑租赁期届满时租赁资产的所有权是否转移给承租人、承租人是否拥有购买租赁资产的选择权、租赁期占租赁资产使用寿命的比例等各种因素。满足下列标准之一的,应认定为融资租赁。

1. 在租赁期届满时,资产的所有权转移给承租人。也就是说,如果在租赁协议中已经约定,或者根据其他条件在租赁开始日就可以合理地判断,租赁期届满时出租人会将资产的所有权转移给承租人,那么该项租赁应当认定为融资租赁。

2. 承租人有购买租赁资产的选择权,所订立的购买价格预计远低于行使选择权时租赁资产的公允价值,因此在租赁开始日就可以合理地确定承租人将会行使这种选择权。

例如,出租人和承租人签订了一项租赁合同,租赁期为4年,租赁期满时承租人有权以20 000元的价格购买租赁资产,在签订租赁协议时估计该租赁资产租赁期届满时的公允价值为80 000元,由于购买价格仅为公允价值的25%,(远低于公允价值80 000元),如果没有特别情况,承租人在租赁期届满时会购买该项资产。在这种情况下,在租赁开始日即可判断该项租赁应为融资租赁。

3. 租赁期占租赁资产使用寿命的大部分。这里的"大部分"掌握在租赁期占租赁开始日租赁资产使用寿命的75%以上。(含75%,下同)需要特别指出的是,这里强调的是租赁期占租赁资产使用寿命的比例,而非租赁期占该项资产全部可使用年限的比例。假如租赁资产是已经使用过的旧资产,在租赁前已使用年限超过资产全新时起算可使用年限的75%以上时,则这条判断标准不适用,不能用这条标准确定租赁的分类。

例如,某项租赁资产全新时可使用年限为20年,已经使用了6年,从第7年开始租出,租赁期为12年,由于租赁开始时该设备使用寿命为14年,租赁期占使用寿命的85.7%(12年/14年),符合第三条标准,因此,该项租赁应当归类为融资租赁;如果从第7年开始,租赁期为6年,租赁期占使用寿命的42.9%,就不符合第3条标准,因此该项租赁不应认定为融资租赁(假定也不符合其他判断标准)。如果该资产已经使用了16年,从第17年开始租赁,租赁期为4年,虽然租赁期为使用寿命的100%(4年/4年),但由于在租赁前,该资产的已使用年限超过了可使用年限(20年)的75%(16年/20年×100%=80%＞75%),因此也不能采用这条标准来判断租赁的分类。

4. 就承租人来讲,租赁开始日最低租赁付款额的现值几乎相当于租赁开始日租赁资产的公允价值;就出租人而言,租赁开始日最低租赁收款额的现值几乎相当于租赁开始日租赁资产的公允价值。这里的"几乎相当于"为90%(含90%)以上。

5. 融资资产性质特殊,如果不作较大修整,只有承租人才能使用。这条标准是指租赁资产是出租人根据承租人对资产型号、规格等方面的特殊要求专门购买或建造的,具有专购、专用性质。这些租赁资产如果不作较大的重新改建,其他企业通常很难使用。这种情况也可以认定为融资租赁。

9.4.1.2 融资租赁的会计处理

1. 租赁期开始日的会计处理

长期应付款多与固定资产有关,企业采用融资租赁方式租入固定资产,应于租赁期开始日,将租赁开始日租赁资产公允价值与最低租赁付款额现值两者中较低者,加上初始直接费用,作为租入资产的入账价值,借记"固定资产"等科目,按最低租赁付款金额,贷记"银行存款"等科目,按其差额,借记"未确认融资费用"科目。

2. 未确认融资费用的分摊

在融资租赁方式下,承租人向出租人支付的租金由本金和利息两个部分构成。承租人支付租金时,其对应的账务处理一方面应冲减长期应付款,另一方面应同时将未确认的融资费用按一定的会计方法确认为当期融资费用。在先付租金(即每期期初等额支付租金)的情况下,租赁期第一期支付的租金不含利息,只需冲减长期应付款,不必确认当期融资费用。

按租赁准则的规定,承租人应当采用实际利率法分摊未来确认分摊的融资费用。在这种情况下,企业在计算最低租赁付款额的现值时,能够取得出租人租赁内含利率的,应当采用租赁内含利率作为折现率;否则,应当采用租赁合同规定的利率作为折现率。如果出现无法取得出租人的租赁内含利率且租赁合同没有规定利率的,应当采用同期银行贷款利率作为折现率。所谓租赁内含利率,是指在租赁开始日,使最低租赁收款额的现值与未担保余值之和等于租赁资产公允价值与出租人的初始直接费用之和的折现率。当然,必须特别指出的是,如果承租方以租赁资产的公允价值作为入账价值的,则应当重新计算分摊率。该分摊率是使最低租赁付款额的现值等于租赁资产公允价值的折现率。

当租赁双方在合同中约定优惠购买选择权时,俟租赁期满,未确认融资费用应当全部摊销完毕,租赁负债应当减少为优惠购买金额。在承租人或与其有关的第三方对租赁资产提供了担保或由于在租赁期届满时没有续约而支付违约金的情况下,到租赁期届满之日,未确认租赁费用应当全部摊销完毕,租赁负债应减少至担保余额或该日应支付的违约金。

3. 或有租金的会计处理

或有租金是指金额不固定,以时间长短以外的其他因素(如销售量、使用量、物价指数等)为依据计算的租金。由于或有租金的金额不固定,无法采用系统合理的方法对其进行分摊,因此在实际发生时,计入当期损益。

4. 租赁届满时的会计处理

资产租赁期届满,对租赁资产的处理通常有三种情况:返还、优惠续租和留购。

(1)返还固定资产

租赁期届满,承租人向出租人返还租赁资产时,通常借记"长期应付款——应付融资租赁款"、"累计折旧"科目,贷记"固定资产——融资租入固定资产"科目。

(2)优惠续租租赁资产

如果承租人行使优惠续租选择权,则视同该项租赁仍一直存在而作出相应账务处理。假如租赁期届满时承租方没有续租,根据租赁协议必须支付违约金时,借记"营业外支出"科目,贷记"银行存款"等科目;同时,将固定资产从"融资租入固定资产"明细科目转入有关明细科目。

[例9-11]资料:

1. 租赁合同

2007年12月28日,甲公司与乙公司签订了一份租赁合同,主要条款如下:

(1)租赁标的物:数控加工中心。

(2)租赁期开始日:租赁物运抵甲公司生产厂房之日(即2008年1月1日)。

(3)租赁期:从租赁期开始日算起36个月(即2008年1月1日至2010年12月31日)。

(4)租金支付方式:自租赁期开始每年年末支付租金2 000 000元。

(5)该加工中心在2008年1月1日乙公司的公允价值为5 200 000元。

(6)租赁合同规定的利率为8%(年利率)。

(7)该加工中心为全新设备,估计使用年限为5年。

(8)2009年和2010年两年,甲公司每年按该加工中心生产的产品的年销售收入的1%来向乙公司支付经营分享收入。

2. 甲公司

(1)采用实际利率法确认本期应分摊的未确认融资费用。

(2)采用年限平均法计提固定资产折旧。

(3)2009年、2010年甲公司分别实现销售收入20 000 000元和15 000 000元。

(4)2010年12月31日,将该加工中心退还乙公司。

(5)甲公司在租赁谈判和签订租赁合同过程中发生可归属于租赁项目的手续费、差旅费 10 000 元。

甲公司的会计处理如下:

1. 租赁开始日的会计处理

第一步,判断租赁类型

本例中租赁期(3 年)占租赁资产尚可可使用年限(5 年)的 60%(小于 75%),没有满足融资租赁的第 3 条标准;另外,最低租赁付款额的现值为 5 154 200 元(计算过程见后)大于租赁资产原账面价值的 90%,即(5 200 000×90%)4 680 000 元,满足融资租赁的第 4 条标准,因此,甲公司应当将该项租赁认定为融资租赁。

第二步,计算租赁开始日最低租赁付款额的现值,确定租赁资产的入账价值。本例中甲公司不知道出租人的租赁内含利率,因此应选择租赁合同规定的利率 8% 作为最低租赁付款额的折现率。

最低租赁付款额 = 各期租金之和 + 承租人担保的资产余值

$$= 2\ 000\ 000 \times 3 + 0 = 6\ 000\ 000\ 元$$

计算现值的过程如下:

每期租金 2 000 000 元的年金现值 = 2 000 000×(P/A,3,8%),查表得知:(P/A,3,8%)=2.5771

每期租金的现值之和 = 2 000 000×2.5771 = 5 154 200 元小于资产公允价值 5 200 000 元。

根据孰低原则,租赁资产的入账价值应为其折现值 5 154 200 元。

第三步,计算未确认融资费用

未确认融资费用 = 最低租赁付款额——最低租赁付款额现值

$$= 6\ 000\ 000 - 5\ 154\ 200 = 845\ 800\ 元$$

第四步,将初始费用计入资产价值

初始直接费用是指在租赁谈判和签订租赁协议的过程中发生的可直接归属于租赁项目的费用。承租人发生的初始直接费用,通常有印花税、佣金、律师费、差旅费、谈判费等。承租人发生的初始直接费用,应当计入租入资产价值。

账务处理为:

2008 年 1 月 1 日,租入加工中心:

借:固定资产——融资租入固定资产
          5 164 200
  未确认融资费用   845 800
 贷:长期应付款——应付融资借款 6 000 000
   银行存款   10 000

2. 分摊未确认融资费用的会计处理

第一步,确定融资费用分摊率

由于租赁资产的入账价值为其最低租赁付款额的折现值,因此该折现率就是其融资费用分摊率,即8%。

第二步,在租赁期内采用实际利率法分摊未确认融资费用,见图表9-5。

图表9-5　　　　　　　未确认融资费用分摊表(实际利率法)

2010年12月31日

日期	租金	确认的融资费用	应付本金减少额	应付本金余额
①	②	③ = 期初⑤×8%	④ = ②－③	期末⑤ = 期初⑤－④
2008-1-1				5 154 200
2008-12-31	2 000 000	412 336	1 587 664	3 566 536
2009-12-31	2 000 000	285 323	1 714 677	1 851 859
2010-6-30	2,000 000	148 141	1 851 859	0
合计	6 000 000	845 800	5 154 200	

* 注:做尾数调整: 148 141 = 2 000 000 - 1 851 859

　　　　　　　1 851 859 = 1 851 859 - 0

第三步,会计处理为:

2008年12月31日,支付第一期租金:

借:长期应付款——应付融资租赁款

　　　　　　　2 000 000

　贷:银行存款　　　　　　　　　2 000 000

2008年1~12月,每月分摊未确认融资费用时,每月财务费用为 412 336÷12 = 34361.33元

借:财务费用　　　　　　　34 361.33

　贷:未确认融资费用　　　　　　　34 361.33

2009年12月31日,支付第二期租金:

借:长期应付款——应付融资租赁款

　　　　　　　2 000 000

　贷:银行存款　　　　　　　　　2 000 000

2009年1~12月,每月分摊未确认融资费用时,每月财务费用为 285 323÷12 = 23 776.92元

借:财务费用　　　　　　　23 776.92

　贷:未确认融资费用　　　　　　　23 776.92

3. 计提租赁租入固定资产折旧的计算

第一步,融资租入固定资产折旧的计算(见图表 9-6)

第二步,会计处理

2008 年 2 月 28 日,计提本月折旧 = 1 622 591.64 ÷ 11 = 147 508.33(元)

借:制造费用——折旧费　　　　147 508.33
　　贷:累计折旧　　　　　　　　　　147 508.33

2008 年 3 月~2010 年 12 月的会计分录,同上。

4. 或有租金的会计处理

2009 年 12 月 31 日,根据合同规定应向乙公司支付经营分享收入 20 000 000 元:

借:销售费用　　　　　　　　　20 000 000
　　贷:其他应付款——乙公司　　　　20 000 000

2010 年 12 月 31 日,根据合同规定向乙公司支付经营分享收入 15 000 000 元:

借:销售费用　　　　　　　　　15 000 000
　　贷:其他应付款——乙公司　　　　15 000 000

图表 9-6　　　　　　　　融资租入固定资产折旧计算表
(年限平均法)

日期	固定资产原价	估计余值	折旧率	当年折旧费	累计折旧	固定资产净值
2008-1-1	5,164,200	0.00				5,164,200.00
2008-12-31			31.42%	1,622,591.64	1,622,591.64	3,541,608.36
2009-12-31			34.29%	1,770,804.18	3,393,395.82	1,770,804.18
2010-12-31			34.29%	1,770,804.18	5,164,200.00	0.00
合计	5,164,200	0.00	100.00%	5,164,200.00		

5. 租赁期届满时的会计处理

2010 年 12 月 31 日,将该加工中心退还

借:累计折旧　　　　　　　　　5 154 200
　　贷:固定资产——融资租入固定资产　5 154 200

9.4.2 延期付款购买资产的账务处理(融资性质)

如果企业在购买资产时延期支付货款,且延期支付的购买价款超过正常信用条件,实质为融资性质,其所购买资产成本应当以延期支付购买价格的现值为标准来确定。购买资产实际支付价款与购买价格的现值之间的差额,应在信用期间应用实际利率法来进行摊销,计入相关资产成本或当期损益。在这种情况下,当企业购入资产时,应按照购买

价款的现值,借记"固定资产"、"在建工程"等科目,按应支付的价款总额,贷记"长期应付款"科目,按照其差额,借记"未确认融资费用"科目。

[例9-12] 2007年1月1日,A公司与B公司签订一项采购合同,A公司向B公司购入生产线一条,该设备价款共计1 000万元,在2007年至2011年的5年内每半年支付100万元,每年的付款日期分别为当年6月30日和12月31日。

2007年1月1日,生产线如期运抵A公司并开始安装,发生运杂费和相关税费50万元,已经用银行存款付讫。2007年12月31日,生产线达到预定可使用状态,发生安装费15万元,已经用银行存款付讫。

假定A公司的折现率为10%。

1. 购买价款的现值为:

$1\ 000\ 000 \times (P/A, 10\%, 10) = 1\ 000\ 000 \times 6.1446 = 6\ 144\ 600(元)$

2007年1月1日A公司的账务处理如下:

借:在建工程　　　　　　　　　6 144 600
　　未确认融资费用　　　　　　3 855 400
　　贷:长期应付款　　　　　　　　　　　10 000 000
借:在建工程　　　　　　　　　 500 000
　　贷:银行存款　　　　　　　　　　　　 500 000

2. 确定信用期间未确认融资费用的分摊额,如图表9-7

3. 2007年1月1日至2007年12月31日为设备的安装期间,未确认融资费用的分摊额符合资本化条件,计入固定资产成本。

2007年6月30日A公司的账务处理如下:

借:在建工程　　　　　　　　　 614 460
　　贷:未确认融资费用　　　　　　　　　 614 460
借:长期应付款　　　　　　　　1 000 000
　　贷:银行存款　　　　　　　　　　　 1 000 000

2007年12月31日A公司的账务处理如下:

借:在建工程　　　　　　　　　 575 906
　　贷:未确认融资费　　　　　　　　　　 575 906
借:长期应付款　　　　　　　　1 000 000
　　贷:银行存款　　　　　　　　　　　 1 000 000
借:在建工程　　　　　　　　　 150 000
　　贷:银行存款　　　　　　　　　　　　 150 000
借:固定资产　　　　　　　　　7 984 966
　　贷:在建工程　　　　　　　　　　　 7 984 966

固定资产的成本 = 6 144 600 + 500 000 + 614 460 + 575 906 + 150 000 = 7 984 966（元）

图表 9-7　　　　　　　　　未确认融资费用分摊表

2007 年 1 月 1 日

日期 ①	分期付款额 ②	确认的融资费用 ③ = 期初⑤×10%	应付本金减少额 ④ = ② - ③	应付本金余额 期末⑤ = 期初⑤ - ④
2007 - 1 - 1				6 144 600
2007 - 6 - 30	1 000 000	614 460	385 540	5 759 060
2007 - 12 - 31	1 000 000	575 906	424 094	5 334 966
2008 - 6 - 30	1 000 000	533 497	466 503	4 868 463
2008 - 12 - 31	1 000 000	486 846	513 154	4 355 309
2009 - 6 - 30	1 000 000	435 531	564 469	3 790 840
2009 - 12 - 31	1 000 000	379 084	620 916	3 169 924
2010 - 6 - 30	1 000 000	316 992	683 008	2 486 916
2010 - 12 - 31	1 000 000	248 692	751 308	1 735 608
2011 - 6 - 30	1 000 000	173 561	826 439	909 168
2011 - 12 - 31	1 000 000	90 832	909 168	0
合计	10 000 000	3 855 400	6 144 600	0

* 注：做尾数调整：90 832 = 1 000 000 - 909 168

4. 2008 年 1 月 1 日至 2011 年 12 月 31 日，生产线已达预定可使用状态，未确认融资费用的分摊额不再符合资本化条件，应当计入当期损益。

2008 年 6 月 30 日

借：财务费用　　　　　　　　　533 497
　　贷：未确认融资费用　　　　　　　　533 497
借：长期应付款　　　　　　　　1 000 000
　　贷：银行存款　　　　　　　　　　　1 000 000

以后期间账务处理与 2008 年 6 月 30 日相同，此略。

思考与练习：

1. 思考题：

（1）非流动负债和流动负债相比有哪些特点？

（2）在企业筹资活动中，非流动负债有哪些作用？

（3）债券利息调整的摊销方法有几种？它们的优缺点如何？

（4）判断融资租赁的标准有几条？具体内容是什么？

2. 练习题：

习 题 一

1. 目的：练习长期借款借入的会计核算。

2. 资料：某企业因为经营需要,建造办公楼,向银行借入偿还期为三年的借款 100 000元。

3. 根据以上情况,做出有关会计分录。

习 题 二

1. 目的：练习长期借款利息计提和支付的会计核算。

2. 资料：某公司接到银行书面通知,该公司因购买不需安装的经营用机器设备,举借长期借款本期利息为1 000元,已经以银行存款支付。

3. 要求：根据以上情况,分别做出计提利息和支付利息的会计分录。

习 题 三

1. 目的：练习应付债券平价发行的会计核算

2. 资料：某公司平价发行面值为2 000 000元的债券,所收款项存入银行。

3. 根据有关凭证,作出会计分录。

参考阅读资料：

中国注册会计师协会主编.注册会计师全国统一考试教材 会计.北京中国财政经济出版社,2007.3

黄国良主编.财务管理学.徐州中国矿业大学出版社,2004.9

朱显俊主编.商品流通企业会计.大连东北财经大学出版社,1995.3

徐文彬主编.财务会计.大连东北财经大学出版社,1995.6

第 10 章　所有者权益

本章主要内容
- 所有者权益概述
- 实收资本
- 资本公积
- 留存收益

10.1 所有者权益概述

10.1.1 所有者权益的概论

企业的资金来源主要有两个：一个是债权人，一个是所有者。债权人对企业资产的要求权形成企业的负债，所有者对企业资产的要求权形成企业的所有者权益。因此，所有者权益是指所有者在企业资产中享有的经济利益，其金额为资产减去负债后的余额。所有者权益与债权人权益（负债）的区别表现在以下几方面：

1. 债权人对企业资产的要求权优先于所有者权益，在企业破产清算时，企业的资产应优先用于偿还负债；而所有者权益是企业所有者对企业净资产的所有权。

2. 所有者可以借助对企业的所有权，参与企业的经营管理；而债权人与企业只是债权、债务关系，无权参与企业的经营管理。

3. 所有者权益是与投资人的投资行为相伴的，可以依法转让，但除按法律程序减资外，不能提前撤回投资；而负债无论企业盈利亏损，必须按规定时间还本付息。

4. 投资者以股利或利润的形式参与企业的利润分配；而债权人通常不能参与企业的利润分配，只能按规定的条件得到偿付，并获得利息收入。

所有者权益包括实收资本（或股本）、资本公积、盈余公积和未分配利润。其中，资本公积包括企业收到投资者出资超过其在注册资本或股本中所占份额的部分，以及直接计入所有者权益的利得和损失等。盈余公积和未分配利润合称为留存收益。

10.1.2 所有者权益的分类

企业的所有者权益可按来源和法定要求进行分类,这些分类构成了所有者权益会计核算的基础。一般将所有者权益分为两大方面,即投入资本和留存收益。投入资本指所有者投资形成的权益,包括实收资本(或股本)和资本公积;留存收益是企业通过经营活动增加的所有者权益,包括盈余公积和未分配利润。

所有者权益是一个涵盖了任何企业组织形式的净资产的广义概念,具体到某一特定形式的组织,所有者权益便以不同形式出现。在独资企业和合伙企业中,所有者权益以"业主资本"的形式出现,在有限责任公司或股份有限公司中,所有者权益表现为"实收资本(或股本)"、"资本公积"和"留存收益"。

在我国的会计报表上,将所有者权益分为四个科目,即实收资本、资本公积、盈余公积和未分配利润。

10.1.3 所有者权益的特点

所有者权益的构成内容因企业组织形式不同而不同。企业组织形式一般包括个人独资企业、合伙制企业和公司制企业。

1. 个人独资企业所有者权益的特点

个人独资企业是指由一个自然人投资,财产为投资人个人所有,投资人以其个人财产对企业债务承担无限责任的经营实体。《中华人民共和国个人独资企业法》规定,个人独资企业投资人在申请企业设立登记时明确以其家庭共有财产作为个人出资的,应当依法以家庭共有财产对企业债务承担无限责任。即如果企业经营失败,出现资不抵债的情况,投资人要用家庭财产来抵偿。在法律上,企业的行为和收益均视为个人的行为和收益,应按个人所得税法交纳个人所得税,不交企业所得税;其所得税权益一般不必划分为投入资本和留存收益,没有必要对其所有者权益进行细分。

2. 合伙制企业所有者权益的特点

合伙制企业是指由两个或两个以上的自然人、法人和其他组织共同出资联合经营的企业,合伙人分享企业利润,并对营业亏损共同承担责任。按照《中华人民共和国合伙企业法》的规定,合伙企业包括普通合伙企业和有限合伙企业两种。普通合伙企业由普通合伙人组成,合伙人对合伙企业债务承担无限连带责任。有限合伙企业由普通合伙人和有限合伙人组成,普通合伙人对合伙企业债务承担无限连带责任,有限合伙人以其认缴的出资额为限对合伙企业债务承担责任。普通合伙人从企业取得的收益应交纳个人所得税。

3. 公司制企业所有者权益的特点

公司制企业是指由股东共同出资,每个股东以其认缴的出资额或其认购的股份对公司承担有限责任,公司以其全部资产对其债务承担责任的企业法人。在我国主要有有限责任公司和股份有限公司两种。

(1) 有限责任公司

有限责任公司是指由50个以下的股东共同出资,每个股东以其所认缴的出资额对公司承担有限责任,公司以其全部资产对其债务承担责任的企业法人。有限责任公司不公开发行股票,股东的出资额由股东协商确定且股东之间不要求等额,可以有多有少。公司取得的收益应按企业所得税法交纳企业所得税,其所得者权益应分为投入资本和留存收益两部分。

《中华人民共和国公司法》规定,只有1个自然人股东或者1个法人股东的有限责任公司,称为一人有限责任公司。1个自然人只能投资设立1个一人有限责任公司,该一人有限责任公司不能投资设立新的一人有限责任公司。国有独资公司也属于一人有限责任公司,是指国家单独出资、由国务院或者地方人民政府授权本级人民政府国有资产监督管理机构履行出资人职责的有限责任公司。

(2) 股份有限公司

股份有限公司是指将全部注册资本划分为等额股份,并通过发行股票方式筹集资本,股东以其所持股份对公司承担有限责任的企业法人。设立股份有限公司,应当有2人以上200人以下发起人,其中须有半数以上的发起人在中国境内有住所。公司注册资本由等额股份构成,通过发行股票(或股权证)筹集资本、并根据股票数量计算每个股东所拥有的权益。股东按其持有的股份享有权利和承担义务。

10.2 实收资本

10.2.1 实收资本的概念及特点

实收资本指投资者按照企业章程或合同、协议的约定,实际投入企业的资本。

投资者设立企业必须投入资本。《中华人民共和国企业法人登记管理条例》规定,必须具备国家规定的与其生产经营和服务规模相适应的资金。对于国有独资企业和有限责任公司来说,所有者的投资形成了实收资本,对于股份有限公司而言,股东购买的公司股票形成了股本。

这里有三个概念需要加以区分,一是注册资本;二是实收资本;三是投入资本。它们三者之间是什么关系呢?注册资本是企业在工商登记机关登记的投资者缴纳的出资额。我国设立企业采用注册资本制,投资者出资达到法定注册资本的要求是企业设立的先决条件,而且根据注册资本制的要求,企业会计核算中的实收资本即为法定资本,应当与注册资本一致,企业不得擅自改变注册资本数额或抽逃资金。投入资本是投资者作为资本实际投入到企业的资金数额,一般情况下,投资者的投入资本,即构成企业的实收资本,也正好等于其在登记机关的注册资本。但是,在一些特殊情况下,投资者也会因种种原因超额投入(如溢价发行股票等),从而使得其投入资本超过企业注册资本,在这种情况下,企业进行会计核算时,就不应将投入资本超过注册资本的部分作为实收资本核算,而应单独核算,计入资本公积。

有限责任公司的注册资本为在公司登记机关登记的全体股东认缴的出资额。公司全体股东的首次出资额不得低于注册资本的20%,也不得低于法定的注册资本最低限额,其余部分由股东自公司成立之日起2年内缴足。有限责任公司注册资本的最低限额为人民币3万元。股东可以用货币出资,也可以用实物、知识产权、土地使用权等可以用货币估价并可以依法转让的非货币财产作价出资,但货币出资金额不得低于有限责任公司注册资本的30%。

股份有限公司的设立,可以采取发起设立或者募集设立的方式。发起设立是指由发起人认购公司应发行的全部股份而设立公司。募集设立是指由发起人认购公司应发行股份的一部分,其余股份向社会公开募集或者向特定对象募集而设立公司。股份有限公司注册资本的最低限额为人民币500万元。股份有限公司采取发起设立方式设立的,注册资本为在公司登记的全体发起人认购的股本总额。公司全体发起人的首次出资额不得低于注册资本的20%,其余部分由发起人自公司成立之日起2年内缴足。股份有限公司采取募集方式设立的,注册资本为在公司登记机关登记的实收股本总额。

实收资本的构成比例,即投资者的出资比例或股东的股份比例,是确定所有者在企业所有者权益中所占的份额和参与企业财务经营决策的基础,也是企业进行利润分配或股利分配的依据,同时,还是企业清算时确定所有者对净资产的要求权的依据。

10.2.2 实收资本的分类

实收资本是投资者实际投入企业的法定资本额,这部分法定资本就是企业在工商行政管理部门登记的注册资本。

1. 实收资本按投资主体不同划分

实收资本按投资主体不同划分,可以分为国家资本、法人资本、个人资本及外商资本等。

国家资本是指有权代表国家投资的政府部门或机构以国有资产投入企业而形成的资本。

法人资本是指企业法人以其依法可支配的资产投入企业形成的资本。

个人资本是指社会个人或本企业内部职工以个人财产投入企业形成的资本。

外商投资是指外国和我国香港、澳门、台湾地区投资者投入企业形成的资本。

2. 实收资本按投资形式不同划分

实收资本按投资形式不同划分,可以分为货币资产投资、实物资产投资和无形资产投资等。

货币资产投资可以是人民币,也可以是外币。一般按实际收到或者存入企业开户银行的时间和金额作为投入资本的记账依据。

实物资产投资包括房屋及建筑物、机器设备及其他物料。企业应该以实际收到实物的日期,验收无误的实物数量,以及合同、协议或企业申请书和验收清单中所列金额作为投入资本的记账依据。

无形资产投资包括工业产权(指专利权和商标权)、非专利技术或土地使用权等。投资者以无形资产出资的,必须进行评估作价,并依法办理财产转移手续。根据国家规定,我国有限责任公司的投资者和股份有限公司的发起人以工业产权、非专利技术作价出资的金额不得超过注册资本的20%,如因情况特殊需要超过20%的,应当经工商行政管理机关审查批准,但最高不得超过注册资本的30%。国家对采用高新技术成果有特别规定的除外。

10.2.3 实收资本的核算

为了反映和监督投资者投入资本的增减变动情况,企业必须按照国家统一的会计制度规定进行实收资本的核算。除股份有限公司以外,其他各类企业应通过"实收资本"账户核算企业接受投资者投入企业的实收资本。股份有限公司应通过"股本"账户核算。"实收资本"账户的贷方登记企业收到的各种资本额;借方登记依法批准减少的资本额。对企业的投入资本应按投资主体设置明细账进行明细分类核算,并设置备查簿详细记录企业的注册资本总额,以及各投资者的出资比例或认缴的股份。企业收到投资者超出其在注册资本或股本中所占份额的部分,应作为资本溢价,在"资本公积"账户核算。

1. 接受投资的核算

企业收到投资者投入的资本后,应根据有关原始凭证(如投资清单、银行通知单等),进行会计处理。借记"银行存款"、"其他应收款"、"固定资产"、"无形资产"等账户,按其差额,贷记"资本公积——资本溢价(或股本溢价)"账户。

(1) 接受现金资产投资

①股份有限公司以外的企业接受现金资产投资

[例10-1]投资者甲在某有限责任公司设立时向其投资200万元,取得该有限公司20%的所有权份额,假设该公司的注册资本总额为1 000万元。编制会计分录如下:

  借:银行存款   2 000 000
    贷:实收资本——甲   2 000 000

②股份有限公司现金发行股票

股份有限公司发行股票时,既可以按面值发行,也可以溢价发行(我国目前不允许折价发行)。股份有限公司在核定的股本总额及核定的股份总额的范围内发行股票时,应在实际收到现金资产时进行会计处理。

[例10-2]某公司与2007年2月1日按面值1元发行普通股1 000 000股,股款已

收到并存入银行。编制会计分录如下：

　　借：银行存款　　　　　　　　　1 000 000
　　　　贷：股本　　　　　　　　　　　　　1 000 000

　　现在，我国基本上所有的上市公司都是溢价发行股票。溢价发行股票，应将相当于股票面值的部分记入"股本"科目，其余部分记入"资本公积"科目。（不考虑发行费用等）

[例10-3]某公司于2007年2月1日发行普通股1 000 000股，面值1元，发行价5元，款项已收到并存入银行。编制会计分录如下：

　　借：银行存款　　　　　　　　　5 000 000
　　　　贷：股本　　　　　　　　　　　　　1 000 000
　　　　　　资本公积——股本溢价　　　　　4 000 000

（2）接受非现金资产投资

　　企业接受非现金资产投资时，应按投资合同或协议约定价值确定非现金资产价值（但投资合同或协议约定价值不公允的除外）和在注册资本中应享有的份额。

　　①股份有限公司以外的企业接受非现金资产投资

[例10-4]某企业注册资本为1 000 000元。根据合同规定，投资者甲投入现金600 000元已存入银行，乙投资者投入专利技术，经评估确认为100 000元，以及全新设备1套，价值300 000元。编制会计分录如下：

　　借：银行存款　　　　　　　　　600 000
　　　　无形资产　　　　　　　　　100 000
　　　　固定资产　　　　　　　　　300 000
　　　　贷：实收资本——甲　　　　　　　　600 000
　　　　　　　　　　——乙　　　　　　　　400 000

　　②股份有限公司非现金发行股票

　　股份有限公司有时发行股票的目的是为了交换非现金资产，如房屋、土地等。

[例10-5]某公司发行面值为1元的普通股100 000股换取一项专利技术，该专利技术经双方确认的价值为200 000元。假设该确认的价值与公允价值相符。编制会计分录如下：

　　借：无形资产——专利权　　　　200 000
　　　　贷：股本——普通股　　　　　　　　100 000
　　　　　　资本公积——股本溢价　　　　　100 000

　　2.企业实收资本（或股本）变动的核算

　　一般情况下，企业的实收资本应相对固定不变，但在某些特定情况下，实收资本也可能发生增减变化。我国有关法律规定，企业资本（或股本）除了下列情况外，不得随意变动:一是符合增资条件,并经有关部门批准增资;二是企业按法定程序报经批准减少注册资本。

(1)实收资本(或股本)的增加

①企业接受投资者额外投入实现增资

在企业按规定接受投资者额外投入实现增资时,企业应当按实际收到的款项或其他资产,借记"银行存款"等账户;按增加的实收资本或股本金额,贷记"实收资本"或"股本"账户;按照两者之间的差额,贷记"资本公积——股本溢价"账户。

[例10-6]甲、乙、丙三人共同投资设立有限责任公司,原注册资本为4 000 000元,甲、乙、丙分别出资2 000 000元、500 000元和1 500 000元。为了扩大经营规模,经批准,公司注册资本扩大为5 000 000元,甲、乙丙按照原出资比例分别追加投资500 000元、125 000元和375 000元。编制会计分录如下:

借:银行存款　　　　　　　　1 000 000
　　贷:实收资本——甲　　　　　　　500 000
　　　　　　　——乙　　　　　　　125 000
　　　　　　　——丙　　　　　　　375 000

②资本公积转增资本

在企业采用资本公积转增资本时,企业应按照转增的资本金额,借记"资本公积"账户,贷记"实收资本"或"股本"账户。

③盈余公积转增资本

在企业采用盈余公积转增资本时,企业应按照转增的资本金额,借记"盈余公积"账户,贷记"实收资本"或"股本"账户。这里要注意的是,资本公积属所有者权益,转为实收资本时,如为独资企业,直接结转即可;如为股份公司或有限责任公司,应按原投资者所持股份同比例增加各投资者的出资额。

[例10-7]接例[例10-6],因扩大经营规模需要,经批准,该公司按原出资比例将盈余公积1 000 000元转增资本。编制会计分录如下:

借:盈余公积　　　　　　　　1 000 000
　　贷:实收资本——甲　　　　　　　500 000
　　　　　　　——乙　　　　　　　125 000
　　　　　　　——丙　　　　　　　375 000

④采用发放股票股利方式增资

在股份有限公司股东大会或类似机构批准采用发放股票股利的方式增资时,公司应在实施该方案并办理完增资手续后,根据实际发放的股票股利数,借记"利润分配——转作股本的普通股股利"账户,贷记"股本"账户。

(2)实收资本(或股本)的减少

企业由于经营方针或业务发生变化,如经营规模小、资金过剩或由于企业发生重大亏损,在短期内无力弥补等特殊原因,经政府授权部门批准后或由股东会决议通过,可宣告减少股本。

①因资本过剩减少实收资本(或股本)

企业因资本过剩而减资,一般要发还股款。

一般企业和有限责任公司发还投资款的核算比较简单,按实际发还的投资款数额借记"实收资本"账户,贷记"银行存款"账户。

[例10-8]某企业因生产经营规模缩小,经批准减少注册资本10万元,已办妥相关手续,以银行存款发还所有者投资款10万元。编制会计分录如下:

借:实收资本　　　　　　　　100 000
　　贷:银行存款　　　　　　　　　　100 000

股份有限公司是采用发行股票的方式筹集资本的,因资本过剩减资发还股款时,需采取收购发行股票的方式。我国对公司重新取得或购回本公司股票有严格限制,公司除因减少资本等特殊情况,不得收购本公司股票,也不得库存本公司已发行股票。特殊情况需收购并库存本公司发行股票的,须报请有关部门批准后方可进行。

企业应设置"库存股"科目来核算企业收购或注销的本公司股份金额。企业为减少注册资本或股东因对股东大会作出的公司合并、分立决议持有异议而要求企业收购本公司股份的,企业应按实际支付的金额,借记"库存股"科目,贷记"股本"科目,按注销库存股的账面余额,贷记"库存股"科目,按其差额,借记"资本公积——股本溢价"科目,股本溢价不足冲减的,应借记"盈余公积"、"利润分配——未分配利润"科目。如果购回股票支付的价款低于面值总额的,所注销库存股的账面余额与所冲减股本的差额作为增加股本溢价处理。

[例10-9]某股份公司2007年12月31日的股本为100 000 000股,面值为1元,资本公积(股本溢价)30 000 000元,盈余公积40 000 000元。经股东大会批准,该股份公司以现金回购本公司股票20 000 000股并注销。假定该公司按每股2元回购股票,不考虑其他因素。编制会计分录如下:

回购本公司股票时

借:库存股　　　　　　　　40 000 000
　　贷:银行存款　　　　　　　　　　40 000 000

注销本公司股票时

借:股本　　　　　　　　　20 000 000
　　资本公积——股本溢价　20 000 000
　　贷:库存股　　　　　　　　　　　40 000 000

②因严重亏损而减少实收资本(或股本)的会计处理

企业因发生严重亏损而需要减少实收资本(或股本),一般可采取消除股份或注销每股金额的办法,这实际上是用实收资本(或股本)弥补亏损。在会计处理上,企业应按消除股份的面值或注销每股部分金额的合计数,借记"实收资本"或"股本"账户,贷记"利润分配——未分配利润"账户。

这种会计处理并不影响公司所有者权益总额,但是如果一个企业发生重大亏损,且亏损达到近几年内将无法用利润、公积金来弥补的程度,那么根据制度规定,即使亏损年度以后的年度有利润,但只要有未弥补亏损就不能发放股利。所以在此情况下,用实收资本(或股本)的一部分弥补亏损以后,亏损年度以后的年度有利润的就可以发放股利,企业资产负债表中的未分配利润项目体现的也是正数。

10.3 资本公积

10.3.1 资本公积的概念及其特点

资本公积是指企业收到投资者出资额超出其在注册资本(或股本)中所占份额的部分,以及直接计入所有者权益的利得和损失等。我国《公司法》规定,资本公积主要用来转增资本(或股本)。

在所有者权益中,资本公积与实收资本(或股本)的区别主要表现在:

1. 从来源和性质来看,实收资本(或股本)是指投资者按照企业章程或合同的约定,实际投入企业并依法进行注册的资本。它体现了企业所有者对企业的基本产权关系。资本公积是指投资者的出资中超出其在注册资本中所占份额的部分,以及直接计入所有者权益的利得和损失。它不直接表明所有者对企业的基本产权关系。

2. 从用途来看,实收资本(或股本)的构成比例是确定所有者参与企业财务经营决策的基础,也是企业进行利润分配或股利分配的依据,同时还是企业清算时确定所有者对净资产的要求权的依据。资本公积主要是用来转增资本(或股本),并不体现各所有者的占有比例,也不能作为所有者参与企业财务经营决策或进行利润分配或股利分配的依据。

10.3.2 资本公积的种类

资本公积包括资本溢价(或股本溢价)和直接计入所有者权益的利得和损失等。

1. 资本溢价(或股本溢价)

资本溢价(或股本溢价)是指企业收到投资者出资超出其在注册资本(或股本)中所占的份额。形成溢价的原因有溢价发行股票、投资者超额缴入资本等。

除股份有限公司以外的其他类型企业,在企业创立时,投资者认缴的出资额与注册资本一致,一般不会产生资本溢价。但在企业重组或有新的投资者加入时,常常会出现资本溢价。因为在企业进行正常的生产经营后,其资本利润率通常要高于企业初创阶段,另外,企业有内部积累,新投资者加入企业后,对这些积累也要分享,所以新加入的投资者往往要付出大于原投资者的出资额,才能取得与原投资者相同的出资比例。投资者多缴的部分就形成了资本溢价。

股份有限公司是以发行股票的方式筹集股本的,股票可按面值发行,也可按溢价发行,我国目前不准折价发行股票。与其他类型的企业不同,股份有限公司在成立时可能会溢价发行股票,因而在成立之初,就可能会产生股本溢价。股本溢价的数额等于股份有限公司发行股票时实际收到的款额超过股票面值总额的部分。

2. 直接计入所有者权益的利得和损失

直接计入所有者权益的利得和损失,是指不应计入当期损益、会导致所有者权益发生增减变动的、与所有者投入资本或者向所有者分配利润无关的利得或者损失。主要包括以下内容:

（1）可供出售金融资产的公允价值变动；

（2）企业根据以权益结算的股份支付计划授予职工或者其他方的权益工具的公允价值；

（3）现金流量套期中有效期工具的公允价值；

（4）企业长期股权投资采用权益法核算的,被投资方除净损益以外的其他所有者权益变动引起的长期股权投资账面价值的变动；

（5）自用房地产或存货转换为采用公允价值模式计量的投资性房地产时,投资性房地产转换当日的公允价值大于原账面价值的差额。

10.3.3 资本公积的核算

企业应通过"资本公积"账户,核算企业收到投资者出资超出其在注册资本或股本中所占的份额以及直接计入所有者权益的利得和损失等。"资本公积"账户应当分别在"资本溢价（或股本溢价）"、"其他资本公积"进行明细核算,其中"其他资本公积"包括公允价值变动差额、长期股权投资的变动等内容。

1. 资本溢价

在有限责任公司这类由两个以上投资者合资经营的企业,投资者按出资比例共同承担责任和享受权利。当企业初创经营若干年后,如有新的投资者对企业进行追加投资时,为了维护原有投资者的权益,新加入的投资者实际投入企业的资本额往往必须超出它在企业资本总额中所占的份额。这是因为,追加的投资额无论从质量还是从数量方面都与初创时的投资额有区别。首先,从质量上来说,初创时的投资额具有风险性,具体表现为初创阶段的资本利润率一般低于企业进入正常经营后的资本利润率,投资者为此付出了代价,因此,新加入的投资者只有实际投入超过资本比例的数额,才能取得所占份额的权利。其次,从数量上来说,初创阶段实现的利润并未全部分光,留在企业作为留存收益,新加入的投资者也能按出资比例共享,这也要求其实际的出资额要大于在资本总额中所占比例的数额。这部分超出所占出资比例的金额就称为资本溢价,记入"资本公积"账户。

企业收到投资者投入的资本,借记"银行存款"、"其他应收款"、"固定资产"、"无形资产"等科目,按其在注册资本或股本中所占的份额,贷记"实收资本"或"股本"科目,按其差额,贷记"资本公积——资本溢价(股本溢价)"科目。

[例10-10]甲投资者与A公司协商,投入500万元现金和一套生产设备,双方确认生产设备价值为600万元,占注册资本10%,计300万元。A公司已经收到银行存款和生产设备。编制会计分录如下:

借:银行存款　　　　　　　　5 000 000
　　固定资产　　　　　　　　6 000 000
　　贷:实收资本　　　　　　　　　　3 000 000
　　　　资本公积——资本溢价　　　　8 000 000

2. 股本溢价

在股份有限公司,其股本总额是以发行股票来筹集的。股本的发行价格,有按面值发行、溢价发行和折价发行三种。在目前,我国规定只允许采用前两种价格发行。对于股份有限公司溢价发行股票,在收到现金等资产时,按实际收到的金额,借记"现金"、"银行存款"等科目,按股票面值和核定的股份总额的乘积计算的金额,贷记"股本"科目,按溢价部分,贷记"资本公积——资本溢价"科目。

对于股份有限公司发行股票时支付的相关手续费、佣金等费用,如果是溢价发行股票的,应从溢价收入中抵扣,冲减"资本公积——股本溢价";无溢价的或溢价不足以抵扣的部分,应将不足抵扣的部分冲减盈余公积和未分配利润。

[例10-11]某股份有限公司委托证券公司代理发行普通股10 000万股,每股面值1元,每股发行价为6元。证券公司按发行收入的3%收取手续费,从发行收入中扣除。公司已经收到股款存入银行。编制会计分录如下:

(1) 收到发行收入时

借:银行存款　　　　　　　　600 000 000
　　贷:股本　　　　　　　　　　　100 000 000
　　　　资本公积——股本溢价　　　500 000 000

(2) 支付发行费用时

借:资本公积——股本溢价　　18 000 000
　　贷:银行存款　　　　　　　　　18 000 000

3. 其他资本公积的核算

其他资本公积是指除资本溢价(或股本溢价)项目以外所形成的资本公积,主要是指不应计入当期损益,而应直接计入所有者权益的利得和损失。

(1) 企业的长期股权投资采用权益法核算的,在持股比例不变的情况下,被投资单位发生除净损益以外所有者权益的其他变动,如果是利得,应按持股比例计算其应享有被投资企业所有者权益的增加额,借记"长期股权投资"账户,贷记"资本公积——其他资本公积";如果是损失,则作相反的分录。在处置长期股权投资时,应转销与该笔投资相关的其他资本公积。

[例10-12] 某公司持有甲公司30%的股份,其长期股权投资采用权益法核算。2007年2月,甲公司因净损益以外的其他原因导致资本公积增加100万元。编制会计分录如下:

　　借:长期股权投资——甲公司　　　300 000
　　　　贷:资本公积——其他资本公积　　　300 000

(2) 企业自用房地产或存货转换成为采用公允价值模式计量的投资性房地产时,转换当日的公允价值大于原账面价值的,应按其差额借记"投资性房地产——公允价值变动"科目,贷记"资本公积——其他资本公积"科目,处置该项投资性房地产时,应转销与其相关的其他资本公积。

(3) 企业根据金融工具确认和计量准则将持有至到期投资重分类为可供出售金融资产的,应在重分类日按该项持有至到期投资的公允价值,借记"可供出售金融资产"科目,已计提减值准备的,借记"持有至到期投资减值准备"科目,按其账面余额,贷记"持有至到期投资——投资成本、溢折价、应计利息"科目,按其差额,贷记或借记本科目(其他资本公积)。

根据金融工具确认和计量准则将可供出售金融资产重分类为采用成本或摊余成本计量的金融资产,应在重分类日按可供出售金融资产的公允价值,借记"持有至到期投资"等科目,贷记"可供出售金融资产"科目。对于有固定到期日的,与其相关的原记入本科目(其他资本公积)的余额,应在该项金融资产的剩余期限内,在资产负债表日,按采用实际利率法计算确定的摊销金额,借记或贷记本科目(其他资本公积),贷记或借记"投资收益"科目。对于没有固定到期日的,与其相关的原记入本科目(其他资本公积)的金额,应在处置该项金融资产时,借记或贷记本科目(其他资本公积),贷记或借记"投资收益"科目。

10.4 留存收益

10.4.1 留存收益的组成及用途

1. 留存收益的组成

留存收益是指企业从历年实现的利润中提取或形成的留存于企业的内部积累。留存收益来源于企业在生产经营活动中所实现的净利润。它与实收资本和资本公积的区别在于,实收资本和资本公积主要来源于企业的资本收入,而留存收益则来源于企业的资本增值。

留存收益是所有者权益的组成部分,是由企业历年积累税后利润所形成的。因此,企业经营活动的好坏直接影响到留存收益的大小。企业赚取的净利润,虽然归属于所有者,能够增加所有者权益,但是,并不意味着赚取的净利润可以全部分配给投资者。它会受到法规、公司章程、股东大会决议、与债权人签订的契约等条件的限制。企业从当年税后利润中指定为其他用途,不得用于分配给股东的利润,称为留存收益的分拨或称为指定用途的留存收益。企业的净利润在弥补以前年度亏损和指定用途之后,剩下的才是可分配给股东的留存收益。

按照有关规定,股份公司的税后利润,应按照下列顺序进行分配:

(1) 弥补企业在税前利润弥补亏损之后仍存在的亏损(不超过税法规定的弥补期限的亏损可在税前弥补)。

(2) 提取法定盈余公积。

(3) 提取公益金。

(4) 支付优先股股利,是指企业按照利润分配方案分配给优先股股东的现金股利。

(5) 提取任意盈余公积,是指企业按照规定提取的任意盈余公积。

(6) 支付普通股股利,是指企业按照利润分配方案分配给普通股股东的现金股利或分配给投资者的利润。

(7) 转作资本(或股本)的普通股股利,是指企业按照利润分配方案以分派股票股利的形式转作的资本(或股本)。企业以利润转赠的资本,也在本项目核算。

留存收益按是否指定用途,分为盈余公积和未分配利润两大类。

(1) 盈余公积

盈余公积是指企业按照有关规定从税后利润中提取的积累资金,是具有指定用途的留存收益。企业的盈余公积分为法定盈余公积、任意盈余公积两种。其中法定盈余公积是指企业按照规定的比例从净利润中提取的盈余公积。任意盈余公积是指企业按照股东大会决议提取的盈余公积。

与我国现行的工资制度和福利制度相适应,企业还必须依法留存一部分税后利润,用于职工集体福利。为此而提取的税后利润,称为公益金。公益金实际上是一种特殊的盈余公积,而且也是一种法定盈余公积。

按照我国法规的有关规定,公司制企业应当按照净利润(减弥补以前年度亏损)的10%提取法定盈余公积,当法定盈余公积累计额已达到注册资本的50%时可以不再提取,非公司制企业法定盈余公积的提取比例可超过净利润的10%。企业同时应按税后利润的5%~10%的比例提取法定公益金,公司制企业可以按照股东大会的决议提取任意盈余公积,非公司制企业经批准也可提取任意盈余公积。法定盈余公积和任意盈余公积合起来也称为一般盈余公积金。

另外,我国会计制度中还规定外商投资企业的盈余公积包括:

①储备基金,是指按照法律、行政法规规定从净利润中提取的、经批准用于弥补亏损和增加资本的储备基金。

②企业发展基金,是指按照法律、行政法规规定从净利润中提取的、用于企业生产发展和经批准用于增加资本的企业发展基金。

③利润归还投资,是指中外合作经营企业按照规定在合作期间以利润归还投资者的投资。

（2）未分配利润

未分配利润是指企业实现的净利润经过弥补亏损、提取盈余公积和向投资者分配利润后留存在企业的、历年结存的利润。未分配利润有两层涵义:一是企业年终利润分配结束之前的待分配利润数;二是企业年末利润分配结束之后的未分配利润数,这部分利润将留在以后年度分配。如果企业发生亏损,本年度又无法弥补,就是年终亏损数,从性质上看属于负的净收益,依靠以后年度实现的利润来弥补。

2. 留存收益的用途

在留存收益中,具有指定用途的是盈余公积。其主要用途有:

（1）弥补亏损。企业发生亏损,可以用以下三种来源进行弥补:

①用以后年度所得税前利润弥补,但弥补期不超过5年。

②超过所得税前利润弥补期的亏损,可用以后年度所得税后利润弥补。

③所得税后利润弥补不了的亏损,可用盈余公积进行弥补。

（2）转增资本。根据股东会决议,企业可以将盈余公积转作资本金。在转增资本时要注意以下几个问题:

①先要办理转增手续。

②要按原来资本或股份比例进行结转。

③转增资本后留存的盈余公积不得少于注册资本的25%。

（3）分配股利。在股份有限公司,如企业无利润,原则上不分配股利,但为了维护企业信誉,经股东会特别会议,也可用盈余公积分配股利。其分配原则是:

①企业如有未弥补亏损,应该先用盈余公积弥补,弥补亏损后盈余公积仍有结余,才可分配股利。

② 分配股利后,法定盈余公积不得低于注册资本的25%,同时盈余公积分配股利的股利率不得过高,一般不得超过股票面值的6%。

法定公益金专门用于企业职工集体福利设施的支出,如构建职工宿舍、托儿所、医务室等支出。当企业职工集体福利设施构建完成时,应将法定公益金转入任意盈余公积。

10.4.2 留存收益的核算

1. 盈余公积的核算

（1）盈余公积的核算特点

①用盈余公积弥补亏损或转增资本，都要在所有者权益的不同分类项目中相互划转，并不影响所有者权益总额的增减。

②盈余公积的结余数可由企业自由占用，或用于购置固定资产，或用于流动资金周转，或用于对外投资等等，均无需转帐。

（2）盈余公积的账务处理

企业应通过"盈余公积"账户核算盈余公积。该账户贷方登记按规定提取的数额；借方登记盈余公积弥补亏损、转增资本或分配股利的数额；期末余额在贷方，表示盈余公积的结存数。

企业按规定提取盈余公积时，借记"利润分配——提取法定盈余公积"、"利润分配——提取任意盈余公积"、"利润分配——提取法定公益金"账户，贷记"盈余公积"账户。经股东大会决议用盈余公积弥补亏损或转增资本时，借记"盈余公积"账户，贷记"利润分配-盈余公积补亏"、"实收资本（或股本）"账户。

[例10-13] 某公司2006年实现净利润100万元，按规定提取税后利润的10%提取法定盈余公积，8%提取任意盈余公积，5%提取法定公益金。编制会计分录如下：

借：利润分配——提取法定盈余公积
                            100 000
      ——提取任意盈余公积
                            80 000
      ——提取法定公益金 50 000
贷：盈余公积——法定盈余公积   100 000
      ——任意盈余公积   80 000
      ——法定公益金   50 000

2. 未分配利润的核算

未分配利润从数量上讲，它是企业实现的净利润（或亏损）在经过一系列分配后的结余部分。由于企业的生产经营活动是连续不断的，当年未分配利润（或亏损）结转到下一年度，又要与下一年度的净利润（或亏损）一起参加分配，分配后的结余部分又会形成新的未分配利润（或未弥补亏损）。因此，未分配利润是历年的累计数。

为了反映企业未分配的情况，在"利润分配"账户中，设置"未分配利润"明细账户。企业在会计年度终了时，应将全年实现的利润总额从"本年利润"账户借方转入"利润分配——未分配利润"账户贷方；亏损时编制相反分录。同时，将全年已分配的利润从利润分配各明细账户转入"未分配利润"明细账户，结转后"利润分配——未分配利润"账户的贷方余额为未分配的利润，如为借方余额，则为未弥补的亏损。

（1）年终结转"本年利润"的会计处理
①年终企业盈利时，编制会计分录如下：
借：本年利润
　　贷：利润分配——未分配利润
②年终企业亏损时，编制会计分录如下：
借：利润分配——未分配利润
　　贷：本年利润
（2）年终结转"利润分配"明细账户的会计处理
借：利润分配——未分配利润
　　贷：利润分配——提取法定盈余公积
　　　　　　　　——提取法定公益金
　　　　　　　　——提取任意盈余公积
　　　　　　　　——应付利润

[例10-14]某公司2006年实现净利润50万元，按规定提取税后利润的10%为法定盈余公积，5%为法定公益金，8%为任意盈余公积，公司在该年度不向投资者分配利润。

1．结转本年利润
借：本年利润　　　　　　　　　　500 000
　　贷：利润分配——未分配利润　　　　500 000
2．提取各项盈余公积
借：利润分配——提取法定盈余公积
　　　　　　　　　　　　　　　　50 000
　　　　　——提取法定公益金
　　　　　　　　　　　　　　　　25 000
　　　　　——提取任意盈余公积
　　　　　　　　　　　　　　　　40 000
　　贷：盈余公积——法定盈余公积　　50 000
　　　　　　　　——法定公益金　　　25 000
　　　　　　　　——任意盈余公积　　40 000
3．年终结转"利润分配"明细账户的会计处理
借：利润分配——未分配利润　　115 000
　　贷：利润分配——提取法定盈余公积　50 000
　　　　　　　　——提取法定公益金　　25 000
　　　　　　　　——提取任意盈余公积　40 000

思考与练习：

1. 思考题

（1）什么是所有者权益？它有哪些特点？

（2）实收资本和资本公积的区别是什么？

（3）留存收益是有哪些内容构成？各自的含义是什么？

2. 练习题

（1）目的：练习所有者权益科目的核算

（2）资料：

①某有限责任公司创立时有李某、王某、张某三人各投资100 000元，总资本共300 000元，2年后取得留存收益100 000元，现有刘某出资140 000元，以银行存款支付出资额，取得与李某、王某、张某相同的投资比例。

②某有限责任公司用资本公积50 000元转增资本。

③某股份有限公司发行股票，委托证券公司代理发行普通股500万股，每股面值1元，若溢价发行每股发行价1.3元，按发行收入的3%向证券公司支付手续费。

（3）要求：

①根据资料1~2编制有关的会计分录。

②根据资料3分别编制按溢价发行和面值发行的会计分录。

参考阅读材料

1. 王文华.《会计学》.立信会计出版社.2007

2. 李定清.《新编会计学教程》.立信会计出版社 2007

3. 何卫红.《财务会计新编》.清华大学出版社.2007

4. 陈志红.《财务会计》.华东师范大学出版社.2005

第 11 章 收入、费用和利润

本章主要内容
- 收入的核算
- 费用的核算
- 利润的核算

11.1 收入

11.1.1 收入概述

11.1.1.1 收入的概念和特点

按《企业会计准则第 14 号——收入》规定,收入是指企业在日常活动中形成的、会导致所有者权益增加的、与所有者投入资本无关的经济利益的总流入。其中"日常活动",是指企业为完成其经营目标所从事的经常性活动以及与之相关的活动。

收入具有以下四个特点:

第一,收入是企业在日常活动中所产生的,如企业在销售商品、产品、提供劳务等过程中取得的收入。而不是偶发的交易或事项所形成的收入,如处置无形资产、固定资产等活动的收益,应作为营业外收入。

第二,收入的取得可能会导致资产的增加或负债的减少或者两者兼而有之。如销售商品收到货款将会增加银行存款,或取得收取货款的权利,增加企业的债权;以商品或劳务抵债会减少负债;销售商品的货款中部分冲减预收的货款,部分收取现金等。

第三,收入的取得可能会导致所有者权益的增加。由于收入的取得可能会导致资产的增加或负债的减少或者两者兼而有之,因此根据会计恒等式(资产 = 负债 + 所有者权益)的关系来看,企业收入的取得必然导致所有者权益的增加。

第四,收入只包括本企业经济利益的流入,不包括为第三方或客户代收的款项。对于代收的款项,一方面增加了企业的资产,另一方面也增加了企业的负债,但不增加企业的所有者权益,不属于企业的经济利益,因而不属于企业的收入。如企业代国家收取的增值税、向委托单位代收的消费税、银行代委托单位代收的利息等。

11.1.1.2 收入的分类

收入按其来源或形成的原因可分为商品销售收入、提供劳务收入和让渡资产使用权取得的收入。

商品销售收入主要是指取得货币方式的商品销售以及在正常情况下的以商品抵债所取得的收入。企业以商品进行投资、对外捐赠或自用均不属于销售,应按成本结转。

提供劳务收入主要有提供运输、加工、咨询、代理、饮食、广告、理发、照相、产品安装等收入。

让渡资产使用权取得的收入是指企业将资产的使用权让渡给他人使用所获得的收入。如企业出租固定资产、包装物收取的租金收入、转让无形资产使用权取得的使用费收入、让渡现金使用权取得的利息收入等。

收入按经营业务的主次可分为主营业务收入和其他业务收入。

主营业务收入是指企业在正常生产经营过程中所从事的主要业务获取的收入,即在工商部门颁发的营业执照上标明的主营业务范围内获取的收入。如工业企业销售加工生产的商品、销售自制半成品、提供工业性劳务的收入;商品流通企业销售自购的商品、受托代销商品获取的收入;交通运输业的运输费、装卸费收入;服务业收取的服务费收入等等。

其他业务收入是指企业的主营业务以外的其他日常活动所取得的收入,即在营业执照上标明的兼营业务或附营业务范围内获取的收入。如工业企业出租固定资产、包装物收取的租金收入、销售材料的收入等。

需要注意的是不同行业、不同性质的企业主营业务收入和其他业务收入的范围是不同的。

11.1.1.3 收入的确认条件

企业的商品销售收入只有在同时满足以下四个条件时,才能予以确认:

(1)企业已将商品所有权上的主要风险和报酬转移给购买方。这里的风险是指商品可能发生减值或毁损等形成的损失;与商品所有权有关的报酬,是指商品价值增值或通过使用商品等产生的经济利益。如果一项商品发生的任何损失和带来的经济利益都与销售方无关,则意味着该商品所有权上的风险和报酬已转移给购买方。

(2)企业既没有保留通常与所有权相联系的继续管理权,也没有对已售出的商品实施控制。企业将商品所有权上的主要风险和报酬转移给购买方后,如果仍然保留与所有权相联系的继续管理权或控制权,则此项销售不成立,不能确认为收入。

（3）与交易相关的经济利益能够流入企业。销售商品的价款能否有把握收回,是确认收入的一个重要条件。企业在销售商品时,如果估计价款收回的可能性不大,即使满足收入确认的其他条件,也不能确认收入。

（4）相关的收入和成本能够可靠的计量。收入能否可靠的计量,是确认收入的基本前提,收入不能可靠的计量,则无法确认收入。企业在销售商品时通常售价已确定,但有时在销售过程中由于某种不确定因素,有可能出现售价变动的情况,在新售价未确定的情况下,不应确认收入。同样,根据收入与支出相配比的原则,一项销售的收入应和相关的成本确认在同一会计期间内。如果成本不能可靠的计量,即使其他条件都满足,也不能确认为收入。

企业在销售商品时必须同时满足以上四个条件,缺一不可,否则即使收到货款和发出商品,也不能确认为收入。

11.1.1.4 收入的入账时间

企业在销售商品过程中,由于所采用的销售方式和银行转帐结算方式的不同,商品销售的入账时间也有所不同,具体入账时间如下:

（1）销售商品采用异地托收承付结算方式的,以办妥托收手续的时间作为销售收入的入账时间。

（2）销售商品采用预收款方式的,以发出商品的时间作为销售收入的入账时间,预收的货款应确认为负债。

（3）销售商品需要安装和检验的,在购买方接受商品以及安装和检验完毕后确认收入。如果安装程序比较简单,可在发出商品时确认收入。

（4）销售商品采用委托代销方式的,以收到受托代销单位的代销商品清单的时间作为销售收入的入账时间。

（5）销售商品采用分期收款销售方式的,以按合同、协议约定的收款日期分期确认收入。

（6）采用送货制交接商品的企业以收到购货方的商品验收单作为销售收入的入账时间。

11.1.2 销售收入的核算

11.1.2.1 一般销售业务的核算

为了核算和监督企业由主营业务活动所取得的收入情况,企业应设置"主营业务收入"账户,当企业由于销售商品、提供劳务等业务取得收入时记该账户的贷方,当期末结转利润或企业发生销货退回、销售折让等冲减收入时记借方,期末结转后无余额。该账户应按主营业务收入的种类设置明细账。

当企业取得主营业务收入时,应根据收款方式的不同,分别借记"银行存款"、"应收账款"、"应收票据"账户,贷记"主营业务收入"账户。

[例11-1] A公司向G企业销售丁商品一批,货款为65 000元,增值税额为11 050元,收到对方签发的转账支票一张,金额为76 050元,当天存入银行。编制分录如下:

借:银行存款　　　　　　　　76 050
　　贷:主营业务收入　　　　　　　　65 000
　　　　应交税费——应交增值税(销项税额)11 050

企业发生销货折让、折扣的业务已在第三章中介绍,这里不再赘述。

11.1.2.2 特殊销售业务的核算

特殊销售业务包括发出商品、分期收款销售商品、代销商品等的核算。

1. 发出商品的核算

为了反映和监督已经发出但尚未确认销售收入的商品成本,企业应设置"发出商品"账户,企业在发出商品不能确认收入时记该账户的借方;销售确认结转成本及销售退回时记贷方;余额在借方,表示企业已发出但未确认销售的商品成本。

[例11-2] A公司向F企业销售乙商品一批,货款为120 000元,增值税额为20 400元,由于此项销售不符合销售确认的四个条件,故企业暂不作为销售。该商品的成本为80 000元。

发出商品时:

借:发出商品　　　　　　　　80 000
　　贷:库存商品——乙商品　　　　　80 000

日后销售成立,确认销售收入时:

借:银行存款　　　　　　　　140 400
　　贷:主营业务收入　　　　　　　　120 000
　　贷:应交税费——应交增值税(销项税额)
　　　　　　　　　　　　　　　　　20 400

借:主营业务成本　　　　　　80 000
　　贷:发出商品　　　　　　　　　　80 000

2. 分期收款销售商品

分期收款销售,是指商品已经交付,但货款分期收回的一种销售方式。在分期收款销售方式下,企业应按合同、协议约定的收款日期分期确认收入。同时,按商品全部销售成本与全部销售收入的比率计算出本期应结转的销售成本。分期收款销售成本的计算方法如下:

$$每批商品的销售成本 = \frac{成本总金额}{售价总金额} \times 每批商品的售价金额$$

为了反映和监督分期收款销售的增减变动情况,企业应设置"分期收款发出商品"账户,企业按合同发出商品时记借方,合同、协议约定的收款日期结转销售成本时记贷方。余额在借方,反映已发出尚未确认收入的分期收款发出商品的成本。

[例11-3] A公司按照合同向F公司发出丙商品一批,总价款为240 000元,增值税额为40 800元,采用分期收款销售方式,合同约定货款分三期平均收回。该批商品的总成本为160 000元。

发出商品时,编制分录如下:

借:分期收款发出商品　　　　　　160 000
　　贷:库存商品——丙商品　　　　　　　160 000

第一期合同约定的收款日期收到货款时,编制分录如下:

借:银行存款　　　　　　　　　　93 600
　　贷:主营业务收入　　　　　　　　　　80 000
　　　　应交税费——应交增值税(销项税额)13 600

同时结转销售成本:

借:主营业务成本　60 000
　　贷:分期收款发出商品　60 000

第二、三期合同约定的收款日期到了,做法同上。

3. 代销商品的核算

代销商品的方式通常有两种:一种是视同买断,也称实物代销,此种方式是由委托方和受托方双方签订协议,委托方按协议价收取代销商品的价款,实际售价可由受托方自行制定,实际售价与协议价之间的差价归受托方所有的一种销售方式。采用这种销售方式,由于其本质还是代销,在发出商品时,商品所有权上的风险和报酬并未转移给受托方,因此,此时委托方不能确认销售,受托方也不能作为购进。只有在受托方将商品销售后,开具代销商品清单,委托方在接到代销商品清单后才能确认收入。

为了正确反映代销商品的业务,委托方需要设置"委托代销商品"账户;受托方需要设置"受托代销商品"账户"代销商品款"账户。

(1)视同买断(实物代销)方式:

[例11-4] A公司按照合同委托E公司销售戊商品一批,协议价为50 000元,售价为55 000元,该批商品的总成本为44 000元。

A公司账务处理如下:

发出商品时:

借:委托代销商品　　　　　　44 000
　　贷:库存商品　　　　　　　　　44 000

收到代销商品清单时:

借:应收账款——E公司　　　　　　58 500
　　贷:主营业务收入　　　　　　　　　　50 000
　　　　应交税费——应交增值税(销项税额) 8 500
借:主营业务成本　　　　　　　　44 000
　　贷:委托代销商品　　　　　　　　　　44 000

收到货款时:
借:银行存款　　　　　　　　　　58 500
　　贷:应收账款——E公司　　　　　　　58 500

E公司账务处理如下:
收到商品时:
借:受托代销商品　　　　　　　　50 000
　　贷:代销商品款　　　　　　　　　　　50 000

商品销售后:
借:银行存款　　　　　　　　　　64 350
　　贷:主营业务收入　　　　　　　　　　55 000
　　　　应交税费——应交增值税(销项税额) 9 350
借:主营业务成本　　　　　　　　50 000
　　贷:受托代销商品　　　　　　　　　　50 000

同时:
借:代销商品款　　　　　　　　　50 000
　　应交税费——应交增值税(进项税额)
　　　　　　　　　　　　　　　　 8 500
　　贷:应付账款——A公司　　　　　　　58 500

支付款项时:
借:应付账款——A公司　　　　　　58 500
　　贷:银行存款　　　　　　　　　　　　 8 500

(2)收取手续费方式:

收取手续费方式是指受托方根据所代销的商品数量向委托方收取手续费的一种销售方式。受托方所收取的手续费实际上是一种劳务收入,与视同买断(实物代销)方式相比,此种方式下代销商品的售价通常是由委托方制定,委托方不得擅自改变售价。同视同买断相同,委托方是在收到受托方开具的代销商品清单后确认收入,受托方则按收取的手续费确认劳务收入。

[例11-5]承[例11-4],若采用收取手续费方式,按6%收取手续费,售价定为55 000元,其他资料不变。

A 公司账务处理如下：

发出商品时：

借：委托代销商品　　　　　　44000
　　贷：库存商品　　　　　　　　　　44000

收到代销商品清单时：

借：应收账款——E 公司　　　64350
　　贷：主营业务收入　　　　　　　55000
　　　　应效税费——应交增值税（销项税额）
　　　　　　　　　　　　　　　　　9350

借：主营业务成本　　　　　　44 000
　　贷：委托代销商品　　　　　　　44 000

收到货款时：

借：银行存款　　　　　　　　61 050
　　销售费用——手续费　　　　3 300
　　贷：应收账款——E 公司　　　　64 350

E 公司账务处理如下：

收到商品时：

借：受托代销商品　　　　　　55 000
　　贷：代销商品款　　　　　　　　55 000

商品销售后：

借：银行存款　　　　　　　　64 350
　　贷：应付账款——A 公司　　　　55 000
　　　　应交税费——应交增值税（销项税额）
　　　　　　　　　　　　　　　　9 350

借：代销商品款　　　　　　　55 000
　　贷：受托代销商品　　　　　　　55 000

借：应交税费——应交增值税（进项税额）
　　　　　　　　　　　　　　9 350
　　贷：应付账款——A 公司　　　　9 350

支付款项时：

借：应付账款——A 公司　　　64 350
　　贷：银行存款　　　　　　　　　61 050
　　　　主营业务收入（或其他业务收入）3 300

4. 销货退回的核算

销货退回是指企业已售出的商品由于质量、品种、规格不符合要求等原因而发生的退货。销货退回分以下几种情况:

第一,未确认收入已发出的商品退回时,应借记"库存商品"账户,贷记"发出商品"账户。

第二,已确认收入的商品发生退回时,不论是当年销售的,还是以前年度销售的,均应冲减当月的销售收入。同时转回已结转的销售成本(若销售成本已转)。

第三,资产负债表日及以前售出的商品在资产负债表日至财务报告批准报出日之间发生销货退回的,应作为资产负债表日后发生的调整事项处理。

[例11-6] A公司收到上月销售给G企业不合格的丙商品一批,价款4 000元,增值税额为680元,已签发支票退回货款。该商品的成本为2 800元。编制分录如下:

借:主营业务收入　　　　　　4 000
　　应交税费——应交增值税(销项税额)
　　　　　　　　　　　　　　　680
　贷:银行存款　　　　　　　4 680
借:库存商品　　　　　　　　2 800
　贷:主营业务成本　　　　　2 800

11.1.3 提供劳务收入的核算

11.1.3.1 劳务收入的确认与计量

企业所提供的劳务收入主要有安装、运输、服务、餐饮、广告、培训、代理、咨询、为特定用户开发软件等获取的收入。

由于劳务种类繁多,企业所提供劳务的时间也长短不一,大多数劳务一次就可完成,也有的在年度内完成,有的则需跨年度才能完成。因此,企业应按完成劳务时间的不同,分别下列情况予以确认和计量:

1. 在同一会计年度内开始并完成的劳务,应在劳务完成时确认收入,收入金额为合同、协议总金额。

2. 劳务的开始和完成分属不同的会计年度的,按提供劳务交易结果能否可靠估计分两种情况确定:

(1)提供劳务交易结果能可靠估计时,企业应在资产负债表日按完工百分比法确认相关的劳务收入。所谓完工百分比法,是指按劳务的完成程度确认收入和费用的方法。通常对劳务的完工程度的确定方法有以下三种:

①已完工作的测量;
②已经提供的劳务占应提供劳务的比例;
③已经发生的成本占估计总成本的比例。

本年度确认的收入＝劳务总收入×年末劳务完工程度－以前年度已确认的收入
本年度确认的成本＝劳务总成本×年末劳务完工程度－以前年度已确认的成本

（2）提供劳务交易结果不能可靠估计时，企业应在资产负债表日按已经发生并预计能够得到补偿（包括全部补偿和部分补偿）的劳务成本金额确认收入，并按相同金额结转成本；如果已经发生的劳务成本预计不能全部得到补偿，应按能够得到补偿的劳务成本确认收入，并按已经发生的劳务成本进行结转成本，确认的金额小于已经发生的劳务成本的部分确认为当期的损失；如果已经发生的劳务成本预计全部不能得到补偿，则不应确认收入，而且要将已经发生的劳务成本确认为当期的费用。

提供劳务的交易结果能否可靠估计，要依据下列条件来判断：

①合同的总收入和总成本能够可靠地计量；

②与交易相关的经济利益能够流入企业；

③劳务的完工程度能够可靠地确定。

以上三个条件缺一不可，如果同时满足，则交易的结果能够可靠得估计，反之则不能可靠地估计。

11.1.3.2 劳务收入的核算

1. 账户的设置

为了反映对外提供劳务发生的成本，企业需要设置"劳务成本"账户，该账户借方登记提供劳务过程中所发生的劳务成本，贷方登记结转完成劳务的成本，期末余额在借方反映月末尚未完成的劳务成本。为了反映劳务收入的确认，企业还需设置"主营业务收入"账户或"其他业务收入"账户及"主营业务成本"账户或"其他业务成本"账户。

2. 劳务收入的账务处理

企业在确认劳务收入时，应按确定的金额借记"银行存款"、"应收账款"等账户，贷记"主营业务收入"或"其他业务收入"账户；在提供劳务过程中，归集劳务费用时，借记"劳务成本"账户，贷记"银行存款"、"应付职工薪酬"、"原材料"等账户；结转劳务成本时，借记"主营业务成本"或"其他业务成本"账户，贷记"劳务成本"账户。

（1）不跨年度劳务收入的账务处理

[例11－7]2005年8月10日A公司与G公司签订人员培训劳务合同，合同中列明A公司为G公司培训员工120名，培训期三个月，培训费每人400元，共计48 000元，分两次支付，8月20日开学时付50%，培训结束时付其余的50%。A公司在培训期间为教师支付12 000元报酬，发生其他支出6 000元。（假设不考虑税金）

①8月20日开学时收到预付款时，编制分录如下：

借：银行存款　　　　　　　　　　24 000
　　贷：预收账款——G公司　　　　　　24 000

②培训期间发生有关支出时，编制分录如下：

借:劳务成本　　　　　　　　　　　18 000
　　贷:应付职工薪酬——工资　　　　12 000
　　　　银行存款　　　　　　　　　　6 000

③11月20日培训结束,收到G公司补付的培训费时,编制分录如下:

借:银行存款　　　　　　　　　　　24 000
　　预收账款——G公司　　　　　　 24 000
　　贷:主营业务收入　　　　　　　　48 000
借:主营业务成本　　　　　　　　　18 000
　　贷:劳务成本　　　　　　　　　　18 000

(2)跨年度劳务收入的账务处理

[**例11-8**]2004年10月A公司为E企业提供安装劳务,总收入为240 000元,估计总成本为160 000元,预计工期为4个月,截止到2004年底发生成本96 000元。其中发生人工费用36 000元,消耗材料60 000元,收到E企业预付的款项180 000元。(假设不考虑税金)

①收到预付款时,编制分录如下:

借:银行存款　　　　　　　　　　　180 000
　　贷:预收账款——E企业　　　　　180 000

②发生劳务成本时,编制分录如下:

借:劳务成本　　　　　　　　　　　96 000
　　贷:应付职工薪酬——工资　　　　36 000
　　　　原材料　　　　　　　　　　　60 000

③确认收入时,编制分录如下:

2004年末完工程度 = 已发生的劳务成本/预计总成本 × 100%
　　　　　　　　　= 96 000/160 000 × 100%
　　　　　　　　　= 60%

本年确认的收入 = 240 000 × 60% - 0
　　　　　　　 = 144 000(元)

本年确认的成本 = 160 000 × 60% - 0
　　　　　　　 = 96 000(元)

借:预收账款——E企业　　　　　　 144 000
　　贷:主营业务收入　　　　　　　　144 000
借:主营业务成本　　　　　　　　　96 000
　　贷:劳务成本　　　　　　　　　　96 000

11.2 费用

11.2.1 费用的概念及分类

1. 费用的概念及特征

费用是指企业为销售商品、提供劳务等日常活动所发生的经济利益的流出。费用具有如下基本特征：

一是，费用是企业在日常活动中发生的经济利益流出；

二是，费用可能表现为企业资产的减少，或负债的增加，或二者兼而有之；

三是，费用最终会减少企业的所有者权益。

费用应该按照权责发生制和配比原则确认，凡应属于本期发生的费用，不论其款项是否支付，均确认为本期费用；反之，不属于本期发生的费用，即使其款项已在本期支付，也不确认为本期费用。

在确认费用时，首先，应当划分生产费用与非生产费用的界限。生产费用是指与企业生产经营活动有关的费用，如生产产品所发生的原材料费用、人工费用等；非生产费用是指不应由生产费用负担的费用，如用于购建固定资产所发生的费用，不属于生产费用。企业为生产一定种类和数量的产品所发生的直接材料，直接人工和制造费用的总和，就是这些产品的生产成本。企业一定期间所发生的不能直接归属于某个特定产品的生产成本的费用为非生产费用；其次，应当分清生产费用与期间费用的界限。生产费用应当计入产品成本；而期间费用直接计入当期损益。对于确认为期间费用的费用，必须进一步划分为管理费用、销售费用和财务费用。包括企业为组织和管理生产经营活动等所发生的管理费用，筹集生产经营所需资金等所发生的财务费用，以及销售商品或提供劳务过程中所发生的销售费用，则归属于期间费用，在发生时直接计入当期损益。

2. 费用的分类（1）按照费用的经济用途分类，可分为生产成本和期间费用两大类。

①生产成本

生产成本是指企业为生产产品而发生的各种费用，包括直接计入产品的直接费用（直接材料、直接人工费）和分配计入产品成本的间接费用。

直接材料，是指企业在生产产品和提供劳务过程中所消耗的直接用于产品生产并构成产品实体的原料、主要材料、外购半成品以及有助于产品形成的辅助材料。

直接人工，是指企业在生产产品和提供劳务过程中，直接参加产品生产的工人工资以及按生产工人工资总额和规定的比例计算提取的职工福利费。

制造费用，是指企业各生产单位（如生产车间）为组织和管理生产而发生的各项费用，包括工资和福利费、折旧费、修理费、办公费、水电费、机物材料消耗、劳动保护费以及其他制造费用。

②期间费用

期间费用是指企业当期发生的直接计入损益的费用,包括管理费用、销售费用和财务费用。

管理费用是指企业行政管理部门为组织和管理生产经营活动发生的各种费用,包括企业董事会和行政管理部门在企业的经营管理中发生的,或者应由企业统一负担的公司经费(包括行政管理部门职工工资、修理费、物料消耗、低值易耗品摊销、办公费、差旅费等)、工会经费、待业保险费、劳动保险费、董事会会费(包括董事会成员津贴、会议费和差旅费等)、聘请中介机构费、咨询费(含顾问费)、诉讼费、业务招待费、房产税、车船使用税、土地使用税、印花税、技术转让费、矿产资源补偿费、无形资产摊销、职工教育经费、研究与开发费、排污费、存货盘亏或盘盈(不包括应计入营业外支出的存货损失)、计提的坏账准备等。

销售费用是指企业在销售产品后提供劳务等过程中发生的各项费用以及专设销售机构的各项经费。包括运输费、装卸费、包装费、保险费、展览费和广告费以及为销售本企业产品而专设的销售机构(含销售网点、售后服务网点等)的职工工资及福利费、差旅费、办公费、维修费等其他费用。

商品流通企业在购买商品过程中发生的运输费、装卸费、包装费、保险费、运输途中的合理损耗和入库前的挑选整理费等,作为营业费用处理。

③财务费用是指企业为筹集生产经营所需资金等而发生的费用,包括企业生产经营期间发生的利息支出(减利息收入)、汇兑损失(减汇兑收益)以及相关的手续费、企业发生的现金折扣或收到的现金折扣等。为购建固定资产的专门借款所发生的借款费用。

(2)按照费用的经济内容进行分类,可以分为以下费用要素:

①外购材料费用,是指企业为进行生产而耗费的一切从外部购入的原材料、半成品、辅助材料、包装物、修理用备件和低值易耗品等。

②外购燃料费用,是指企业为进行生产而耗用的一切从外部购进的各种燃料。

③外购动力费用,是指企业为进行生产而耗用的一切从外部购进的各种动力。

④应付工资薪酬,是企业为进行生产经营而发生的应付给职工的工资。

⑤折旧费用,是指企业所拥有的或控制的固定资产按照规定的方法计提的折旧费用。

⑥利息支出,是指企业为筹集生产经营资金而发生的利息支出。

⑦税金,是指企业应计入生产费用的各种税金。如房产税、车船使用税、土地使用税等。

⑧其他支出,是指不属于以上各费用要素的费用支出,如邮电费、差旅费、租赁费、外部加工费及保险费等。

按上列费用要素反映的费用称为要素费用。

11.2.2 生产成本的归集与分配

生产成本通过"生产成本"账户进行归集。"生产成本"账户为成本类账户，主要核算企业进行工业性生产，包括各种产品（包括产成品、自制半成品、提供劳务等）、自制材料、自制的工具、自制设备等所发生的各项生产费用。该账户设置"基本生产成本"、"辅助生产成本"两个明细账户，并按各成本核算对象进行明细核算。企业为完成主要的生产目的而发生的基本车间产品的生产成本，在"生产成本——基本生产成本"账户归集；企业为基本生产服务而进行的辅助车间产品生产或劳务供应所发生生产成本，在"生产成本——辅助生产成本"账户归集。

1. 材料费用的归集与分配

企业在生产活动中耗用的材料费用，是根据领退料凭证，按照材料的用途归集和分配的。对于应计入产品成本的生产用料，应按照产品品种和成本项目归集和分配；用于构成产品实体的原料及主要材料和有助于产品形成的辅助材料，记入"生产成本"账户中的"基本生产成本""辅助生产成本"账户及所属明细账的"直接材料"项目；用于生产产品所需用的燃料和动力，记入"生产成本"账户及其所属明细账"燃料和动力"项目；用于维护生产设备和管理生产的各种材料，先在"制造费用"账户予以归集，然后分配转入"生产成本"账户及其所属明细账的"制造费用"项目。对于不应计入产品成本而属于期间费用的材料费用，应记入"管理费用"、"营业费用"账户；对用于购建固定资产、其他资产方面的材料费用，，应计入有关的资产价值，不得列入产品成本或期间费用。

在实际工作中，材料费用的分配一般是通过"材料费用分配表"（如表11－1）进行的，这种分配表应该按照材料的用途和材料的类别，根据归类后的凭证编制。在生产经营过程中领用库存材料时，均应编制领料凭证，标明材料的品种、领料部门和用途，月末，财会部门根据领料单、限额领料部门及用途编制"耗用材料分配表"进行材料费用的归集和分配。

[例11-9]某企业材料采用实际成本法核算。根据领料凭证，2006年2月的材料领用情况如下：基本生产车间生产A产品直接耗用材料30 000元，生产B产品直接耗用材料50 000元，A、B两种产品共同耗用材料20 000元，按材料的定额消耗量分配；机修车间生产材料8 000元；基本生产车间耗用消耗性材料3 000元，机修车间耗用消耗性材料2 000元；行政管理部门耗用消耗性材料1 000元。根据上述资料编制"耗用材料分配表"如图表11-1。

根据上述"耗用材料分配表"编制如会计分录：

借：生产成本——基本生产成本（A产品） 38 000
　　　　　　——基本生产成本（B产品） 62 000
　　　　　　——辅助生产成本（机修） 8 000
　　制造费用——基本生产车间 3 000
　　　　　　——机修车间 2 000
　　管理费用 1 000
　　贷：原材料 114 000

图表11-1　　　　　　　　　材料费用分配表
2006年2月　　　　　　　　　　　　　　　　　　　　　　　单位：元

分配对象			产量（件）	共同耗用材料				直接耗用材料	合计
应借科目		成本费用项目		单位消耗定额（Kg）	定额消耗量（Kg）	分配率	分配金额		
生产成本	A产品	直接材料	50	40	2 000		8 000	30 000	38 000
	B产品	直接材料	60	50	3 000		12 000	50 000	62 000
	小计		-		5 000	4	20 000	80 000	100 000
	辅助生产成本	机修直接材料						8 000	8 000
制造费用	基本生产车间	机物料消耗						3 000	3 000
	机修车间	机物料消耗						2 000	2 000
管理费用		公司经费						1 000	1 000
合计							20 000	94 000	114 000

如果材料核算采用计划成本法，还应结转材料成本差异。

2．应付职工薪酬的归集和分配

企业所发生的职工薪酬及福利费用，要划清应计入产品成本与期间费用和不应计入产品成本与期间费用的界限。其中，应计入产品成本的职工薪酬及福利费，应按产品品种和成本项目进行归集与分配：凡属生产车间直接从事产品生产人员的职工薪酬及福利费，记入"生产成本"账户及所属明细账的"直接人工"项目；企业各生产单位为组织和管理生产所发生的管理人员的职工薪酬和提取的福利费，先在"制造费用"账户予以归集，然后分配转入"生产成本"账户及其所属明细账的"制造费用"项目。企业行政管理部门

第 11 章 收入、费用和利润

人员的职工薪酬和提取的福利费,作为期间费用记入"管理费用"账户。不应记入成本与费用的工资和提取的福利费,则应按用途记入"固定资产"(如固定资产购建过程中所发生的职工薪酬及福利费支出)等账户。

为了按职工薪酬的用途和发生地点归集并分配职工薪酬及提取的福利费用,月末应根据不同生产部门的工资结算单和有关的生产工时记录,编制"职工薪酬费用分配表",然后汇编"职工薪酬及福利费用分配汇总表"。

[例 11-10] 某企业 2006 年 2 月分配的工资总额为 67 000 元,其中:基本生产车间生产工人工资总计 40 000 元(按定额工时分配),基本生产车间管理人员工资 9 000 元,供电车间管理人员工资 2 000 元,生产工人工资 10 000 元,供电车间管理部门人员工资 6 000 元。根据上述资料编制"职工薪酬费用分配表"如图表 11-2 所示:

图表 11-2　　　　　　　　　职工薪酬费用分配表
2006 年 2 月　　　　　　　　　　　　　　　　　　　单位:元

分配对象			产量(件)	共同耗用材料				应付福利费(工资总额的14%)
应借科目		成本费用项目		单位消耗定额(Kg)	定额消耗量(Kg)	分配率	分配金额	
生产成本	基本生产成本	A产品 直接人工	500	20	10 000		25 000	3 500
		B产品 直接人工	600	10	6 000		15 000	2 100
	小计		—		16 000	2.5	40 000	5 600
	辅助生产成本	供电 直接人工					10 000	1 400
制造费用	基本生产车间	工资福利费					9 000	1 260
	供电车间	工资福利费					2 000	280
管理费用		工资福利费					6 000	840
合计							67 000	9 380

根据上述"职工薪酬费用分配表"做如下会计分录:

借:生产成本——基本生产成本——A 产品　　28 500
　　　　　　——基本生产成本——B 产品　　17 100
　　　　　　——辅助生产成本——供电　　　11 400
　　制造费用——基本生产车间　　　　　　　10 260
　　　　　　——供电车间　　　　　　　　　 2 280
　　管理费用　　　　　　　　　　　　　　　 6 840
　　贷:应付职工薪酬——工资　　　　　　　　67 000
　　　　　　　　　　——职工福利　　　　　　 9 380

3. 燃料动力费用的归集和分配

燃料费用应按用途和使用部门进行归集和分配。直接用于产品生产的燃料费用,直接计入或间接分配计入各种产品的"燃料和动力"成本项目;辅助生产所耗燃料费用,以及基本生产车间、行政管理部门取暖等耗用的燃料费用,则需先按辅助生产费用、制造费用和管理费用等进行归集。在实际工作中,燃料费用的分配一般是通过编制"燃料费用分配表"进行的。

动力费用也应按用途和使用部门进行归集和分配,直接用于生产的动力费,列入"燃料和动力"成本项目,记入"生产成本"账户及其所属明细账;属于照明、取暖等用途的动力费,则按使用部门分别记入"制造费用"、"管理费用"等账户。

在实际工作中,动力费用的分配一般是通过编制"动力费用分配表"(表11-3)进行的。

[例11-11]某企业2006年2月分配的外购水电费总额为208 080元,其中:基本生产车间A产品定额耗用量为682 500度,B产品定额耗用量为456 000度,基本生产车间一车间定额耗用量为3 200度,基本生产车间二车间定额耗用量为4 100度,动力车间定额耗用量为2 000度,机修车间定额耗用量为7 500度,行政管理部门定额耗用量为700度。根据上述资料编制"外购动力费用分配汇总表"如图表11-3所示:

表11-3　　　　　　　　外购动力费用分配汇总表

2006年2月　　　　　　　　　　　　　　　　单位:元

产品、部门、项目	产量（件）	单位消耗定额（度）	定额耗用量（度）	分配率	应分配金额
A产品-燃料	350	1 950	682 500		122 850
B产品-燃料	1 200	380	456 000		82 080
动力车间-水电费			2 000		360
机修车间-水电费			7 500		1 350
一车间-水电费			3 200		576
二车间-水电费			4 100		738
管理部门-水电费			700		126
合计			1 156 000	0.18	208 080

根据"外购动力费用分配表",应作如下会计分录

借:生产成本——基本生产成本——A产品　　122 850
　　生产成本——基本生产成本——B产品　　82 080
　　生产成本——辅助生产成本——动力车间　360
　　生产成本——辅助生产成本——机修车间　1 350
　　制造费用———一车间　　　　　　　　　576

制造费用——二车间　　　　　　　　　738
　　管理费用　　　　　　　　　　　　　 126
　　贷：银行存款　　　　　　　　　　　　　　208 080

11.2.3 制造费用的归集和分配

　　企业归集和分配制造费用，需设置"制造费用"账户。该账户为成本类账户，制造费用是指企业各个生产单位（包括基本生产车间和分厂）为生产产品和提供劳务而发生的应该计入产品成本的间接费用，以及企业各生产单位所发生的固定资产使用费和维修费。包括职工薪酬及福利费、折旧费、修理费、办公费、水电费、机物料消耗、劳动保护费、季节性和修理期间的停工损失费等。

　　企业发生制造费用时借记该科目，贷记"应付职工薪酬"、"银行存款"、"原材料"、"累计折旧"等；月份终了，制造费用应按企业核算办法的规定分配转入有关账户，借记"生产成本"等账户，贷记该账户。该账户通常期末无余额。本账户按车间、部门设置明细账，账内按费用项目设置专栏，进行明细核算。

　　企业发生的各项制造费用，根据有关付款凭证，各项要素费用分配表，辅助生产费用分配表等，将有关费用记入"制造费用"账户及各明细账户有关项目栏。月终时采用适当的分配方法，将这些费用在各种产品之间进行分配，计入各产品成本的制造费用项目栏。

　　制造费用分配的方法有按产品的实用工时比例分配，按生产工人工资比例分配，按机器工时比例分配，按产品产量比例分配等。季节性生产的企业，为了使单位成本中制造费用不致因为生产的季节性而发生较大的波动，可采取按计划分配率的方法，即根据当月的产量和制造费用计划分配率分配本月应负担的制造费用。年终时再将实际发生的制造费用与按计划分配率分配的制造费用的差额进行调整。企业具体采用哪种分配方法，由企业自行决定。分配方法一经确定，不得随意变动，如需变动，应在会计报表附注中予以说明。

$$制造费用分配率 = \frac{待分配制造费用总额}{分配标准之和}$$

　　各产品应负担的制造费用 = 该种产品分配标准 × 制造费用分配率

　　[例11-12]某企业一车间2006年6月共发生制造费用24 000元，该车间生产甲、乙两产品，已知甲产品实际耗用生产工时3 000小时，乙为2 000小时，试计算甲、乙两产品分配的制造费用？

　　制造费用分配率 = 24 000 ÷ (3 000 + 2 000) = 4.8(元/小时)
　　甲产品应分配的制造费用 = 3 000 × 4.8 = 14 400(元)
　　乙产品应分配的制造费用 = 2 000 × 4.8 = 9 600(元)

图表 11-4　　　　　　　　制造费用分配表

2006 年 6 月

应借账户		生产工时	分配率	分配额(元)
基本生产成本	甲产品	3 000	4.8	14 400
	乙产品	2 000	4.8	9 600
合　计		5 000	4.8	24 000

借：生产成本——基本生产成本——甲产品

　　　　　　　　　　　　　　14 400

　　　　　　　　——乙产品 9 600

贷：制造费用　　　　　　　　　　24 000

11.2.4. 期间费用

期间费用是企业当期发生的费用中的重要组成部分，是指本期发生的、不能直接或间接归入某种产品成本的、而应直接计入当期损益的各项费用，包括管理费用、销售费用和财务费用。

1. 管理费用

管理费用是指企业行政管理部门为组织和管理生产经营活动所发生的各种费用，包括企业的各行政管理部门在企业的经营管理中发生的或者应由企业统一负担的公司经费、工会经费、董事会费、聘请中介机构费、咨询费(含顾问费)、诉讼费、业务招待费、房产税、车船使用税、土地使用税、印花税、技术转让费、矿产资源补偿费、研究费用、排污费等。

公司经费包括行政管理部门职工薪酬、修理费、租赁费、物料消耗、低值易耗品摊销、办公费、差旅费、折旧费及其他公司经费。

董事会会费是指企业最高权力机构及其成员为执行职能而发生的各项费用，包括董事会成员津贴、会议费和差旅费等。

商品流通企业管理费用不多的，可不设置"管理费用"科目，而将发生的管理费用并入"销售费用"科目核算。

企业与固定资产有关的后续支出，包括固定资产发生的日常修理费、大修理费用、更新改造支出、房屋的装修费用等，没有满足固定资产准则规定的固定资产确认条件的，也在"管理费用"科目核算。

企业发生的管理费用在"管理费用"科目中核算，并按费用项目设置明细账进行明细核算。企业发生的各项管理费用借记"管理费用"科目，贷记"库存现金"、"银行存款"、"原材料"、"应付职工薪酬"、"其他应收款"、"应交税费"、"其他应付款"、"长期待摊费用"、"低值易耗品"、"累计折旧"、"累计摊销"、"研发支出"、"待处理财产损益"等科目；期末，将"管理费用"科目借方归集的管理费用全部由"管理费用"科目的贷方转入"本年利润"科目的借方。结转管理费用后,"管理费用"科目期末无余额。

【例11-13】某公司20×7年3月发生如下(部分)业务
(1)厂部王某报销差旅费780元,用现金付讫。
借:管理费用　　　　　　　　　　　　　　780
　　贷:其他应收款——王某　　　　　　　　　780
(2)以银行存款支付印花税500元。
借:管理费用　　　　　　　　　　　　　　500
　　贷:银行存款　　　　　　　　　　　　　　500
(3)计提厂部管理部门固定资产折旧15 000元。
借:管理费用　　　　　　　　　　　　　15 000
　　贷:累计折旧　　　　　　　　　　　　　15 000
(4)用银行存款支付其他管理费用5 720元。
借:管理费用　　　　　　　　　　　　　5 720
　　贷:银行存款　　　　　　　　　　　　　5 720
(5)月末结转本月发生的管理费用22 000元。
借:本年利润　　　　　　　　　　　　　22 000
　　贷:管理费用　　　　　　　　　　　　　22 000

2. 销售费用

销售费用是指企业销售商品和材料、提供劳务的过程中发生的各种费用,包括保险费、包装费、展览费和广告费、商品维修费、预计产品质量保证损失、运输费、装卸费等,以及为销售本企业商品而专设的销售机构(含销售网点、售后服务网点等)的职工薪酬、业务费、折旧费等经营费用、商品流通企业在进货过程中发生的置办费、装卸费、包装费、运输途中的合理损耗和入库前的挑选整理费用,也作为销售费用处理。

商品流通企业可不设置"管理费用"科目,而将发生的管理费用在"销售费用"科目核算。

企业发生的销售费用在"销售费用"科目中核算,并按费用项目设置明细账进行明细核算。企业发生的各项销售费用,借记"销售费用"科目,贷记"库存现金"、"银行存款"、"应付职工薪酬"、"包装物"、"原材料"、"累计折旧"等科目;期末,将借方归集的销售费用全部由"销售费用"科目的贷方转入"本年利润"科目的借方。结转销售费用后,"销售费用"科目期末无余额。

【例11-14】某公司20×7年3月发生如下业务:
(1)用银行存款支付电视台广告费60 000元。
借:销售费用　　　　　　　　　　　　　60 000
　　贷:银行存款　　　　　　　　　　　　　60 000

(2)分配销售机构人员薪酬40 000元。

借:销售费用　　　　　　　　　　　　　　40 000
　　贷:应付职工薪酬　　　　　　　　　　　　　40 000

(3)在销售过程中领用包装物1 000元,但不单独计价。

借:销售费用　　　　　　　　　　　　　　1 000
　　贷:包装物　　　　　　　　　　　　　　　　1 000

(4)期末,结转销售费用101 000元

借:本年利润　　　　　　　　　　　　　　101 000
　　贷:销售费用　　　　　　　　　　　　　　　101 000

3．财务费用

财务费用是指企业筹集生产经营所需资金而发生的费用,包括利息支出(减利息收入)、汇兑损失(减汇兑收益)以及付给金融机构的手续费、企业发生的现金折扣或收到的现金折扣和筹集生产经营资金发生的其他费用等。

企业发生的财务费用在"财务费用"科目中核算,并按费用项目设置明细账进行明细核算。企业发生的各项财务费用借记"财务费用"科目,贷记"银行存款"、"应付利息"、"应收账款"等科目;企业发生的应冲减财务费用的利息收入、汇兑差额、现金折扣,借记"银行存款"、"应付账款"、"应付利息"等科目,贷记"财务费用"科目。期末,将"财务费用"科目余额转入"本年利润"科目,计入当期损益。结转当期费用后,"财务费用"科目期末无余额。

[例11-15]某公司20×7年3月发生如下经济业务:

(1)计算本月短期借款利息10 000元,计算本月长期借款利息50 000元(工程已完工并交付使用)。

借:财务费用　　　　　　　　　　　　　　60 000
　　贷:应付利息　　　　　　　　　　　　　　　60 000

(2)收到银行存款利息6 000元。

借:银行存款　　　　　　　　　　　　　　6 000
　　贷:财务费用　　　　　　　　　　　　　　　6 000

(3)支付银行手续费200元。

借:财务费用　　　　　　　　　　　　　　200
　　贷:银行存款　　　　　　　　　　　　　　　200

(4)期末结转财务费用54 200元。

借:本年利润　　　　　　　　　　　　　　54 200
　　贷:财务费用　　　　　　　　　　　　　　　54 200

11.3 利润

11.3.1 利润的构成

利润是指企业在一定会计期间的经营成果。利润包括收入减去费用后的净额、直接计入当期利润的利得和损失等。

直接计入当期利润的利得和损失,是指应当计入当期损益、会导致所有者权益发生增减变动的、与所有者投入资本或分配利润无关的利得或者损失。

利润由以下三部分构成:

1. 营业利润:等于营业收入,减营业成本、营业税金及附加、财务费用、管理费用、销售费用、资产减值损失,加投资收益、公允价值变动损益。
2. 利润总额:等于营业利润加营业外收支净额。
3. 净利润:等于利润总额减所得税费用。

11.3.2 营业外收支的核算

11.3.2.1 营业外收入

营业外收入是指企业发生的与其日常活动无直接关系的各项利得,主要包括非流动资产处置利得、非货币性资产交换利得、债务重组利得、政府补助、盘盈利得、捐赠利得、确实无法支付而按规定程序经批准后转作营业外收入的应付款项等。企业确认处置非流动资产利得、非货币性资产交换利得、债务重组利得,比照"固定资产清理"、"无形资产"、"原材料"、"库存商品"、"应付账款"等科目的相关规定进行处理。确认的政府补助利得,借记"银行存款"、"递延收益"等科目,贷记本科目。

[例11-16]某企业取得罚没收入1 000元,存入银行。

借:银行存款   1 000
 贷:营业外收入   1 000

11.3.2.2 营业外支出

营业外支出是指企业发生的与其日常活动无直接关系的各项损失,主要包括非流动资产处置损失、非货币性资产交换损失、债务重组损失、公益性捐赠支出、非常损失、盘亏损失等。

[例11-17]某企业对外捐赠10 000元,以银行存款支付。

借:营业外支出   10 000
 贷:银行存款   10 000

11.3.3 所得税费用的核算

所得税费用是从资产负债表出发,通过比较资产负债表上列示的资产、负债按照企业会计准则规定确定的账面价值与按照税法规定确定的计税基础,对于两者之间的差额分别应纳税暂时性差异与可抵扣暂时性差异,确认相关的递延所得税负债与递延所得税资产,并在此基础上确定每一期间利润表中的所得税费用。

所得税费用会计核算的一般程序:

(一)确定资产负债表中除"递延所得税资产"和"递延所得税负债"以外的其他资产和负债项目的账面价值。

(二)按照资产和负债计税基础的确定方法,以适用的税收法规为基础,确定资产负债表中有关资产、负债项目的计税基础。

(三)比较资产、负债的账面价值与其计税基础,对于两者之间存在差异的,分析其性质,除企业会计准则中规定的特殊情况外,分别应纳税暂时性差异与可抵扣暂时性差异,确定该资产负债表日递延所得税负债和递延所得税资产的应有金额,并与期初递延所得税负债和递延所得税资产的余额相比,确定当期应予进一步确认的递延所得税资产和递延所得税负债金额或应予转销的金额。

(四)确定利润表中的所得税费用:按照适用的税法规定计算确定当期应纳税所得额,将应纳税所得额与适用的所得税税率计算的结果确认为当期应交所得税(即当期所得税),同时结合当期确认的递延所得税资产和递延所得税负债(即递延所得税),作为利润表中应予确认的所得税费用。

由此可以看出,所得税会计核算的关键在于确定资产、负债的计税基础。资产、负债的计税基础的确定,与税收法规的规定密切关联。

11.3.3.1 计税基础

企业在取得资产、负债时,应当确定其计税基础。资产、负债的账面价值与其计税基础存在差异的,应当按照《企业会计准则第 18 号 – 所得税》的规定确认所产生的递延所得税资产或递延所得税负债。

1. 资产的计税基础

资产的计税基础,是指企业收回资产账面价值过程中,计算应纳税所得额时按照税法规定可以自应税经济利益中抵扣的金额。即:未来不需要缴税的资产价值。

[例 11 – 18]某企业 2008 年末应收账款账面余额为 100 万元,已计提坏账准备 5 万元,则应收账款的账面价值为:100 – 5 = 95 万元;而在计算应纳税所得额时按照税法规定可以自应税经济利益中抵扣的金额为 100 万元,即其计税基础是 100 万元。

[例 11 – 19]某公司 2008 年末无形资产(土地使用权)账面余额为 1 000 万元。按税法规定,评估增值不能抵税,可抵税的是原始成本,即无形资产的计税基础为 1 000 万元。因此,该无形资产的账面价值为 1 000 万元,计税基础也是 1 000 万元。

2. 负债的计税基础:

负债的计税基础,是指负债的账面价值减去未来期间计算应纳税所得额时按照税法规定可予抵扣的金额。即：未来不可以扣税的负债的价值。

负债的计税基础＝账面价值－未来期间按照税法规定可予税前扣除的金额

[例11-20] 某公司2008年应付工资账面金额为120万元，假设该工资费用已在2008年抵扣，将来支付工资时不能再抵扣，该应付工资计税基础为120万元（即负债账面价值120万元其在未来期间计算应税利润时可予抵扣的金额0），则应付工资账面价值与计税基础均为120万元。

11.3.3.2 暂时性差异

1. 暂时性差异的定义：暂时性差异，是指资产或负债的账面价值与其计税基础之间的差额；未作为资产和负债确认的项目，按照税法规定可以确定其计税基础的，该计税基础与其账面价值之间的差额也属于暂时性差异。

2. 暂时性差异的分类：按照暂时性差异对未来期间应税金额的影响，分为应纳税暂时性差异和可抵扣暂时性差异。

（1）应纳税暂时性差异，是指在确定未来收回资产或清偿负债期间的应纳税所得额时，将导致产生应税金额的暂时性差异。

当资产账面价值大于计税基础，负债账面价值小于计税基础时，形成应纳税暂时性差异。

（2）可抵扣暂时性差异，是指在确定未来收回资产或清偿负债期间的应纳税所得额时，将导致产生可抵扣金额的暂时性差异。这里的"可抵扣"是指未来可抵扣。

当资产账面价值小于计税基础，负债账面价值大于计税基础时，形成可抵扣暂时性差异。

[例11-21] 2008年末，固定资产账面原值为500万元，会计上按直线法已提折旧为50万元，税法按双倍余额递减法计提折旧，应计提折旧额为100万元，则固定资产账面价值为500－50＝450万元；而计税基础即未来可抵扣金额为500－100＝400万元。这样，账面价值450万元与计税基础400万元之间的差额50万元形成暂时性差异。

通过分析，该项固定资产未来可以税前抵扣的金额为400万元，而该项资产未来期间产生的经济利益流入为450万元，不能全部税前扣除，多余的50万元需要交税，产生应纳税暂时性差异。

[例11-22] 2008年末，存货的账面余额为180万元，已计提存货跌价准备20万元，则存货的账面价值为160万元；出售存货时，可以抵税的金额为180万元，则存货的计税基础是180万元。所以，存货的账面价值160万元与其计税基础180万元的差额20万元，成为暂时性差异。

可以这样理解：按照税法规定，该存货未来可以抵扣的金额为180万元，而实际上只抵扣160万元，差额20万元可抵减未来期间应纳税所得额，减少未来期间以应交所得税的方式流出企业的经济利益，因此是可抵扣暂时性差异。

[例11-23] 2008年末，预收账款账面余额为100万元，假设预收账款在实际收款时交纳所得税，则该预收账款在未来期间不再交税，所以其计税基础为0万元（账面价值100其在未

来期间可以税前扣除的金额 100),账面价值 100 与计税基础 0 之间的差额形成暂时性差异 100 万元。

负债的账面价值 - 负债的计税基础 = 账面价值 - (账面价值 - 未来期间按照税法规定可予税前扣除的金额) = 未来期间按照税法规定可予税前扣除的金额

由此可以看出,负债的暂时性差异实质上是税法规定就该项负债在未来期间可以税前扣除的金额。

所以,该例中暂时性差异 100 万元实质上是未来期间按照税法规定,与该项负债相关的全部支出可以在未来应税经济利益中扣除的金额,它会减少未来期间的应纳税所得额和应交所得税,所以为可抵扣暂时性差异。

11.3.3.3 递延所得税负债及递延所得税资产的确认

1. 递延所得税负债的确认

除企业会计准则中明确规定可不确认递延所得税负债的情况以外,企业对于所有的应纳税暂时性差异均应确认相关的递延所得税负债。除直接计入所有者权益的交易或事项以及企业合并外,在确认递延所得税负债的同时,应增加利润表中的所得税费用。

"递延所得税负债"是负债类科目,核算企业确认的应纳税暂时性差异产生的所得税负债。资产负债表日,企业确认的递延所得税负债,借记"所得税费用——递延所得税费用"科目,贷记本科目。资产负债表日递延所得税负债的应有余额大于其账面余额的,应按其差额确认,借记"所得税费用——递延所得税费用"科目,贷记本科目;资产负债表日递延所得税负债的应有余额小于其账面余额的做相反的会计分录。与直接计入所有者权益的交易或事项相关的递延所得税负债,借记"资本公积——其他资本公积"科目,贷记本科目。本科目期末贷方余额,反映企业已确认的递延所得税负债。本科目可按应纳税暂时性差异的项目进行明细核算。

[例 11-24] 承例[例 11-21],2008 年末,固定资产账面原值为 500 万元,会计上按直线法已提折旧为 50 万元,税法按双倍余额递减法计提折旧,应计提折旧额为 100 万元,则固定资产账面价值为 500-50=450 万元;而计税基础即未来可抵扣金额为 500-100=400 万元。这样,账面价值 450 万元与计税基础 400 万元之间的差额 50 万元形成应纳税暂时性差异。

若企业适用的所得税税率为 25%,则应确认为递延所得税负债的金额为

500 000 × 25% = 125 000(元)

会计分录为:

借:所得税费用　　　　　　　　　　　　　125 000
　　贷:递延所得税负债　　　　　　　　　　　　　125 000

2. 递延所得税资产的确认

资产、负债的账面价值与其计税基础不同产生可抵扣暂时性差异的,在估计未来期间能够取得足够的应纳税所得额用以利用该可抵扣暂时性差异时,应当以很可能取得用来抵扣可抵

扣暂时性差异的应纳税所得额为限,确认相关的递延所得税资产。

"递延所得税资产"科目为资产类科目,用来核算企业确认的可抵扣暂时性差异产生的递延所得税资产。资产负债表日,企业确认的递延所得税资产,借记本科目,贷记"所得税费用——递延所得税费用"科目。资产负债表日递延所得税资产的应有余额大于其账面余额的,应按其差额确认,借记本科目,贷记"所得税费用——递延所得税费用"等科目;资产负债表日递延所得税资产的应有余额小于其账面余额的差额做相反的会计分录。与直接计入所有者权益的交易或事项相关的递延所得税资产,借记本科目,贷记"资本公积——其他资本公积"科目。资产负债表日,预计未来期间很可能无法获得足够的应纳税所得额用以抵扣可抵扣暂时性差异的,按原已确认的递延所得税资产中应减记的金额,借记"所得税费用——递延所得税费用"、"资本公积——其他资本公积"等科目,贷记本科目。本科目应按可抵扣暂时性差异等项目进行明细核算。根据税法规定可用以后年度税前利润弥补的亏损及税款抵减产生的所得税资产,也在本科目核算。本科目期末借方余额,反映企业确认的递延所得税资产。

[例 11-25]承例[例 11-23],假设该企业适用的所得税税率为25%,则应确认为递延所得税资产的金额为 1 000 000 × 25% = 250 000(元)。会计分录为:

借:递延所得税资产　　　　　　　　　　250 000
　　贷:所得税费用　　　　　　　　　　　　250 000

某项交易不属于企业合并,且交易发生时既不影响会计利润也不影响应纳税所得额,则该项交易中产生的资产、负债的初始确认金额与计税基础存在可抵扣暂时性差异的,不确认相关的递延所得税资产。

确认递延所得税资产时,应估计相关可抵扣暂时性差异的转回时间,采用转回期间适用的所得税税率为基础计算确定。无论相关的可抵扣暂时性差异转回期间如何,递延所得税资产均不予折现。

资产负债表日,企业应当对递延所得税资产的账面价值进行复核。如果未来期间很可能无法取得足够的应纳税所得额用以抵扣递延所得税资产的利益,应当减记递延所得税资产的账面价值。在很可能获得足够的应纳税所得额时,减记的金额应当转回。

总之,资产账面价值大于计税基础、负债的账面价值小于计税基础时,形成应纳税暂时性差异,应该按照适用税率确认为递延所得税负债;资产的账面价值小于计税基础、负债的账面价值大于计税基础时,形成可抵扣暂时性差异,应该按照适用税率确认为递延所得税资产。

11.3.3.4 所得税费用的确认和计量

采用资产负债表债务法核算所得税的情况下,利润表中的所得税费用由两个部分组成-当期所得税和递延所得税。

1. 当期所得税

当期所得税,是指企业按照税法规定计算确定的针对当期发生的交易和事项应交纳给税务部门的所得税金额,即当期应交所得税金额。

企业在确定当期所得税时,对于当期发生的交易或事项,会计处理与税收处理不同的,应在会计利润的基础上,按照适用税收法规的要求进行调整,计算出当期应纳税所得额,按照应纳税所得额与适用所得税税率计算确定当期应交所得税。

应交所得税＝应纳税所得额×所得税税率

应纳税所得额＝会计利润＋纳税调整增加额－纳税调整减少额

纳税调整增加额主要是指按会计准则规定核算时不作为收益计入会计报表,但在计算应纳税所得额时作为收益需要交纳所得税;以及按照会计准则规定核算时确认为费用或损失计入会计报表,但在计算应纳税所得额时则不允许扣减的项目。如工程项目领用本企业的产品等,会计上不确认收益,但按税法规定应将产品的成本和计税价的差额进行纳税调整,缴纳所得税;如超过税法规定标准的工资支出、业务招待费、滞纳金、罚款、罚金等,在会计核算时均从收入中扣除,而按照税法规定应该缴纳所得税,所以应该调增会计利润。

纳税调整减少额主要包括按税法规定允许弥补的亏损和准予免税的项目,如前五年内的未弥补亏损和国债利息收入等。

2. 递延所得税

递延所得税,是指企业在某一会计期间确认的递延所得税资产及递延所得税负债的综合结果。

递延所得税＝当期递延所得税负债的增加－当期递延所得税负债的减少＋当期递延所得税资产的减少－当期递延所得税资产的增加

如果某项交易或事项按照企业会计准则规定应计入所有者权益,由该交易或事项产生的递延所得税资产或递延所得税负债及其变化亦应计入所有者权益,不构成利润表中的递延所得税费用(或收益)。

3. 所得税费用

计算确定了当期所得税及递延所得税以后,利润表中应予确认的所得税费用为两者之和,即:所得税费用＝当期所得税＋递延所得税,计入当期损益的所得税费用或收益不包括企业合并和直接在所有者权益中确认的交易或事项产生的所得税影响。与直接计入所有者权益的交易或者事项相关的当期所得税和递延所得税,应当计入所有者权益。

"所得税费用"科目核算企业确认的应从当期利润总额中扣除的所得税费用。资产负债表日,企业按照税法规定计算确定的当期应交所得税,借记本科目(当期所得税费用),贷记"应交税费——应交所得税"科目;资产负债表日,根据递延所得税资产的应有余额大于"递延所得税资产"科目余额的差额,借记"递延所得税资产"科目,贷记本科目(递延所得税费用)、"资本公积——其他资本公积"等科目;递延所得税资产的应有余额小于"递延所得税资产"科目余额的差额做相反的会计分录。企业应予确认的递延所得税负债,应当比照上述原则调整本科目、"递延所得税负债"科目及有关科目。期末,应将本科目的余额转入"本年利润"科目,结转后本科目无余额。本科目可按"当期所得税费用"、"递延所得税费用"进行明细核算。

[例11-26] 甲公司2008年会计利润总额为1 000万元,适用的所得税率为25%,相关资料如下:

(1)违反规定被罚款50万元;购买国债取得利息收入80万元,按规定可以不缴纳所得税;向关联企业捐赠支出100万元,假定税法规定不允许从税前利润中扣除。

(2)该公司相关资产、负债的账面价值和计税基础资料如下(假定递延所得税资产和递延所得税负债无期初余额,其他资产负债不存在暂时性差异):

表11-5　　　　　　　　　　　　　　　　　　　　　　　　　　　　单位:万元

项目	账面价值	计税基础	应纳税暂时性差异	可抵扣暂时性差异
存货	150	180		30
固定资产	400	300	100	

要求:根据以上资料计算该公司2008年末的应交所得税、递延所得税以及所得税费用,并编制会计分录。

计算过程:
(1)计算应交所得税:
应纳税所得额 = 1 000 + 50 - 80 + 100 = 1 070(万元)
应交所得税 = 1 070 × 25% = 267.5(万元)
(2)计算递延所得税:
递延所得税负债 = 100 × 25% = 25(万元)
递延所得税资产 = 30 × 25% = 7.5(万元) 递延所得税 = 25 - 7.5 = 17.5(万元)
(3)所得税费用 = 267.5 + 17.5 = 285(万元)
会计分录:
借:所得税费用　　　　　　　　　　　　　2 850 000
　　递延所得税资产　　　　　　　　　　　　75 000
　　贷:应交税费——应交所得税　　　　　　　　2 675 000
　　　　递延所得税负债　　　　　　　　　　　　250 000

11.3.4 本年利润

11.3.4.1 "本年利润"科目

本科目核算企业当期实现的净利润(或发生的净亏损)。企业期(月)末结转利润时,应将各损益类科目的余额转入本科目,结平各损益类科目。结转后本科目的贷方余额为当期实现的净利润;借方余额为当期发生的净亏损。年度终了,应将本年收入和支出相抵后结出的本年实现的净利润,转入"利润分配"科目,借记本科目,贷记"利润分配——未分配利润"科目;如为净亏损做相反的会计分录。结转后本科目应无余额。

11.3.4.2 本年利润的结转

[例11-27]甲公司为一般纳税企业。该公司2008年度损益类账户的累计发生额如下:

表11-6　　　　　　　　　　　累计发生额

2008年度　　　　　　　　　　　　　　　　　　　单位:元

科　目	借方发生额	贷方发生额
主营业务收入		1 800 000
其他业务收入		750 000
营业外收入		50 000
投资净收益		20 000
主营业务成本	1 000 000	
营业税金及附加	35 000	
其他业务成本	500 000	
销售费用	70 000	
管理费用	52 000	
财务费用	33 000	
资产减值损失	60 000	
营业外支出	80 000	
所得税费用	178 000	

要求:根据以上资料,编制与本年利润有关的会计分录。

(1)结转损益类科目:

借:主营业务收入　　　　　　　　1 800 000
　　其他业务收入　　　　　　　　　750 000
　　营业外收入　　　　　　　　　　　50 000
　　投资净收益　　　　　　　　　　　20 000
　　贷:本年利润　　　　　　　　　　　　2 620 000
借:本年利润　　　　　　　　　　2 008 000
　　贷:主营业务成本　　　　　　　　　1 000 000
　　　　营业税金及附加　　　　　　　　　35 000
　　　　其他业务成本　　　　　　　　　500 000
　　　　销售费用　　　　　　　　　　　70 000
　　　　管理费用　　　　　　　　　　　52 000
　　　　财务费用　　　　　　　　　　　33 000

资产减值损失	60 000
营业外支出	80 000
所得税费用	178 000

（2）结转本年净利润：

借：本年利润　　　　　　　　　　　　　612 000
　　贷：利润分配——未分配利润　　　　　　　612 000

11.3.5 利润分配

11.3.5.1 利润分配的程序

利润分配是企业根据国家有关规定及投资者的决议，对企业实现的净利润所进行的分配。企业实现的净利润在弥补以前年度亏损后，应按以下程序进行分配：

1. 提取法定盈余公积，企业应按照净利润的10%提取法定盈余公积，若法定盈余公积累计金额超过注册资本的50%可以不再提取。
2. 提取任意盈余公积。
3. 向投资者分配利润。

11.3.5.2 利润分配的会计处理

1. "利润分配"科目

"利润分配"科目核算企业利润的分配（或亏损的弥补）和历年分配（或亏损弥补）后的余额。本科目应当分别"提取法定盈余公积"、"提取任意盈余公积"、"应付现金股利或利润"、"转作股本的股利"、"盈余公积补亏"和"未分配利润"等进行明细核算。年度终了，企业应将本年实现的净利润，自"本年利润"科目转入本科目，借记"本年利润"科目，贷记本科目（未分配利润），为净亏损的做相反的会计分录；同时，将"利润分配"科目所属其他明细科目的余额转入本科目"未分配利润"明细科目。结转后，本科目除"未分配利润"明细科目外，其他明细科目应无余额。本科目年末余额，反映企业的未分配利润（或未弥补亏损）。

2. 利润分配的主要账务处理。

（1）按规定提取的盈余公积，借记本科目（提取法定盈余公积、提取任意盈余公积），贷记"盈余公积——法定盈余公积、任意盈余公积"科目。

（2）经股东大会或类似机构决议，分配给股东或投资者的现金股利或利润，借记本科目（应付现金股利或利润），贷记"应付利润"科目。

经股东大会或类似机构决议，分配给股东的股票股利，应在办理增资手续后，借记本科目（转作股本的股利），贷记"股本"科目。

用盈余公积弥补亏损，借记"盈余公积——法定盈余公积或任意盈余公积"科目，贷记本科目（其他转入）。

[例11-28]承[例11-27],该公司2008年末利润分配情况如下:提取法定盈余公积61 200元,向投资者分配利润200 000元。编制相关会计分录。

借:利润分配——提取法定盈余公积　　　　61 200
　　　　——应付利润　　　　　　　　　　200 000
　　贷:盈余公积——法定盈余公积　　　　　　61 200
　　　　应付利润　　　　　　　　　　　　200 000
借:利润分配——未分配利润　　　　　　　261 200
　　贷:利润分配——提取法定盈余公积　　　　61 200
　　　　　　　——应付利润　　　　　　　　200 000

思考与练习:

1. 思考题:

(1) 收入有哪些特点?是如何分类的?

(2) 确认收入的条件有哪些?

(3) 代销商品的形式有哪两种?这两种形式在会计核算上有何区别?

(4) 企业在不同的销售方式和银行转账结算方式下,如何确定商品销售的入账时间?

(5) 费用的特征及分类?

(6) 期间费用有哪几种?内容是什么?

(7) 暂时性差异的种类。

(8) 所得税费用如何计算?

2. 练习题:习题一

(1) 目的:练习代销商品的核算。

(2) 资料:A公司按照合同委托B企业销售丙商品一批,协议价为75 000元,售价为100 000元,该批商品的总成本为50 000元。

(3) 要求:按视同买断方式分别委托方和受托方进行相关的账务处理。

习题二

(1) 目的:练习分期收款销售商品的核算。

(2) 资料:A公司按照合同向G企业发出丁商品一批,总价款为160 000元,增值税额为27 200元,采用分期收款销售方式,合同约定货款分三期支付,首期货款在发出商品时付40%,以后两期各付30%。该批商品的总成本为125 000元。

(3) 要求:①发出商品时的会计分录;
　　　　②收到首期付款时的会计分录;
　　　　③收到第二期付款时的会计分录。

习题三

(1)目的:练习费用业务的核算。

(2)资料:某企业5月份发生以下有关费用的业务:

①以银行存款支付办公费2 500元。

②以银行存款支付印花税500元。

③计提厂部固定资产折旧费3 000元。

④支付银行承兑汇票手续费200元。

⑤财务部章某报销差旅费1 500元。

⑥月末,结转本月发生的管理费用、财务费用。

(3)要求:根据上述经济业务编制有关会计分录。

习题四

(1)目的:练习差异额的计算和核算。

(2)资料:某企业12月31日资产负债表中部分项目情况如下:

单位:万元

项　　目	账面价值	计税基础
交易性金融资产	220	180
存　货	2 000	2 250
预计负债	120	0

假定该企业适用的所得税税率为25%,当年按税法规定确定的应纳税所得额为1 500万元。

(3)要求:计算差异额并编制相应的会计分录。

3.案例讨论:

小刘的虚假差旅费报销单

——上海卓美企业管理咨询有限公司咨询侧记

透过办公室的玻璃窗能够很清楚地看见销售部经理老李今天很不自在!

销售工程师小刘的差旅费报销单厚厚的一叠就放在办公桌上,该不该签字?老李实在不想签!这不是第一次了,这个小刘业务能力一般,但是每次出差的费用都偏高。就拿桌面上的单据来说吧,仅温州两个晚上请客户吃饭就花了2 200多元,而且发票很明显属于虚开的,小刘说两个晚上请两家客户吃饭都在同一个饭店,所以饭店老板就一起开了票!作为资深销售员,这种事情老李很明白,即使客户请小刘吃饭或者根本就没有吃饭,发票小刘自己也能开出。老李深深吸了一口烟,觉得很为难,如果彻查的话小刘肯定在公司是呆不住了;小刘平时做工作还是比较卖力的,又是公司内公认的自己的嫡系人马,和自己感情也不错,销售部十几个人中间小刘的业务水平也不是最差!但是小刘就这个毛病,只要出差就会发生虚报费用的事情! 由于目前公司销售业绩很好,虽然在销售费用上公司也不是卡得很紧,但是作为主管销售的经理,老李明白自己必须要想办法解决这个问题。

老李是公司外聘的,在公司也没有股份,但是作为公司销售的领导,必须要处处首先为公司考虑,在搞好公司销售工作的同时也必须为公司打造一支能征善战的队伍,没有好的制度管理,使得销售人员个个变成贪图小利、自私自利的堕落分子,长此以往,不但是公司的销售工作做不好,领导没有权威,更重要的是在公司内形成一种贪污腐化的风气,在客户当中给公司形象带来不好的影响。再说了,作为一个职业经理人,老板怎么评价自己的工作?

作为公司的外聘咨询顾问,上海卓美企业管理咨询有限公司的专家为老李解决了这个问题。首先分析了为何会产生这种情况?是公司销售管理制度有缺陷,还是员工不执行公司的制度规章?或者说员工不是很清楚公司的规定?

首先要考察公司的出差管理制度是不是制定的不够合理。看了销售管理制度里面的业务费用使用规定后,卓美咨询公司的专家明白了:对于出差的住宿、交通、误餐费用规定的还是比较详细的,但是对于销售人员出差中间的请客送礼等活动的费用没有规定!该公司一般的做法是只要能够拿回来销售单子,对于请客户吃饭还是放的比较松。因此,平时的工作当中,销售人员对待招待费用的使用很随意,往往是先支出后报销,并且没有事后的文字说明,只是在报销前给老李汇报一下这次请什么人了,给什么人送了什么东西,结果是作为公司销售负责人的老李仅仅是形式上签个字而已!

针对这种情况,上海卓美咨询公司的专家为老李提出了先制定制度,再来约束人的解决办法。先在制度上约束销售人员活动的办法,主要是对于以前的事后汇报改为事前的书面申请,在书面申请中必须说明支出的主要目的,客户的成熟度,交易情况等等,考虑到每次招待的客户大小、重要性、人员的不同,依据具体情况来衡量每次的招待费用数额,既不能让客户觉得我方公司小气、影响客户关系的维护,又要避免销售人员的胡乱开支!因此通过事前的一些少量的工作计划,完全能够解决这个问题!刚开始老李有点担心:经过前期的沟通交流,销售人员里面也有很反感这种规章的人,一方面,每次出差时请客送礼的随机性比较大,不能做到事事能够计划好,另一方面销售人员对老李也会产生抱怨:销售人员认为招待客户总是为了公司好,花的钱是公司的,得利的也是公司,因此在这个方面没有必要约束。还有有些人觉得老李讨厌,反正不是你的钱,干吗你要这样斤斤计较,这不是给我的工作制造困难嘛!

上海卓美企业管理咨询有限公司的专家坚持提议老李先不要考虑这些方面,先实行再修正制度。在经过公司总经理同意且非常支持的情况下,新的销售招待费用管理办法细则出台实行,约4个月后,老李的销售队伍发生了一些变化:有一个区域经理离开了公司。

第11章 收入、费用和利润

讨论问题：

（1）在现实中，你认为差旅费报销须符合什么原则？案例中销售人员的"认为招待客户总是为了公司好，花的钱是公司的，得利的也是公司，因此在这个方面没必要约束"这个观点对不对，为什么？

（2）你若作为公司的财务主管应如何管理？

参考阅读材料：

葛家澍、耿金岭主编.《企业财务会计》.高等教育出版社.

谢明香、刘铮主编.《中级财务会计》.经济管理出版社.

企业会计准则编审委员会编.《企业会计准则第18号——所得税》.立信出版社

企业会计准则编审委员会编.《企业会计准则第18号——所得税》应用指南.立信出版社

中国注册会计师协会编.2007年度注册会计师全国统一考试辅导教材《会计》.

中华会计网校编.《新企业会计准则及相关制度精读精讲》.东方出版社

第12章 财务会计报告

本章主要内容
- 财务会计报告概述
- 资产负债表
- 利润表
- 现金流量表
- 所有者权益变动表
- 财务报表附注

12.1 财务会计报告概述

12.1.1 财务会计报告的概念及组成

财务会计报告是指企业对外提供的反映企业某一特定日期的财务状况和某一会计期间的经营成果、现金流量等会计信息的文件。

财务会计报告包括会计报表及其附注和其他应当在财务会计报告中披露的相关信息和资料。

财务报表是对企业财务状况、经营成果和现金流量的结构性表述。财务报表至少应当包括下列组成部分:

1. 资产负债表;
2. 利润表;
3. 现金流量表;
4. 所有者权益(或股东权益,下同)变动表;
5. 附注。

12.1.2 财务报表的种类

1. 按照财务报表编制的时间划分,分为中期财务报表和年度财务报表。中期财务报表是以短于一个完整会计年度的报告期间为基础编制的财务报表,包括月报、季报和半年报等。年度财务报表是指年度终了对外提供的财务会计报告。

2. 按照财务报表编报主体的不同,分为个别财务报表和合并财务报表。个别财务报表是企业在自身会计核算基础上对账簿记录进行加工而编制的财务报表,它主要用以反映企业自身的财务状况、经营成果和现金流量,其会计主体是企业自身。合并财务报表,是指反映母公司和其全部子公司形成的企业集团整体财务状况、经营成果和现金流量的财务报表,其会计主体是母公司和全体子公司形成的企业集团,由母公司编制。

12.1.3 财务报表列报的基本要求

1. 列报基础

企业应当以持续经营为基础,根据实际发生的交易和事项,按照《企业会计准则——基本准则》和其他各项会计准则的规定进行确认和计量,在此基础上编制财务报表。

企业不应以附注披露代替确认和计量。

以持续经营为基础编制财务报表不再合理的,企业应当采用其他基础编制财务报表,并在附注中披露这一事实。

2. 列报的一致性

财务报表项目的列报应当在各个会计期间保持一致,不得随意变更,但下列情况除外:

（1）会计准则要求改变财务报表项目的列报。

（2）企业经营业务的性质发生重大变化后,变更财务报表项目的列报能够提供更可靠、更相关的会计信息。

3. 重要性和列报

若财务报表某项目的省略或错报会影响使用者据此作出决策的经济,则该项目具有重要性。重要性应当根据企业所处环境,从项目的性质和金额大小两方面予以判断。

性质或功能不同的项目,应当在财务报表中单独列报,但不具有重要性的项目除外。

性质或功能类似的项目,其所属类别具有重要性的,应当按其类别在财务报表中单独列报。

根据《企业会计准则第 30 号——财务报表列报》的规定在财务报表中单独列报的项目,应当单独列报。其他会计准则规定单独列报的项目,应当增加单独列报项目。

4. 财务报表项目金额的抵销

财务报表中的资产项目和负债项目的金额、收入项目和费用项目的金额不得相互抵销,但其他会计准则另有规定的除外。

资产项目按扣除减值准备后的净额列示,不属于抵销。

非日常活动产生的损益,以收入扣减费用后的净额列示,不属于抵销。

5.列报比较数据

当期财务报表的列报,至少应当提供所有列报项目上可比会计期间的比较数据,以及与理解当期财务报表相关的说明,但其他会计准则另有规定的除外。

财务报表项目的列报发生变更的,应当对上期比较数据按照当期的列报要求进行调整,并在附注中披露调整的原因和性质,以及调整的各项目金额。对上期比较数据进行调整不切实可行的,应当在附注中披露不能调整的原因。

不切实可行,是指企业在作出所有合理努力后仍然无法采用某项规定。

6.基本信息列报

企业应当在财务报表的显著位置至少披露下列各项:

(1)编报企业的名称。

(2)资产负债表日或财务报表涵盖的会计期间。

(3)人民币金额单位。

(4)财务报表是合并财务报表的,应当予以标明。

7.报告期间企业至少应当按年编制财务报表。年度财务报表涵盖的期间短于一年的,应当披露年度财务报表的涵盖期间,以及短于一年的原因。对外提供中期财务报告的,还应遵循《企业会计准则第32号——中期财务报告》的规定。

12.2 资产负债表

12.2.1 资产负债表的含义

资产负债表是指反映企业在某一特定日期的财务状况的会计报表。通过资产负债表,可以提供某一日期资产的总额及其结构,表明企业拥有或控制的经济资源及其分布情况;通过资产负债表,可以反映某一日期的负债总额及其结构,表明企业未来需要用多少资产或劳务清偿债务;通过资产负债表,可以反映所有者权益的情况,表明投资者在企业资产中所占的份额,了解所有者权益的构成情况;资产负债表还能够提供进行财务分析的基本资料,如通过资产负债表可以计算流动比率、速动比率等,以了解企业的短期偿债能力。

12.2.2 资产负债表的结构

资产负债表通常包括表头、表身和表尾。表头主要包括资产负债表的名称、编制单位、编制日期和金额单位;表身包括各项资产,负债和所有者权益各项目的年初数和期末数,这也是资产负债表的主要部分;表尾主要包括附注资料等。

在我国,资产负债表按账户式反映,即资产负债表分为左方和右方,左方列示资产各项目,右方列示负债和所有者权益各项目,资产各项目的合计等于负债和所有者权益各项目的合计。通过账户式资产负债表,反映资产、负债和所有者权益之间的内在关系,并达到资产负债表左方和右方的平衡。资产负债表是以"资产＝负债＋所有者权益"的会计平衡式为理论依据。

同时,资产负债表还能提供年初数和期末数的比较资料。

资产负债表的格式见表12－2。

12.2.3 资产负债表编报的总体要求:

1. 资产和负债应当分别流动资产和非流动资产、流动负债和非流动负债列示。金融企业的各项资产或负债,按照流动性列示能够提供可靠相关信息的,可以按照其流动性顺序列示。资产负债表应当列示资产总计项目,负债和所有者权益总计项目。

2. 资产负债表中的资产类至少应当包括流动资产和非流动资产的合计项目。

3. 资产满足下列条件之一的,应当归类为流动资产:

（1）预计在一个正常营业周期中变现、出售或耗用;

（2）主要为交易目的而持有;

（3）预计在资产负债表日起一年内(含一年,下同)变现;

（4）自资产负债表日起一年内,交换其他资产或清偿负债的能力不受限制的现金或现金等价物;

流动资产以外的资产应当归类为非流动资产,并应按其性质分类列示。

4. 资产负债表中的资产类至少应当单独列示反映下列信息的项目:

（1）货币资金;

（2）应收及预付款项;

（3）交易性投资;

（4）存货;

（5）持有至到期投资;

（6）长期股权投资;

（7）投资性房地产;

（8）固定资产;

（9）生物资产;

（10）递延所得税资产;

（11）无形资产。

5. 负债满足下列条件之一的,应当归类为流动负债:

(1)预计在一个正常营业周期中清偿;

(2)主要为交易目的而持有;

(3)自资产负债表日起一年内到期应予以清偿;

(4)企业无权自主地将清偿推迟至资产负债表日后一年以上;

流动负债以外的负债应当归类为非流动负债,并应按其性质分类列示。

6. 对于在资产负债表日起一年内到期的负债,企业预计能够自主地将清偿义务展期至资产负债表日后一年以上的,应当归类为非流动负债;不能自主地将清偿义务展期的,即使在资产负债表日后、财务报告批准报出日前签订了重新安排清偿计划协议,该项负债仍应归类为流动负债。

企业在资产负债表日或之前违反了长期借款协议,导致贷款人可随时要求清偿的负债,应当归类为流动负债。

贷款人在资产负债表日或之前同意提供在资产负债表日后一年以上的宽限期,企业能够在此期限内改正违约行为,且贷款人不能要求随时清偿,该项负债应当归类为非流动负债。

其他长期负债存在类似情况的,比照上述规定处理。

7. 资产负债表中的负债类至少应当单独列示反映下列信息的项目:

(1)短期借款;

(2)应付及预收款项;

(3)应交税费;

(4)应付职工薪酬;

(5)预计负债;

(6)长期借款;

(7)长期应付款;

(8)应付债券;

(9)递延所得税负债。

资产负债表中的负债类至少应当包括流动负债、非流动负债等负债的合计项目。

9. 资产负债表中的所有者权益类至少应当单独列示反映下列信息的项目:

(1)实收资本(或股本);

(2)资本公积;

(3)盈余公积;

(4)未分配利润。

在合并资产负债表中,应当在所有者权益类单独列示少数股东权益。

资产负债表中的所有者权益类应当包括所有者权益的合计项目。

12.2.4 资产负债表的编制说明

1. 当期"年初余额"栏各项目数据:根据上期资产负债表"期末余额"填列,如果本年度资产负债表规定的各项目名称和内容同上一年度不相一致时,应当把前期数按照本年度的规定进行调整,填入表中"年初余额"栏目内。

2."期末余额"栏各项目数据:根据资产、负债、所有者权益期末情况填列。

资产负债表中各项目的期末数,分别采用以下方法进行填列:

(1)根据总账余额直接填列:"交易性金融资产"、"应收票据"、"应收股利"、"应收利息"、"其他应收款"、"工程物资"、"累计折旧"、"固定资产清理"、"短期借款"、"应付票据"、"应付职工薪酬"、"应付股利"、"其他应付款"、"预计负债"、"实收资本(股本)"、"资本公积"、"盈余公积"等,这些报表项目与总账科目的名称与涵盖面基本一致,所以编制报表时只要将有关总账科目的余额直接填入报表项目即可(如其余额与正常余额相反,则以"-"号填列)。

(2)根据若干总账余额加减后填列:"货币资金"项目应按"现金"、"银行存款"、"其他货币资金"科目余额合计数填列。

(3)根据有关明细科目的余额计算填列:如:"应付账款"、"预收账款"、"预付账款"等项目。以"预付账款"为例,该项目应根据"预付账款"和"应付账款"科目所属各明细科目的期末借方余额合计数填列。如"预付账款"科目所属明细科目期末有贷方余额的,应在本表"应付账款"项目内填列。如"应付账款"科目所属明细科目期末有借方余额的,应在本表"预付账款"项目内填列。

[例12-1]甲公司2008年末应付账款和预付账款账户的余额为:

应付账款——A公司,贷方余额10万元,应付账款——B公司,借方余额3万元;

预付账款——C公司,借方余额6万元,预付账款——D公司,贷方余额4万元。

则:应付账款项目=10+4=14(万元)(根据"应付账款"和"预付账款"科目所属各明细科目的期末贷方余额合计数填列)

预付账款项目=3+6=9(万元)

(4)根据总分类账户或明细分类账户的期末余额分析计算填列:"一年内到期的非流动负债"项目,应根据"长期借款"、"应付债券"、"长期应付款"科目中将于1年内到期的明细科目期末贷方余额的合计数填列。而"长期借款"项目,需要根据"长期借款"总账科目余额扣除"长期借款"科目所属明细科目中将在一年内到期、且企业不能自主地将清偿义务展期的长期借款后的金额计算填列。

(5)按总账科目余额减去备抵科目余额后的净额填列:"其他应收款"、"长期股权投资"等项目,应分别按照该科目的余额,减去"坏账准备"、"长期股权投资减值准备"科目有关其他应收款的坏账准备或股权投资的减值准备余额后的净额填列。"固定资产"项目应按"固定资产"科目余额减去"累计折旧"、"固定资产减值准备"科目余额后的净额填列。

(6)综合运用上述方法分析填列:如"存货"项目和"应收账款"项目。

存货项目应根据"原材料"、"材料采购"、"材料成本差异"、"周转材料"、"委托加工物资"、"在途物资"、"生产成本"、"库存商品"、"发出商品"、"分期收款发出商品"、"委托代销商品"、"受托代销商品"、"代销商品款"等科目计算出存货的账面余额后,减去"存货跌价准备"后的净额来填列。

[例12-2]新华公司2008年末有关科目期末余额如下:"原材料"账户借方10万元,"材料成本差异"账户借方0.3万元,"周转材料"账户2万元,"存货跌价准备"账户贷方0.5万元。无其他存货。则存货项目的金额为:

$10+0.3+2-0.5=11.8$ 万元

"应收账款"项目应根据"应收账款"和"预收账款"科目所属各明细科目的期末借方余额合计,减去"坏账准备"科目中有关"应收账款"计提的坏账准备期末余额后的金额填列。如"应收账款"科目所属明细科目期末有贷方余额的,应在本表"预收账款"项目内填列。如"预收账款"科目所属明细科目期末有借方余额的,应在本表"应收账款"项目内填列。

[例12-3]2008年末,甲公司有关账户余额如下:

应收账款——E公司,借方余额5万元,——F公司,贷方余额2万元;

预收账款——P公司,借方余额2万元,——Q公司,贷方余额4万元;

"坏账准备"账户中应收账款计提的坏账准备为0.5万元。则

应收账款项目金额 $=5+2-0.5=6.5$(万元)

预收账款项目金额 $=2+4=6$(万元)

12.2.3 资产负债表编制举例:

[例12-4]润康公司2008年12月31日总分类账户的余额如下:

表12-1　　　　　　　　　　科目余额表　　　　　　　　　　单位:元

资产类		负债、所有者权益类	
会计科目	金额	会计科目	金额
库存现金	460	短期借款	50 000
银行存款	400 000	应付票据	35 000
其它货币资金	8 000	应付账款	380 000
交易性金融资产	15 000	其它应付款	20 000
应收票据	5 540	应付职工薪酬	115 000
应收账款	200 000	应交税费	208 000
坏账准备	-600	应付利息	11 000

续表

资产类		负债、所有者权益类	
会计科目	金额	会计科目	金额
原材料	504 600	应付股利	126 000
周转材料	13 600	长期借款	350 000
库存商品	1 189 000	应付债券	22 900
材料成本差异	-1 500	实收资本（股本）	3 160 000
生产成本	39 500	资本公积	65 000
其他流动资产	80 000	盈余公积	28 000
长期股权投资	200 000	未分配利润	136 700
固定资产	2 080 000		
累计折旧	-200 000		
固定资产减值准备	-30 000		
在建工程	54 000		
工程物资	130 000		
无形资产	11 000		
递延所得税资产	9 000		
合计	4 707 600	合计	4 707 600

根据上述资料，编制润康公司 2008 年 12 月 31 日的资产负债表。

表 12-2　　　　　　　　　　资产负债表

编制单位：润康公司　　　　　2008 年 12 月 31 日　　　　　　　　　　单位：元

资产	行次	期末余额	年初余额	负债和所有者权益（或股东权益）	行次	期末余额	年初余额
流动资产：	1		略	流动负债：	36		略
货币资金	2	408 460		短期借款	37	50 000	
交易性金融资产	3	15 000		交易性金融负债	38	0	
应收票据	4	5 540		应付票据	39	35 000	
应收账款	5	199 400		应付账款	40	380 000	
预付账款	6	0		预收账款	41	0	
应收股利	7	0		应付职工薪酬	42	115 000	
应收利息	8	0		应交税费	43	208 000	
其他应收款	9	0		应付利息	44	11 000	
存货	10	1 745 200		应付股利	45	126 000	

续表

资　产	行次	期末余额	年初余额	负债和所有者权益（或股东权益）	行次	期末余额	年初余额
其中:消耗性生物资产	11	略		其他应付款	46	20 000	
一年内到期的非流动资产	13	0		预计负债	48	0	
其他流动资产	14	80 000		一年内到期的非流动负债	49	0	
流动资产合计	15	2 453 600		其他流动负债	50	0	
非流动资产：	16			流动负债合计	51	945 000	
可供出售金融资产	17	0		非流动负债：	52		
持有至到期投资	18	0		长期借款	53	350 000	
投资性房地产	19	0		应付债券	54	22 900	
长期股权投资	20	200 000		长期应付款	55	0	
长期应收款	21	0		专项应付款	56	0	
固定资产	22	1 850 000		递延所得税负债	57	0	
在建工程	23	54 000		其他非流动负债	58	0	
工程物资	24	130 000		非流动负债合计	59	372 900	
固定资产清理	25	0		负债合计	60	1 317 900	
生产性生物资产	26	0		所有者权益（或股东权益）：	61		
油气资产	27	0		实收资本（股本）	62	3 160 000	
无形资产	28	11 000		资本公积	63	65 000	
开发支出	29	0		盈余公积	64	28 000	
商誉	30	0		未分配利润	65	136 700	
长摊待摊费用	31	0		减：库存股	66	略	
递延所得税资产	32	9 000		所有者权益（或股东权益）合计	67	3 389 700	
其他非流动资产	33	0			68		
非流动资产合计	34	2 254 000			69		
资产总计	35	4 707 600		负债和所有者（或股东）权益合计	70	4 707 600	

12.3 利润表

12.3.1 利润表的含义

利润表是指反映企业在一定会计期间的经营成果的会计报表。利润表把一定期间的营业收入与其同一会计期间相关的营业费用进行配比,以计算出企业一定时期的净利润(或净亏损),其理论依据为"收入-费用=利润"。通过利润表能够反映企业的收入、费用等情况,反映企业生产经营的收益和成本耗费情况,表明企业生产经营的成果;通过利润表,可以分析企业利润的构成,评定企业的获利能力和竞争能力;通过利润表提供的不同时期的比较数字,还可以分析企业的发展趋势。

12.3.2 利润表的结构

利润表的结构有多步式和单步式两种,在我国目前基本上以多步式利润表为主。多步式利润表的结构主要反映以下几个部分的内容:

1. 营业收入,主要包括主营业务收入和其他业务收入。
2. 营业利润,等于营业收入减去营业成本、营业税金及附加、销售费用、管理费用、财务费用、资产减值损失,加上公允价值变动损益(减去损失)、投资收益(减去损失)。
3. 利润总额,等于营业利润加营业外收入,减营业外支出。
4. 净利润(或亏损),等于利润总额减去所得税费用。
5. 每股收益,包括基本每股收益和稀释每股收益。

(1)基本每股收益:应当按照归属于普通股股东的当期净利润,除以发行在外普通股的加权平均数计算。

例如:某公司2008年初发行在外普通股股数为2 000万股,5月31日新发行1 200万股,11月1日回购普通股900万股。2008年该公司实现净利润为1 100万元。计算该公司2008年基本每股收益。

发行在外普通股加权平均数 = $2\,000 \times 12/12 + 1\,200 \times 7/12 - 900 \times 2/12 = 2\,550$(万股)

基本每股收益 = $1\,100/2\,550 = 0.43$(元/股)

(2)稀释每股收益:是假设企业所有发行在外的稀释性潜在普通股均已转换为普通股,则应当分别调整归属于普通股股东的当期净利润和发行在外普通股的加权平均数,并据以计算稀释每股收益。潜在普通股,是指赋予其持有者在报告期或以后期间享有取得普通股权利的一种金融工具或其他合同,包括可转换公司债券、认股权证、股份期权等。

12.3.3 利润表编报的总体要求

1. 费用应当按照功能分类,分为从事经营业务发生的成本、管理费用、销售费用和财务费用等。

2. 利润表至少应当单独列示反映下列信息的项目:

(1)营业收入;

(2)营业成本;

(3)营业税金及附加;

(4)管理费用;

(5)销售费用;

(6)财务费用;

(7)投资收益;

(8)公允价值变动损益;

(9)资产减值损失;

(10)非流动资产处置损益;

(11)所得税费用;

(12)净利润。

金融企业可以根据其特殊性列示利润表项目。

3. 在合并利润表中,企业应当在净利润项目之下单独列示归属于母公司的损益和归属于少数股东的损益。

12.3.4 利润表的编制说明

1. "上期金额"栏的填列方法:根据上期利润表"本期金额"栏填列,如果上年度利润表与本年度利润表的项目名称和内容不相一致,应对上年度利润表项目的名称和数字按本年度的规定进行调整,填入本表"上年金额"栏。

2. "本期金额"栏的填列方法:编制依据主要是各损益类会计科目的本期发生额。

12.3.5 利润表编制举例

[例12-5]润康公司为一般纳税企业,该公司采用资产负债表债务法进行所得税会计处理,所得税率25%。该公司2008年度损益类账户的累计发生额如下:

表12-3　　　　　　　　　　　累计发生额
2008年度　　　　　　　　　　　　　　　　单位:元

科　　目	借方发生额	贷方发生额
主营业务收入		2 000 000
其他业务收入		900 000
营业外收入		70 000
投资净收益		20 000
主营业务成本	1 200 000	
营业税金及附加	40 000	
其他业务支出	550 000	
销售费用	72 000	
管理费用	163 000	
财务费用	24 000	
资产减值损失	80 000	
营业外支出	90 000	
所得税费用	200 000	

要求:根据以上资料,编制润康公司2008年度的利润表。

表12-4　　　　　　　　　　　利润表
编制单位:润康公司　　　　　　2008年　　　　　　　　　单位:元

项目	行次	本期金额	上期金额
一、营业收入		2 900 000	略
减:营业成本		1 750 000	
营业税金及附加		40 000	
销售费用		72 000	
管理费用		163 000	
财务费用(收益以"－"号填列)		24 000	
资产减值损失		80 000	
加:公允价值变动净收益(净损失以"－"号填列)		0	
投资净收益(净损失以"－"号填列)		20 000	
二、营业利润(亏损以"－"号填列)		791 000	
加:营业外收入		70 000	
减:营业外支出		90 000	

项目	行次	本期金额	上期金额
其中:非流动资产处置净损失(净收益以"-"号填列)		略	
三、利润总额(亏损总额以"-"号填列)		771 000	
减:所得税		200 000	
四、净利润(净亏损以"-"号填列)		571 000	
五、每股收益:		略	
(一)基本每股收益		×	
(二)稀释每股收益		×	

12.4 现金流量表

12.4.1 现金流量表的含义

现金流量表,是指反映企业在一定会计期间现金和现金等价物流入和流出的报表。编制现金流量表有助于评价企业的支付能力、偿债能力和周转能力;有助于预测企业未来的现金流量;有助于分析企业收益的质量和影响净流量的因素;有助于对企业的整体财务状况作出客观评价。

12.4.2 现金流量表编制的基本要求

1. 现金流量表应当分别经营活动、投资活动和筹资活动列报现金流量。
2. 现金流量应当分别按照现金流入和现金流出总额列报。
但是,下列各项可以按照净额列报:
(1)代客户收取或支付的现金。
(2)周转快、金额大、期限短项目的现金流入和现金流出。

（3）金融企业的有关项目，包括短期贷款发放与收回的贷款本金、活期存款的吸收与支付、同业存款和存放同业款项的存取、向其他金融企业拆借资金、以及证券的买入与卖出等。

3. 自然灾害损失、保险索赔等特殊项目，应当根据其性质，分别归并到经营活动、投资活动和筹资活动现金流量类别中单独列报。

4. 外币现金流量以及境外子公司的现金流量，应当采用现金流量发生日的即期汇率或按照系统合理的方法确定的、与现金流量发生日即期汇率近似的汇率折算。汇率变动对现金的影响额应当作为调节项目，在现金流量表中单独列报。

12.4.3 现金流量表编制的基础

现金流量表以现金、现金等价物为基础编制。

现金，是指企业库存现金以及可以随时用于支付的存款。包括库存现金、银行存款和其他货币资金（如外埠存款、银行汇票存款、银行本票存款等）等。不能随时用于支付的存款不属于现金。

现金等价物，是指企业持有的期限短、流动性强、易于转换为已知金额现金、价值变动风险很小的投资。期限短，一般是指从购买日起三个月内到期。现金等价物通常包括三个月内到期的债券投资等。权益性投资变现的金额通常不确定，因而不属于现金等价物。企业应当根据具体情况，确定现金等价物的范围，一经确定不得随意变更。

现金流量，是指现金和现金等价物的流入和流出。企业从银行提取现金、用现金购买短期到期的国库券等现金和现金等价物之间的转换不属于现金流量。

12.4.4 现金流量包括的内容

1. 经营活动产生的现金流量

经营活动是指企业投资活动和筹资活动以外的所有交易和事项。不同类型的企业其经营活动的内容不同。就工商企业来说，经营活动主要包括：销售商品、提供劳务、购买商品、接受劳务、广告宣传、交纳税金等。

2. 投资活动产生的现金流量

投资活动是指企业长期资产的购建和不包括在现金等价物范围内的投资及其处置活动，这里所指的长期资产是指固定资产、在建工程、无形资产、其他资产等持有期限在一年或一个营业周期以上的资产。投资活动主要包括：取得和收回投资、购建和处置固定资产，无形资产和其他长期资产等。

3. 筹资活动产生的现金流量

筹资活动是指导致企业资本及债务规模和构成发生变化的活动。这里所说的资本，包括实收资本、资本溢价，与资本有关的现金流量，包括吸收投资、发行股票、分配利润等。这里的"债务"是指企业对外举债所借入的款项,如发行债务,向金融企业借入款项及偿还债务等。但不包括经营性债务,如:应付账款、应付票据、应付工资等。

12.4.5 一般企业现金流量表格式

我国企业现金流量表采用报告式结构,分类反映经营活动产生的现金流量、投资活动产生的现金流量和筹资活动产生的现金流量,最后汇总反映企业某一期间现金及现金等价物的净增加额。我国企业现金流量表的格式如下表所示。

表12-5　　　　　　　　　　　现金流量表

会企03表

编制单位：　　　　　　　　　　　年　　月　　　　　　　　　　　单位:元

项目	本期金额	上期金额
一、经营活动产生的现金流量：		
销售商品、提供劳务收到的现金		
收到的税费返还		
收到其他与经营活动有关的现金		
经营活动现金流入小计		
购买商品、接受劳务支付的现金		
支付给职工以及为职工支付的现金		
支付的各项税费		
支付其他与经营活动有关的现金		
经营活动现金流出小计		
经营活动产生的现金流量净额		
二、投资活动产生的现金流量：		
收回投资收到的现金		
取得投资收益收到的现金		
处置固定资产、无形资产和其他长期资产收回的现金净额		
处置子公司及其他营业单位收到的现金净额		
收到其他与投资活动有关的现金		
投资活动现金流入小计		
购建固定资产、无形资产和其他长期资产支付的现金		
投资支付的现金		
取得子公司及其他营业单位支付的现金净额		
支付其他与投资活动有关的现金		
投资活动现金流出小计		

续表

项目	本期金额	上期金额
投资活动产生的现金流量净额		
三、筹资活动产生的现金流量：		
吸收投资收到的现金		
取得借款收到的现金		
收到其他与筹资活动有关的现金		
筹资活动现金流入小计		
偿还债务支付的现金		
分配股利、利润或偿付利息支付的现金		
支付其他与筹资活动有关的现金		
筹资活动现金流出小计		
筹资活动产生的现金流量净额		
四、汇率变动对现金及现金等价物的影响		
五、现金及现金等价物净增加额		
加：期初现金及现金等价物余额		
六、期末现金及现金等价物余额		

12.4.6 现金流量表主要项目的填列

12.4.6.1 经营活动产生的现金流量

12.4.6.1.1 经营活动产生的现金流量编制基本要求

1. 企业应当采用直接法列示经营活动产生的现金流量。经营活动，是指企业投资活动和筹资活动以外的所有交易和事项。直接法，是指通过现金收入和现金支出的主要类别列示经营活动的现金流量。采用直接法编制经营活动的现金流量时，一般以利润表中的营业收入为起算点，调整与经营活动有关的项目的增减变动，然后计算出经营活动的现金流量。采用直接法具体编制现金流量表时，可以采用工作底稿法或T型账户法，也可以根据有关科目记录分析填列。

2. 有关经营活动现金流量的信息，可以通过下列途径之一取得：

(1) 企业的会计记录。

(2) 根据下列项目对利润表中的营业收入、营业成本以及其他项目进行调整：

①当期存货及经营性应收和应付项目的变动；

②固定资产折旧、无形资产摊销、计提资产减值准备等其他非现金项目；

③属于投资活动或筹资活动现金流量的其他非现金项目。

3.经营活动产生的现金流量至少应当单独列示反映下列信息的项目：

（1）销售商品、提供劳务收到的现金；

（2）收到的税费返还；

（3）收到其他与经营活动有关的现金；

（4）购买商品、接受劳务支付的现金；

（5）支付给职工以及为职工支付的现金；

（6）支付的各项税费；

（7）支付其他与经营活动有关的现金。

4.金融企业可以根据行业特点和现金流量实际情况，合理确定经营活动现金流量项目的类别。

12.4.6.1.2 主要项目的填列：

1."销售商品、提供劳务收到的现金"项目：反映企业销售商品、提供劳务实际收到的现金，包括本期销售商品与提供劳务收到的现金（包括应向购买者收取的增值税销项税额）、收回前期销售与提供劳务的款项、本期预收的账款、本期收回前期已核销的坏账，扣除本期发生的销售退回所支付的现金。企业销售材料和代购代销业务收到的现金，也在本项目反映。本项目可以根据"营业收入"、"应交税费——应交增值税（销项税额）"、"应收账款"、"应收票据"、"预收账款"等项目的余额分析填列。

以会计报表项目金额为基础的计算公式如下：

销售商品、提供劳务收到的现金 = 营业收入 + 应交税费 - 应交增值税（销项税额）+ 应收项目的本期减少数（-增加数）+ 预收项目的本期增加数（-减少数）± 特殊业务调整

注意：

①本公式是以会计报表项目金额为基础来进行计算的，如果以会计科目余额来计算，应注意会计报表项目金额与会计科目余额的区别。

②应收项目的本期减少数 = 应收账款期初余额 - 应收账款期末余额 + 应收票据期初余额 - 应收票据期末余额

③应收项目减少，现金流入企业，增加企业的现金流量。

④预收项目的本期增加数 = 预收账款期末余额 - 预收账款期初余额

⑤特殊业务主要有：坏账准备、票据的贴现利息、债务重组等。应收项目的减少会包含计提的坏账准备，而坏账准备不会增加企业的现金流，所以应扣除当期计提的坏账准备。用期初、期末金额计算应收票据的减少额时没有考虑票据贴现，而票据贴现利息会减少企业的现金流，所以应当扣除票据的贴现利息。

[例12-6]某企业2007年12月31日有关报表项目金额如下：

单位:万元

项目	2007.12.31	2008.12.31
营业收入		900
应收账款	65	50
应收票据	35	48
预收账款	12	20

"应交税费——应交增值税(销项税额)"本期发生额为167万元,"坏账准备"的本期发生额为3万元,本期没有发生贴现利息。

要求:根据以上资料,计算该企业2008年12月31日现金流量表中"销售商品、提供劳务收到的现金"项目的金额。

销售商品、提供劳务收到的现金 = 900 + 167 + (65 - 50) + (35 - 48) + (20 - 12) - 3 = 1074(万元)

2."收到的税费返还"项目:反映企业收到返还的所得税、增值税、营业税、消费税、关税和教育费附加等各种税费返还款。

3."收到其他与经营活动有关的现金"项目:反映企业经营租赁收到的租金等其他与经营活动有关的现金流入。

4."购买商品、接受劳务支付的现金"项目:反映企业购买商品、接受劳务支付的现金,可以根据"营业成本"、"应交税费——应交增值税(进项税额)"、"存货"、"应付账款"、"应付票据"、"预付账款"等项目的余额分析填列。

计算公式:

购买商品、接受劳务支付的现金 = 营业成本 + 应交税费 - 应交增值税(进项税额) + 存货项目本期增加数(-减少数) + 应付项目本期减少数(-增加数) + 预付项目本期增加数(-减少数) ± 特殊业务调整

注意:

①以上公式是根据报表项目来计算"购买商品、接受劳务支付的现金"。

②存货项目本期增加数 = 存货项目期末金额 - 存货项目期初金额

③应付项目本期减少数 = (应付账款期初数 - 应付账款期末数) + (应付票据期初数 - 应付票据期末数)

④预付项目本期增加数 = 预付账款期末数 - 预付账款期初数

⑤企业购买商品、接受劳务支付的现金主要包括两部分:货款和增值税进项税额,而已销商品的货款已经转入"营业成本",未销商品的货款反映在存货项目中。此外,还有企业已经支付货款而未收到商品的——预付的增加数,和支付前期应付未付款项——应付的减少数。

⑥特殊业务调整主要有:计入生产成本、制造费用中的工资、折旧等、盘亏的存货、进项税额转出、非货币性交易等。

[例12-7]某企业2008年12月31日有关报表项目金额如下:

单位:万元

项目	2007.12.31	2008.12.31
营业成本		600
存货	30	45
应付账款	52	36
预付账款	12	20

"应交税费——应交增值税(进项税额)"的本期发生额为110万元,当期列入生产成本、制造费用的职工薪酬为28万元。

要求:根据以上资料,计算该企业2008年12月31日现金流量表中"购买商品、接受劳务支付的现金"项目的金额。

"购买商品、接受劳务支付的现金"项目的金额 = 600 + 110 + (45 - 30) + (52 - 36) + (20 - 12) - 28 = 721(万元)

5."支付给职工以及为职工支付的现金"项目:反映企业实际支付给职工以及为职工支付的现金,包括实际支付给职工的职工薪酬以及其他费用。本项目可以根据"生产成本"、"制造费用"、"管理费用"科目所属明细账、"应付职工薪酬"项目等分析填列。

期初无在建工程的工资及福利费时,公式为:

支付给职工以及为职工支付的现金 = 生产成本、制造费用、管理费用中的职工薪酬 + 应付职工薪酬本期减少数 + 应付职工薪酬(在建工程)本期增加数 ± 特殊调整项目

①应付职工薪酬减少数 = 应付职工薪酬期初数 - 应付职工薪酬期末数

②应付职工薪酬(在建工程)本期增加数 = 应付职工薪酬(在建工程)期末数 - 应付职工薪酬(在建工程)期初数

6."支付的各项税费"项目:反映企业本年发生并支付、以前各年发生本年支付以及预交的各项税费,包括所得税、增值税、营业税、消费税、印花税、房产税、土地增值税、车船使用税、教育费附加等。本项目应当根据"营业税金及附加"、"所得税费用"、"管理费用"、"应交税费"等分析填列。

7."支付其他与经营活动有关的现金"项目:反映企业经营租赁支付的租金、支付的差旅费、业务招待费、保险费、罚款支出等其他与经营活动有关的现金流出,可以根据"管理费用"、"营业费用"、"营业外支出"等分析填列。

12.4.6.2 投资活动现金流量

12.4.6.2.1 投资活动现金流量编制的基本要求:

1. 投资活动,是指企业长期资产的购建和不包括在现金等价物范围的投资及其处置活动。

2. 投资活动产生的现金流量至少应当单独列示反映下列信息的项目:

(1) 收回投资收到的现金;

(2) 取得投资收益收到的现金;

(3) 处置固定资产、无形资产和其他长期资产收回的现金净额;

(4) 处置子公司及其他营业单位收到的现金净额;

(5) 收到其他与投资活动有关的现金;

(6) 购建固定资产、无形资产和其他长期资产支付的现金;

(7) 投资支付的现金;

(8) 取得子公司及其他营业单位支付的现金净额;

(9) 支付其他与投资活动有关的现金。

12.4.6.2.2 主要项目的列报:

1. "收回投资所收到的现金"项目:本项目反映企业出售、转让、到期收回交易性金融资产、长期股权投资、持有至到期投资、可供出售金融资产等非现金等价物而收到的现金。本项目可根据"交易性金融资产"、"持有至到期投资"、"长期股权投资"、"可供出售金融资产"以及"银行存款"等科目的本期发生额分析填列。

2. "取得投资收益收到的现金"项目:本项目反映企业除现金等价物以外的长期股权投资等收到的现金股利及利息。

3. "处置固定资产无形资产和其他长期资产收到的现金"项目:本项目反映企业处置固定资产、无形资产以及其他长期资产的价款、赔款收入而收到的现金,减去相关的现金支出后的净额。

4. "处置子公司及其他营业单位收到的现金净额"项目:本项目反映企业处置子公司及其他营业单位所取得的现金,减去相关处置费用以及子公司及其他营业单位持有的现金和现金等价物后的净额。

5. "购建固定资产、无形资产和其他长期资产支付的现金"项目:本项目反映企业为购建固定资产、无形资产和其他长期资产而支付的现金,不包括固定资产借款利息资本化及融资租赁费(在筹资活动中反映)。

6. "投资支付的现金"项目:本项目反映企业取得除现金等价物以外的对其他企业的长期股权投资所支付的现金以及支付的佣金、手续费等附加费用,但取得子公司及其他营业单位支付的现金净额除外。

7. "取得子公司及其他营业单位支付的现金净额"项目:本项目反映企业购买子公司及其他营业单位购买出价中以现金支付的部分,减去子公司及其他营业单位持有的现金和现金等价物后的净额。

8."收到其他与投资活动有关的现金"、"支付其他与投资活动有关的现金"项目:反映企业除上述 1 至 7 项目以外收到或支付的其他与投资活动有关的现金,金额较大的应当单独列示。

12.4.6.3 筹资活动现金流量

12.4.6.3.1 筹资活动现金流量编制的基本要求

1.筹资活动,是指导致企业资本及债务规模和构成发生变化的活动。

2.筹资活动产生的现金流量至少应当单独列示反映下列信息的项目:

(1)吸收投资收到的现金;

(2)取得借款收到的现金;

(3)收到其他与筹资活动有关的现金;

(4)偿还债务支付的现金;

(5)分配股利、利润或偿付利息支付的现金;

(6)支付其他与筹资活动有关的现金。

12.4.6.3.2 主要项目的列报:

1."吸收投资所收到的现金"项目:本项目主要反映发行股票、债券收到的现金,不包括支付的佣金、手续费等发行费用(在"支付的其他与筹资活动有关的现金"中反映)。

2."借款所收到的现金"项目:本项目主要指取得短期借款和长期借款而收到的现金。

3."偿还债务支付的现金"项目:本项目反映企业为偿还债务本金而支付的现金。

4."分配股利、利润或偿付利息支付的现金"项目:本项目反映企业实际支付的现金股利、支付给其他投资单位的利润或用现金支付的借款利息、债券利息等。

5."收到其他与筹资活动有关的现金"、"支付其他与筹资活动有关的现金"项目:反映企业除上述 1 至 4 项目以外收到或支付的其他与筹资活动有关的现金,金额较大的应当单独列示。

12.4.6.4 现金流量表的披露

1.企业应当在附注中披露将净利润调节为经营活动现金流量的信息。至少应当单独披露对净利润进行调节的下列项目:

(1)资产减值准备;

(2)固定资产折旧;

(3)累计摊销;

(4)处置固定资产、无形资产和其他长期资产的损益;

(5)固定资产报废损失;

(6)公允价值变动损益;

(7)财务费用;

(8) 投资损益；

(9) 递延所得税资产和递延所得税负债；

(10) 存货；

(11) 经营性应收项目；

(12) 经营性应付项目。

2. 企业应当在附注中以总额披露当期取得或处置子公司及其他营业单位的下列信息：

(1) 取得或处置价格；

(2) 取得或处置价格中以现金支付的部分；

(3) 取得或处置子公司及其他营业单位收到的现金；

(4) 取得或处置子公司及其他营业单位按照主要类别分类的非现金资产和负债。

3. 企业应当在附注中披露不涉及当期现金收支、但影响企业财务状况或在未来可能影响企业现金流量的重大投资和筹资活动。

4. 企业应当在附注中披露与现金和现金等价物有关的下列信息：

(1) 现金和现金等价物的构成及其在资产负债表中的相应金额；

(2) 企业持有但不能由母公司或集团内其他子公司使用的大额现金和现金等价物金额。

12.5 所有者权益变动表

12.5.1 所有者权益变动表的内容

所有者权益变动表应当反映构成所有者权益的各组成部分当期的增减变动情况。当期损益、直接计入所有者权益的利得和损失、以及与所有者(或股东，下同)的资本交易导致的所有者权益的变动，应当分别列示。

所有者权益变动表至少应当单独列示反映下列信息的项目：

1. 净利润；

2. 直接计入所有者权益的利得和损失项目及其总额；

3. 会计政策变更和差错更正的累积影响金额；

4. 所有者投入资本和向所有者分配利润等；

5. 按照规定提取的盈余公积；

6. 实收资本(或股本)、资本公积、盈余公积、未分配利润的期初和期末余额及其调节情况。

12.5.2 所有者权益变动表的格式

表 12-6　　　　　　　　　所有者权益(股东权益)变动表

会企 04 表

编制单位：　　　　　　　　　　　　　年　　　　　　　　　　　　　　　　单位：元

项　目	行次	本年金额					上年金额				
		实收资本(或股本)	资本公积	盈余公积	未分配利润	库存股(减项)	所有者权益合计	实收资本(或股本)	资本公积	盈余公积	未分配利润	库存股(减项)	所有者权益合计
一、上年年末余额												
1.会计政策变更												
2.前期差错更正												
二、本年年初余额												
三、本年增减变动金额(减少以"-"号填列)												
(一)本年净利润												
(二)直接计入所有者权益的利得和损失												
1.可供出售金融资产公允价值变动净额												
2.现金流量套期工具公允价值变动净额												
3.与计入所有者权益项目相关的所得税影响												
4.其他												
小计												
(三)所有者投入资本												
1.所有者本期投入资本												
2.本年购回库存股												
3.股份支付计入所有者权益的金额												
(四)本年利润分配												

续表

项 目	行次	本年金额						上年金额					
		实收资本(或股本)	资本公积	盈余公积	未分配利润	库存股(减项)	所有者权益合计	实收资本(或股本)	资本公积	盈余公积	未分配利润	库存股(减项)	所有者权益合计
1.对所有者(或股东)的分配													
2.提取盈余公积													
(五)所有者权益内部结转													
1.资本公积转增资本													
2.盈余公积转增资本													
3.盈余公积弥补亏损													
四、本年年末余额													

12.6 会计报表附注

附注是指对在会计报表中列示项目所作的进一步说明,以及对未能在这些报表中列示项目的说明等。

附注是财务报表的重要组成部分。企业应当按照规定披露附注信息,主要包括下列内容:

1. 企业的基本情况

(1)企业注册地、组织形式和总部地址;

(2)企业的业务性质和主要经营活动;

(3)母公司以及集团最终母公司的名称;

(4)财务报告的批准报出者和财务报告批准报出日。

2. 财务报表的编制基础

3. 遵循企业会计准则的声明

企业应当声明编制的财务报表符合企业会计准则的要求,真实、完整地反映了企业的财务状况、经营成果和现金流量等有关信息。

4. 重要会计政策和会计估计

企业应当披露采用的重要会计政策和会计估计,不重要的会计政策和会计估计可以不披露。在披露重要会计政策和会计估计时,应当披露重要会计政策的确定依据和财务报表项目的计量基础,以及会计估计中所采用的关键假设和不确定因素。

5. 会计政策和会计估计变更以及差错更正的说明

企业应当按照《企业会计准则第28号——会计政策、会计估计变更和差错更正》及其应用指南的规定,披露会计政策和会计估计变更以及差错更正的有关情况。

6. 报表重要项目的说明

企业对报表重要项目的说明,应当按照资产负债表、利润表、现金流量表、所有者权益变动表及其项目列示的顺序,采用文字和数字描述相结合的方式进行披露。报表重要项目的明细金额合计,应当与报表项目金额相衔接。

思考与练习

1. 财务报表的含义及构成。
2. 财务报表列报的基本要求。
3. 资产负债表中各项目的填列方法。
4. 利润表的主要内容。
5. 现金流量的分类。

参考文献

企业会计准则编审委员会编.《企业会计准则第30号——财务报表列报》

企业会计准则编审委员会编.《企业会计准则第30号——财务报表列报》应用指南

企业会计准则编审委员会编.《企业会计准则第31号——现金流量表》

企业会计准则编审委员会编.《企业会计准则第31号——现金流量表》应用指南

中国注册会计师协会编.2007年度注册会计师全国统一考试辅导教材《会计》

中华会计网校编.《新企业会计准则及相关制度精读精讲》.东方出版社

读者反馈意见

亲爱的读者：

　　感谢您对《财务会计》的学习和热爱！为了今后能给您提供更优质的服务，请您抽出宝贵时间填写下面意见反馈表，以便我们更好地对本教材做进一步的改进。同时如果您在使用本教材的过程中遇到了什么问题，或者有什么好的建议，也请您来信、来电告诉我们。

　　地址：北京市丰台区科学城南极星大厦108室
　　电话：010-83794590/83794403
　　电子邮箱：caikai6223@263.net　　QQ：649319527　　QQ：1694299827
　　网址：WWW.KFHWH.CN

教材名称：《财务会计》

个人资料：

姓名：_____ 年龄：_____ 所在院校/专业_____

文化程度：_____ 通讯地址：_____

联系电话：_____ 电子信箱：_____

您使用本书是作为： □指定教材、□选用教材、□辅导教材

您对封面设计的满意度：
□很满意、□满意、□一般、□不满意　改进建议_____

您对本书印刷质量的满意度：
□很满意、□满意、□一般、□不满意　改进建议_____

您对本书的总体满意度：
从语言质量角度看：□很满意、□满意、□一般、□不满意
从科技含量角度看：□很满意、□满意、□一般、□不满意

本书最令您满意的是：
□指导明确　□内容充实　□讲解详尽　□实例丰富

您认为本书在哪些地方应进行修改？（可附页）
_____
_____

您希望本书在哪些方面需进行改进？（可附页）
_____
_____